JN209011

人はなぜ物を愛するのか

The Things We Love

「お気に入り」を生み出す心の仕組み

How Our Passions Connect Us and Make Us Who We Are

アーロン・アフーヴィア

Aaron Ahuvia　Translated by Kyoko TAZAWA

田沢恭子訳

白揚社

愛について真に知るべきことを教えてくれた、
ルース、シド、ハナ、オーラ、アイザック、ジョナへ

目次

本文中の［　　］は著者による補足、〔　　〕は訳者による訳注です。

はじめに

一九八八年、ノースウェスタン大学ケロッグ経営大学院の博士課程でマーケティングの研究を始めたばかりの私は、幸運にもマーケティング界のレジェンド、フィリップ・コトラーの講座を受けることができた（彼の人気はすさまじく、私がカザフスタンで講演をしたときには、私の話を聞きたいからではなく、「あの有名なフィリップ・コトラーの教え子」の講演を聞くために、なんと三〇〇人もの聴衆が集まった）。コトラー教授は、マーケティングというのは企業だけのものではなく、あらゆる人のためにあるのだと説いた。非営利団体にもマーケティングが必要だ。政治家にも必要だし、恋愛を求めている独り者もじつは自分をマーケティングしているのだ。

そのころ、私は二〇代で独身だった。だから、マーケティング以上に異性との交際に強く関心を引かれていた。一九八〇年代の終わりごろ、出会い系《デート》サービスは普及し始めたばかりだった。コトラー教授は、私が学期末レポートでマーケティングとデートの類似性について書いていいと言ってくれた。そして、私と同じ関心をもつコミュニケーション学教授、マーラ・エイデルマンを紹介してくれた。エイデルマン教授と私は共同で、出会い系サービスが恋愛関係に与える影響をテーマとした一連の論文を発表した。それらの論文はメディアから大いに注目され、私は『オプラ・ウィンフリー・ショー』に出演までした。

とても楽しかったが、博士論文のテーマを決める時期になると、いいビジネススクールの教授のポストにつながるようなものを書かねばならないことはわかっていた。出会い系サービスの研究をやったおかげでオプラの番組に出演する機会は得られても、就職口を得ることはないだろう。とはいえ、「愛」の心理学のエキスパートになるまでに何年も研究に費やしてきたのだ。この知識を生かせる道はないだろうか。

アイデアがひらめいた。人は四六時中、モノへの愛を語る。私たちはその言葉を額面どおりに受け取るべきだろうか、それとも、そうした言葉は過剰に飾りたてたメタファーなのだろうか。人が本当にモノを愛するのなら、人間どうしの愛に関する研究は、モノへの愛についてどんなことを教えてくれるだろうか。人がモノを愛するということに気づいたのは、私が初めてというわけではない。しかし幸運なことに、この愛にフォーカスした科学的データを集めたのは、私が初めてだった。このような愛は、マーケティング界では「ブランド愛」と呼ばれるようになった。それから三〇年以上にわたり、私は専門家としてこのテーマに関心を抱き続けている。

私はマーケティングの教授だが、常に心理学、哲学、社会学に根差した研究をしてきた。私の学んだ博士課程では、「漁師が魚を理解するようにではなく、海洋生物学者が魚を理解するように、消費者を理解せよ」とよく言われた。本書はこの考え方に従って、愛とは何か、そして愛とはどのように作用するのかに関心をもつすべての人を対象として書かれている。したがって、マーケティングのハウツー本ではなく、モノを愛する心理について科学的に探究する本となっている。とはいえ、企業やアーティスト、非営利団体が、人から真に愛されるモノを生み出そうとする場合にも、本書は大いに役立つはずだ。本書で展開される洞察は、そのようなミッションに尽力するあらゆる人の助けとなるに違いない。

本書の原題は『私たちの愛するモノ』(*The Things We Love*)だが、真のテーマは「モノ」ではない。「人」だ。というのは、私たちがモノに対して抱く愛は、想像以上に私たちのアイデンティティの創出にかかわり、大切な人との絆と結びついているからだ。自分が何者か、どんな人になりたいか、どうしたら最高の自分になれるのかを明らかにする助けとして、私たちがモノをどんなふうに利用しているのか、本書を読めばその答えがわかるだろう。私たちは、緊密な人間関係を維持するために、あるいは親しくはないが軽んじるわけにはいかないたくさんの人たちから自身の評判を守るためにもモノを使う。

モノへの愛は人への愛とどんな点で似ているのか? 私たちが特定のモノを愛し、ほかのモノを愛さないのはなぜなのか? ある人の愛するモノを誰もが愛するわけではないのはなぜなのか? 暮らしの中で、なぜモノがこれほど大きな役割を果たすのか? 何かを愛することと、単にそれがすばらしいと思うことはどう違うのか？　モノを愛することで人を愛することがおろそかになるのか？　こうしたよくある疑問に対し、本書は科学にもとづいた答えを示す。

用語について言うと、私は「モノ」（thing）という言葉を「人間ではないあらゆるものやこと」という非常に広い意味で使っている。したがって、「モノ」は物理的な物体だけでなく、活動を指すこともある。たとえば「やりたいことをやれ」（Do your own thing）とか「今夜何かしよう」（Let's do something tonight）と言った場合の「こと」や「何か」も「モノ」に含める。物理的な物体に対する愛と活動に対する愛を区別せずに論じるのは都合がいい。というのは、現実にはこれらの愛を切り分けるのは難しいからだ。たとえばスマホへの愛は、スマホを使っておこなうあらゆることと結びついている。

「モノ」という言葉で動物も指す。この点について、動物を愛する方々にあらかじめお許しをいただきたい。動物をモノと呼ぶ理由は、本書では動物への愛も論じたいが、「私たちの愛するモノや動物」といちいち書くのはくどすぎるからである。

もう一つ、「愛の対象」という用語について明確にしておきたい。これは基本的に「人の愛するあらゆるもの」を意味するが、心理学の用語としては人を指すのがふつうだ（たとえば「母親は赤ん坊の最初の愛の対象である」のように）。この「愛の対象」という用語がもっぱら人ではなくモノを指す本というのは、おそらく本書が初めてだろう。

趣味に夢中な人であれ、自然を愛する人であれ、マーケターであれ、デザイナーであれ、起業家であれ、スポーツファンであれ、音楽ファンであれ、あるいはこれら以外の何かに情熱を注ぐ人であれ、本書を読んだ人が自分や他者について理解を深め、より豊かな暮らしを営む助けとなるような何かを見出してくだされば幸いである。

第1章　輝きに満ちたモノ

愛するものがたくさんあるのはよいことだ。なぜならそのようなものは真の強さを与えてくれて、多くを愛する者は多くをおこない、多くをなし遂げられるうえに、愛を込めておこなわれることはうまくいくからである。

――フィンセント・ファン・ゴッホ

愛の心理を扱った本はたくさんあるが、本書はほかとは一線を画している。本書が扱うのは「モノに対する愛」だ。そこには、手放すのが耐えられないモノや、するのが大好きなコトなど、膨大な選択肢からなんらかの理由で選び出されたモノたちが含まれる。たとえば一四万品目以上の商品を在庫しているウォルマートへ買い物に行って一時間も店内を歩けば、私たちの先祖が一生のうちに遭遇したモノの何倍もの商品の前を通り過ぎることになるだろう。とはいえ、ウォルマートも、アマゾンと比べればちっぽけな店だ。なにしろアマゾンは二億品目を超える商品を販売しているのだ。こうした膨大な数の商品に加えて、母国とか自分の手作りの品など、売買されないモノに対しても、私たちは愛を抱く。

するコトについても、莫大な選択肢がある。この選択肢のリストには、読書、音楽鑑賞、ガーデニングといった定番から、犬の毛を刈ってパンダのように整える「グーミング」*や、ダクトテープで服を作るとか、「ヌードリング」（素手で魚を捕まえること）、牛の鳴きまねコンテストといった、なぜ人気があるのか理解しがたいような活動に至るまで、さまざまなコトが含まれる。これらの膨大なモノやコトのなかで、私たちが愛するのはほんのわずかだ。

二〇二一年、個人向け製品に消費者の関心を引きつけるために、広告主は七五五〇億ドルを支出した。(1)これほど巨額の広告費を要した一因は、広告主が消費者とモノとのあいだに新たな関係を築かせようとしていたからだ。何も手を打たなければ、消費者はモノに対して軽い興味やちょっとした好奇心くらいは抱いても、情熱や強い関心を抱くことはない。だからこれから見ていくとおり、人がモノを愛するときには、じつはかなり妙なことが起きているのだ。

最も広く愛されるモノとは何だろう。私は三〇年以上にわたり、どんなモノを愛しているかと人々に尋ねてきた。そしてその結果、頻繁《ひんぱん》に出てくる答えがいくつかあるのに気づいた。トップに来るのは、「自然」や「自然の中での活動（山でのハイキングなど）」だ。どんな立場や意見をもっている人も、たいてい自然を愛している。右寄りのハンターも、左寄りのバックパッカーも、この点では一致する。そして比喩的な意味で、自然も私たちを愛してくれる。自然の中で過ごしたり、あるいは鉢植えの植物を眺めたりするだけでも、幸福度が高まるということを示した科学的な研究は枚挙にいとまがない。(2)神を愛する人やペットを愛する人は、自然を愛する人と比べれば少ないが、その主たる理由は、誰もが神を信じるわけではないし、ペットを飼っていない人もいるからだ（自分で飼っていなくても、愛玩動物を愛するという人はかなりいるが）。神への愛やペットへの愛は、人への愛とモノへの愛の中間に位置する。この点についてはのちほどまた触れる。自然以外に広く愛されているモノとしては、スポーツやアート、家、車、携帯電話、服などがある。

しかし、これらの広く愛されているモノが明らかにするのは、モノへの愛の一部にすぎない。「地球上の誰にでも、その人にぴったりの愛するパートナーがどこかに必ず存在する」というロマンチックな考え方があるが、モノへの愛についても同様のことが言える。たいていのモノにはそれを愛する人がいて、私はそのことにしょっちゅう驚かされる。じつに多様なものに、それを愛するコレクターがいる。手錠、芸術的な装飾の施された便座、アスファルト、葉巻に巻かれたラベル《シガーバンド》、葬具、歯科用器具、コンドームケース、生理用品のディスペンサー、飛行機の嘔吐袋など、ありとあらゆるものにコレクターがいるのだ。こんなコレクターの一人が、オスカー賞俳優のトム・ハンクスだ。彼は撮影のないときには年代物のタイプライターを探し回っている。コレクションだけでなく、ほかにもいろいろと変わった趣味を愛する人たちがいる。アップル社の共同創業者のスティーヴ・ウォズニアックは暇があればセグウェイに乗ってポロに興じるし、グーグルの共同創業者のセルゲイ・ブリンは空中ぶらんこに乗ってストレスを解消する。愛するものがあまりにも実用的すぎて、驚かされることもある。たとえばウィンストン・チャーチルがレンガ積みにも秀でていたことはご存じだろうか。彼は二年を費やして、先祖から伝わる家を自分の手で建て直して増築し、この仕事をきっかけとして合同建

＊そう、こういう言葉があるのだ。

築労働者組合の徒弟証を取得したと言われている。それから、ノルウェーの森《ウッズ》がある。と言ってもあの有名な曲とは無関係で、ノルウェーで暖炉にくべる木材《ウッズ》のことだ。二〇一三年、ノルウェーで『全国薪ナイト』という一二時間のテレビ番組が放映された。番組ではまず暖炉の焚き火の愛好家たちが薪の割り方や組み方について語り合い、それから暖炉の炎の映像が八時間にわたって生放送された。番組を視聴したノルウェー国民は二割近くに達した。

モノへの愛の診断テスト

あなたが愛するのはどんなモノか？　自分が何かを愛しているかどうかを知りたければ、「モノへの愛の診断テスト」をやってみてほしい。私と、私がよく一緒に仕事をするミシガン大学ロス経営大学院のラジーヴ・バトラとリック・バゴッツィの三人で何年もかけて開発した苦心の作で、査読のある一流科学ジャーナルに発表したものだ[3]。

まず、愛する物か活動を選ぶ。人間以外なら何でもいい。それを念頭に置いて次の一三個の項目を読み、各項目についてどのくらい自分にあてはまるかを表す数字を選ぶ。1は「まったくそう思わない」、5は「強くそう思う」を表す。最後にスコアを合計する。

◆スコア判定

愛するモノと愛さないモノとの境界線をどこに引くべきかについては、いくらか恣意的な部分があ

モノへの愛の診断テスト	
	まったくそう思わない　　強くそう思う
1.　これに対する私の感情および評価は全体としてきわめてポジティブである。	1　2　3　4　5
2.　これは自分が強く求めているものだと感じる。	1　2　3　4　5
3.　これにたくさんの時間、エネルギー、お金を費やすのが苦でない。	1　2　3　4　5
4.　過去にこれとかかわったことがある。	1　2　3　4　5
5.　これに対して自然な相性のよさを感じる。	1　2　3　4　5
6.　これを楽しむ自分がいる。	1　2　3　4　5
7.　これに感情的な結びつきを感じる。	1　2　3　4　5
8.　これとかかわることは、私がどんな人間かを真に示す。	1　2　3　4　5
9.　これは私がなりたい自分になるのを助けてくれる。	1　2　3　4　5
10.　これは私の生活をより有意義なものにしてくれる。	1　2　3　4　5
11.　私はしばしばこれについて考えている。	1　2　3　4　5
12.　これは今後長らく私の生活の一部となるだろう。	1　2　3　4　5
13.　これを失ったら、私は強い喪失感を覚えるだろう。	1　2　3　4　5
合計スコア	

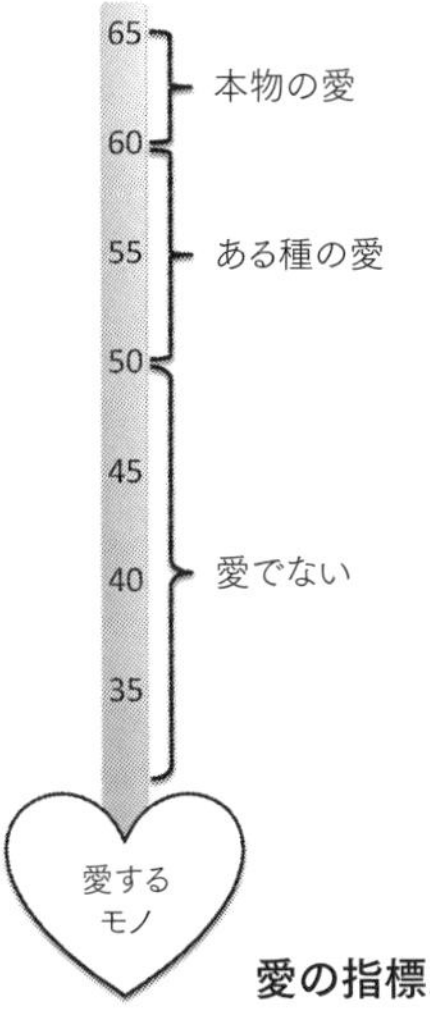

愛の指標メーターのスコア判定

る。とはいえスコアの意味がわかるように、「愛の指標メーター」におよその境目を設けた。六〇点以上なら、その愛は本物だ。五〇点から五九点は本物の愛と愛でないもののあいだのグレーゾーンで、ある種の愛である。四九点以下は愛でない。

本物だが違う愛

人がモノを愛せるということは、ほとんどの人には自明に感じられるが、そう思わない人もいる。たとえば一九八八年、このテーマの研究を先駆けたテレンス・シンプとトマス・マッデン(4)は、人が何かを愛すると言う場合、それは単なる比喩であって本当の愛ではないと主張した。

だが、モノへの愛が本物の愛であることを示すエビデンスは本書の随所にあふれている。それでも、モノへの愛が人への愛と同じだということにはならない。人への愛にはいろいろなタイプがある。恋愛、プラトニックな愛、家族愛、兄弟愛、のぼせあがった愛、片思いの愛などだ。それぞれが特定のタイプの人間関係と結びついていることに気づいてほしい。たとえば恋愛関係には性的欲望が伴うのに対し、家族愛にはそれがない。どの愛も、それぞれの状況に応じていくらか形が変わる。そして、モノへの愛は、人への愛とは違う。というのは、モノへの愛は物や活動との関係によって形づくられるからだ。

こうした違いを論じる場合、私はしばしばモノへの愛と人への愛を対比させる「比較」のアプローチを用いる。また、モノへの愛を生み出す心理プロセスや、人への愛に深く根差したこのプロセスの起源についても論じる。結果として、私たちと他者との関係について多く語ることになる。私の主たる目標は、読者がモノへの愛について理解するのを助けることだが、人との関係について理解する助けにもなれたら、さらにうれしく思う。

無条件の愛？

人がモノを愛するというのは確かだが、英語の「love」という言葉は何かをすばらしいと思ったときにも使われる。たとえば「その髪型いいね」という意味で「I love your haircut」と言ったりする。「love」という言葉をこのように使うのは、「提喩」という比喩的表現だ。ここでは部分を表す語で全体を表している。たとえば「nice wheels」（「いい車輪」＝部分）で「nice car」（「いい車」＝全体）を指したり、「Get your butt over here」（「ここに尻を持ってこい」＝部分）で「Get yourself over here」（「ここに来い」＝全体）を意味したりする。逆に、全体を表す語で部分を表す提喩もあり、「すばらしい」という意味で「love」という言葉を使うのはこれにあたる。「love」（全体）という言葉で「すばらしいという認識」（loveの一部分）を表しているからだ。

私たちはしばしばこんなふうに「love」という言葉を使う。このことは、「すばらしいという認識」が「愛」の重要な一面だという証拠である。だからこそ、愛には不可解な点が多いとはいえ、人が自分の愛するモノについて語りだすときにはお決まりのことが起きる。愛する対象の美点を挙げ始めるのだ。たとえば、ランニングは爽快で健康的だとか、テスラは加速がすごくいいなどと語る。私の研究[5]では、愛の対象が何であるかにかかわらず、私が話を聞いた人たちの九四・五パーセントでこれが起きていた。そのうちの一人は、大好きなシーフード料理が「死んで天国に行っても出てきそう」なほどだと言った。

何かを愛するようになると、親がわが子の才能を大げさに言うのと同じ調子で、愛するモノの美点を大げさに言いがちだ。この点で、モノへの愛は人への恋愛のアプローチとかなり似ている。デート行動に関する一九八八年の研究[6]によれば、人が新しい相手と恋に落ちるとき、この新たな恋愛をもたらす最大の要素は、相手がまさに非の打ちどころのないすばらしい人だという信念である。この研究をしたバーナード・マースタインは、恋愛のこのような側面のことを、男性の場合は「ジャック・アームストロング因子《ファクター》」（一九三〇年代のラジオドラマに登場した完全無欠なヒーローに由来）、女性の場合は「マドンナ因子」（「ライク・ア・ヴァージン」のマドンナではなく、キリストの母である聖母《ヴァージン・マドンナ》マリアに由来）と呼んだ。もちろん、そんなにすばらしい人間など現実にはなかなかいるわけがない。だから新たな恋に落ちたときの熱狂がだんだん薄らぐにつれ、相手の欠点を受け入れるとともに美点を誇張することによって愛を持続させるようになる。

愛する人の長所を誇張することには、大きなメリットがある。最も幸せな夫婦とは、相手を最もありのままに受け止める夫婦ではなく、相手について最大限のポジティブな幻想を保っている夫婦だ[7]。実際、幸せな結婚生活を営む人は、配偶者本人の自己評価よりも配偶者を高く評価している傾向がある。同様に、暮らしの中でモノの美点を誇張すると、そのモノに対する満足感が高まる。

おそらくさらに驚くべきことに、モノについてポジティブな幻想を抱くと、そのモノがすばらしいと感じられるだけでなく、そのモノから得られる快楽も増大する。たとえば誰かに安物のワインを飲ませてから、それがじつは高価なものだと告げれば、相手はたいていそのワインがすばらしくおいしかったと言う。このようにワインを飲んだあとで情報が与えられた場合、ワインのおいしさについての感想を偽っていると容易に推測できる。これに対し、神経科学者が脳スキャンを用いておこなった実験で、ワインを飲む前の期待が高ければ高いほど、実際に飲んだときにおいしいと感じることが確認されている。(8) この効果が見られるのは、ワインだけではない。マンガ本でも同じことが起きる。あらかじめおもしろそうだと思っている場合、そうでない場合よりもおもしろく感じられるのだ。(9)

人はすばらしいと思うモノを愛する。このことから、無条件の愛というものが存在するのかという問題が出てくる。私はある講演で、これについて語ったことがある。講演のあとで、重度の知的障害をもつ弟がいるという男性に声をかけられた。男性は、見方によっては弟は「すばらしい」とは言えないかもしれないが、それでも「愛情に満ちた心優しい人間」で、「いとしくてたまらない存在」だと言った。男性は弟をたいそう愛していた。このことから、愛は対象の「すばらしさ」とは無関係だと言えるだろうか。まあ、そうかもしれない。

まず注目したいのは、この男性が弟のことを愛情に満ちた人間だと強調したことである。弟にはすばらしい特質がいくつかあると心から思っていて、弟を愛する理由としてそれらを挙げたのだ。さらに二人の関係には、すばらしさの認識以外に、無条件の愛という要素がおそらく存在していただろう。著名な恋愛研究者のロバート・スタンバーグは、このような愛の側面を「覚悟」と呼ぶ。欠点も含めて相手のすべてを愛そうという覚悟だ。こうした誰かを愛するという覚悟は、「恩寵」という宗教的概念と密接に結びついている。恩寵とは、いかに美点を欠く者に対しても神が与えてくれる愛のことだ。一八世紀の随筆家ジョセフ・ジュベール曰く、「思いやりとは、人をその人が値する以上に愛することである」。他者との生活、とりわけ家庭生活を円満に送るには、こうした無条件の愛がよほどたくさん必要だろう。そして本書で私が訴えていくように、モノへの愛には当然のこととして、そのモノが与えてくれる実利にもとづいて認められる「価値」以上にそれを大切だと思う気持ちが伴う。

しかしこれは、人への愛とモノへの愛とのあいだでよく見られる相違の一つにすぎない。私たちの寛容の度合いは、人よりもモノに対する場合のほうがはるかに低い。人は自分の愛してきたモノに大きな欠点があると思い始めると、以前と同じように愛し続けることはほぼない（完全に切り捨てるのは難しいと感じる程度の熱意が残る場合はあるかもしれないが）。もっとも、私たちが完璧なモノしか愛さないというわけではない。ただ、欠点を目の当たりにした場合、人の欠点よりもモノの欠点のほうが許容しがたいのだ。モノへの愛が無条件の愛であることはめったにない。

例外らしきものが一つあるが、皮肉にもそれによって私の論点がさらに裏づけられる。人は自分の愛する人と関係するモノならば、欠点があっても愛することがある。たとえばわが子の描いた絵なら、それが傑作でなくても親はそれを愛する。近所の子どもの描いた絵と比べて、わが子の描いた絵に対する愛がどれほど大きいか、考えてみてほしい。完璧でない絵に対する親の愛は、たとえて言うなら月の光が太陽の光の反射であるように、完璧でないわが子に対する無条件の愛のエネルギーが反射されたものなのだ。そうは言っても、親は冷蔵庫にはわが子の描いたすべての絵を誇らしげに貼りつけるかもしれないが、スクラップブックに残す絵、すなわち真に愛する絵は、特によく描けている絵だけだ。つまりモノに対するこのような愛も、質に関する評価と無縁なわけではない。

さらに、購入したモノについては、とりわけ欠点に対する許容度が下がる。たとえば私がインタビューしたある男性(10)は、MP3プレイヤーを初めて所有したときにはそれを愛したが、もっと高性能の新製品が発売されると、すぐさま自分のMP3プレイヤーへの愛が消えた。壊れたわけではなく、相変わらず喜んで使っていたが、自分のよりもすぐれたモノが存在すると知るだけで、それに対する愛が弱まってしまったのだ。

つまり、人はきわめて高価で最上位モデルの製品しか愛さないということなのだろうか。私の財布にとってはありがたいことに、答えはノーだ。人は自分がある製品を愛するかどうかを判断する場合、それが掘り出し物だと感じれば、多少の欠点には目をつぶる。しかし特価品であっても、それを愛するには全体としてすぐれた品質であることが通常は必須条件となる。おもしろいことに、愛する贅沢品についてインタビューをすると、不満が出てくるとすれば購入価格に関するものだけだ。そしてそのような不満が口にされてもすぐに、それはとてもすばらしいので、そのブランドに対して支払ったお金は一セントたりとも無駄ではなかったという言葉が続く。ここでも、値段に関するコメントはじつは不満と自慢が半々であり、これほど法外な値段を要求するのはその製品がすばらしいからに違いないという、さりげない自慢なのだ。

人への愛は確固たる欲求であるのに対し、モノへの愛はそのモノが「なければならぬ」というよりは「あってうれしい」といった程度の思いである。これはおそらく、人類が進化してきた過程の大半において、暮らしの中でモノが重大な役割を担うことがなかったからだろう。ニコラス・クリスタキスは著書『ブループリント』（鬼澤忍・塩原通緒訳、ニューズピックス）において、初期の人類について「集団の全員が所有物を持っていなければ、嫌でも平等になる」と述べている。モノを愛する心理的欲求は人を愛する心理的欲求とは違い、愛の対象となるモノについては選り好みができる。特定のモノに固執する必要はないのだ。

消費者は、自分の愛するモノがほぼ完璧であることを求める。そして企業はそのことに気づいている。「昔とは作りが違う」と言えば、従来は昔と比べて現代の品物が粗雑に作られているという意味だったが、今の文脈ではこの言い回しが逆の意味をもつ。一九八〇年代以来、企業がより満足度の高い製品を、さらには愛されるに値する製品を作ろうと努めてきたおかげで、製品の品質は概して大幅に向上しているのだ。

モノへの愛は、何かを見てすばらしいと感じたときに始まることが多い。しかし、単にすばらしいと思うだけで親密なつながりを感じるには至らない場合、その気持ちは愛ではない。つまり、愛は何かがすばらしいと感じることから始まるかもしれないが、それがすべてではない。モノへの愛とはどんなものかを理解することが重要である。というのは、私たちが愛するモノには実用的な価値をはるかに超えた重要性があるからだ。

愛は深遠

何かを「好き」（like）だということは、単に「愛する」（love）ことの薄められたバージョンなのだろうか。確かに「好き」という言葉がそのような意味で使われることもある。しかし多くの場合、「好き」と「愛する」のあいだにはそれよりもはるかに興味深い違いがある。たとえば恋人を「好き」だという場合、その気持ちは友人に対する「好き」よりも少し程度が高いだけだが、恋人を「愛する」という場合、その気持ちは友人を「愛する」気持ちよりもはるかに強力だ。[11] つまり論理的に考えて、「愛する」が単に「好き」のもっと強力なバージョンだということはあり得ない。

人が愛するモノについて語る場合と単に好きなモノについて語る場合にどんなことを言うかを比較したところ、興味深いパターンが見つかった。あるモノが自分のアイデンティティを表現するのを助けてくれるか、あるいは暮らしをもっと有意義なものにしてくれることによって、自分という人間の最も奥深い部分に結びついている場合、そのモノを真に愛していると言う確率が、それ以外のモノの場合と比べておよそ四倍になるのだ。[12] 愛したことのある人なら誰でも知っているとおり、愛とは深い、豊かな経験である。そうした意味深い経験をもたらすには、単にすぐれた特質を備えているだけでは足りない。愛にはもっと深い結びつきが必要だ。自然、神、ペット、スポーツ、アート、住まい、車、スマホ、服など、とりわけたくさんの人に愛されているモノについて改めて考えると、これらはみな多くの人にとって生きるうえでの意義や目的意識に寄与するモノであることがわかる。

私は「エクストリーム・クーポニング」を愛する女性（キャシーと呼ぶことにする）にインタビューしたことがある。[13] エクストリーム・クーポニングとは、クーポンを駆使して極限まで割引を追求する、いわばオリンピック級の買い物ゲームだ。愛好者は、クーポンで複数の割引が同時に適用できる商品を探し、さらにそうした商品を組み合わせて割引を積み上げる。そして次々にクーポンを繰り出して値引きさせ、たとえばキャシーの場合、「三〇ドル払うだけで五〇〇ドル相当の商品を持って店を出ていく」ことができたりする。エクストリーム・クーポニング愛好者からなるかなり大きなコミュニティーが存在し、『エクストリーム・クーポニング』などのテレビ番組や参加者自身のウェブサイトを通じて連帯している。アメリカンフットボールを愛するのと同じように、会計士のキャシーはエクストリーム・クーポニングという消費者スポーツを愛し、ブレイディに劣らぬ意志の強さで勝利を目指す。ただし、彼女の行動には思いがけないひねりがある。特に大きな割引が受けられる商品の多くは、紙おむつ、せっけん、化粧品、制汗剤といったパーソナルケア用品だ。キャシーは格別に魅惑的なチャンスに遭遇すると、制限個数いっぱいまで商品を購入し、それを薬物リハビリ施設に持参する。そして施設に入所している女性たちにケア用品を差し入れるのだ。「入所者のなかには路上生活者だった人がたくさんいます。だからこういった品物をもらうのは、彼女たちにとって大きな意味があるんです」。エクストリーム・クーポニングで手に入れた商品を寄付するという最後のひねりが、そうでなければ純然たる消費主義的活動にすぎない彼女の行動に深い意義を与える。そして有意義なことをしているという感覚と、さらには達成感と喜びをもたらしてくれるからこそ、キャシーはエクストリーム・クーポニングを心から愛するのだ。

研究のためのインタビューを始めてすぐに出会った「サラ」も同様の例だ。彼女は耳を覆うイヤーマフを愛していると言った(14)。私が説明を求めると、サラは自分のイヤーマフのどんな点が好きかについて、ありがちな列挙を始めた。「役に立つし、温かくておしゃれだし、かなりオーソドックスだから流行に左右されません。冬のあいだは毎日つけているので、ずいぶん長い時間をイヤーマフと一緒に過ごすことになります」。しかし、こんなふうに語ったにもかかわらず、自分のイヤーマフについてちょっと思いを巡らせたら考えが変わったらしく、結局のところ愛しているわけではないと言った。なぜ？「ただのイヤーマフですから」と彼女は答えた。自分の生活に意義を与えてくれると感じられる「家族とか友人とか……ほかの人に報いてくれるような」ものとは結びついていないのだという。

本章の初めのほうで、モノを真に愛することは不可能だと主張する研究者がわずかながらいると述べた。科学者ではないが私の研究に関心をもつ人からも、同じ考えを聞かされることがある。私はそれに対し、自然を愛することは可能だと思うかと尋ねる。すると誰もが自然は例外だと言う。はい、自然を愛することはできます、と答えるのだ。さらに話を続けると、こういう人たちはたいてい、信仰心のある人は神を愛することができ、愛国者は国を愛することができると認める。ただ、スマホのような「小さなモノ」を真に愛することはできないという点は譲らない。この考えは間違っているが、ある事実を明らかにしてくれる。人への愛は非常に意義深い経験である。モノへの愛を信じない人たちが自然や神や国への愛はあり得ると認めるのは、これらを愛することにもまた大きな意義があると思えるからだ。しかし人がスマホを愛するなどと言われると、愛が汚《けが》され貶《おとし》められているように感じる人もいる。それでも本書で繰り返し明らかにしていくとおり、人はさまざまな方法で、スマホのように本来は実用的なモノに、実用的な価値を超えた意義を与えるのだ。

愛は神聖

作家でテレビパーソナリティーのバーバラ・デ・アンジェリスは、「愛が触れると、どんなものも神聖になる。この働きこそ、愛の与えてくれる最高の贈り物だ」と発言したことがある。私がインタビューした人たち[15]も同じような考えで、自然の美しさや壮大さを前にすると、自分がちっぽけな存在に感じられて畏怖を覚えると言う。たとえばこんなことを言った人がいた。

松林の静寂を耳にすると、あるいは自分の周囲や自分と空とのあいだにそびえる山々を目にすると――私は安らぎと落ち着きを覚え、自分がほんのちっぽけな存在だと感じます。山や海と比べれば、自分がこの世に存在する時間など大した長さではないという気がしてくるのです。

このような経験をもたらすものは、自然に限らない。中世の大聖堂も、同様の畏怖を呼び起こすように設計されていた。建築物は今でもそうした効果を人に与えることがある。しかし、自然がしばしば人を謙虚な気持ちにさせ、世界の壮大さに対しておのれの小ささを気づかせるのに対し、建築物は人間の創造力に対する誇りや自信をかき立てることがある。ある男性は自分の愛する建物について、こんなことを話している[16]。

すぐれた建築には畏敬の念を覚えます。建築は私の好きな芸術です。美しくて、なおかつ機能的です。人間にこんなことができると思うと感動します。人間のたくましさを感じます。大地と格闘して、一一〇階建てのビルなどを建てたりできるのです。

こんなふうに人間の卑小さと力強さという対照的な性質を同時に実感した人たちの経験から、私はお気に入りの哲学的な名言を思い出す。ポーランド南東部プシスカで活動したユダヤ教ラビ、シムカ・ブナム（一七六七—一八二七年）の言葉だ。

誰もがポケットを二つもつべきだ。必要に応じていずれかに手を入れられるように。右のポケットには「世界は私のために創造された」という言葉が入っている。左のポケットに入っているのは「私は塵や灰にすぎない」という言葉だ。

ラビが言わんとしたことは、どちらの見方も正しく、状況によって助けとなる瞬間があるということだ。

新しい宗教

若者は伝統的な宗教からどんどん遠ざかっている。二〇一二年にピュー研究所が宗教に関する調査をおこない、キリスト教、ユダヤ教、イスラム教、ヒンドゥー教、「いずれでもない」などの選択肢を示したところ、アメリカで最も急速に成長している集団は「いずれでもない」と回答した「無宗教者」であることが判明した。(17) この傾向を特に強く示したのは、三〇歳未満の若者だった。もっとも、すべての無宗教者が無神論者というわけではない。回答者の多くが自身を「スピリチュアルだが信仰はもたない」と認め、六八パーセントがそれでも神を信じていると答えた。人の愛するモノに、宗教以外のスピリチュアルな要素が現れることもある。(18)

［音楽は］スピリチュアルな刺激を与えてくれます。そう、この世から私を連れ出して、日々の平凡な暮らしを超越した領域に連れていってくれるという意味でね。

海は私の抱く神の概念を体現しています。私たちの世界には、壮大で力強い神聖さを真に備えたものはほんの少ししかないように思われます。海を見るとそのことを痛感します。そして私は愛情をもって海と結びついていると感じます。

こういうことを言う人たちは、自らの経験のスピリチュアルな面を明確に述べているが、宗教的な愛着については、必ずしも誰もがこれほどはっきりと言い表すわけではない。私たちの文化ではブランドがきわめて大きな役割を果たしていて、それに呼応するように一部の人がお気に入りのブランドに抱く愛には宗教的な側面がある。たとえば私の研究では、アップルがアメリカで群を抜いて愛されるブランドであることが判明している。元ユタ大学のラッセル・ベルクとサンフランシスコ州立大学のギュルナー・トゥンバートは、アップルの熱心なファンについて調べた[19]。その結果、ファンたちが緊密なコミュニティーを作り、ファンでない人を勧誘してファンへと転向させるところが、宗教と似ているということが明らかになった。ベルクとトゥンバートは、アップルファンのあいだに擬似宗教的な神話にもとづく信念の体系がいくつかあることも見出した。たとえば創世神話があり、そこではスティーヴ・ジョブズがフォルクスワーゲンのバンを売却し、スティーヴ・ウォズニアックがヒューレット・パッカードの電卓を売却するという犠牲を払ったおかげで、ジョブズの実家のガレージで初代マックが誕生したとされる。また悪魔の登場する神話もあり、そこではさながら光のフォース（アップル）と闇のフォース（当時はＩＢＭとマイクロソフト）が戦いを繰り広げる。救世主の復活神話もあり、そこではスティーヴ・ジョブズ（彼はアップルでの最初のハロウィーンパーティーでキリストの仮装をした）がアップルから放逐されるが、のちに舞い戻ってファンの信頼を取り戻し、救済をもたらす。

創業当初、アップルはゴリアテのような巨大企業に戦いを挑む、ちっぽけなダビデのような存在だった。ファンはそんなアップルを愛し、企業ブランドに抗うアウトサイダーと見なしていた。私自身も古くからのアップルユーザーだ。そのころテクノロジー製品以外でアップルユーザーが所有していそうなモノは何かと訊かれたなら、ビルケンシュトックのサンダル、グラノーラ、マリファナと答えただろう。だが、時代は変わった。今どきの若者の多くは、アップルをグッチやシャネルと同列の高級ブランドとしてとらえている。一部の高級ブランドと結びつくポジティブな特徴（品質と独創性）

とネガティブな特徴（浅薄な物質主義）の両方を、アップルが兼ね備えているからだ。

かつてはアップル製品をもっている人と言えばオタクか自称アーティストだったが、今どきの高校では人気者のグループに加わるのにｉＰｈｏｎｅが必須アイテムだ。嘆かわしいことに、アップル以外のスマホをもっていると学校でいじめに遭ったりする。こうした一部のユーザーによる悪質な行為のせいで、アップルは著名な顧客を得る機会を少なくとも一度は失った。俳優でコメディアンのジェリー・サインフェルドが娘にｉＰｈｏｎｅを買い与えたところ、「意地悪な子のスマホ」だと嫌がり、もっと安価な品をほしがったという記事が『ニューヨークタイムズ』紙に掲載されたのだ。[20]

若者がアップルをグッチやシャネルと同じような高級ブランドだと思っているなら、その見方は擬似宗教的な信奉と両立し得るのだろうか。主流の宗教は一般に謙虚や簡素を重んじるものだが（ただし、宗教指導者が必ずしもこれらの特質を備えているとは限らない）、この価値観はたいていの高級ブランドとは結びつきにくい。ビジネススクールで教授を務めるロン・シャチャル、テューリン・エルデム、ケーシャ・カトライト、ギャヴァン・フィッツサイモンズによるブランドと宗教に関する研究[21]が、この問いへの手がかりを与えてくれる。この研究は、流行のブランドや高級ブランドへの傾倒が、一部の人には人生における宗教の代わりになり得ることを明らかにした。具体的に言えば、自らのアイデンティティを表現したいという欲求は誰にでもあるが、これを宗教への帰依によって実現する人もいれば、流行ブランドや高級ブランドを使うといった世俗的な手立てに頼る人もいる。シャチャルらによる研究は、まさにこの説に合致する結果を示した。購入する品物を選ぶ際、宗教を信仰する人は信仰しない人と比べてブランドを気にしない傾向があることが判明したのだ。おもしろいことに、この傾向が見られるのは、品物の選択がその人のパブリックイメージに影響する可能性がある場合だけだった（たとえば「ラルフローレンのサングラス」対「ターゲットのサングラス」）。パブリックイメージに影響しないと思われる品物の選択（たとえば「エナジャイザーの電池」対「CVSの電池」）においては、宗教を信仰する人と信仰しない人とのあいだでブランドを気にする度合いに差はなかった。このように宗教を信仰しない人がブランドを気にする傾向は、要するに、自らのアイデンティティを表現したいという欲求をほかの人が部分的に宗教で満たしているのに対し、宗教をもたない人はブランド品をもつことで満たしているからだと思われる。

はっきりさせておくが、この研究は無宗教の人がみなブランド好きだと言っているわけではない。たとえば高学歴で進歩的な政治志向をもつ人はブランドと宗教のどちらにも強い不信感を抱く傾向があるが、このタイプの人が全人口に占める割合はほんのわずかだ。人口全体を見るとやはり、信仰心の薄い人ほど自己表現のためにブランドを利用する傾向が強い。さらに、ブランドに対して懐疑的であっても、自己表現のためにブランドを利用する人はたくさんいる。ただしこの場合、ブランドを信奉するのではなく、拒むことで自己表現をする。たとえば高学歴な進歩主義者はしばしば、デザイナーのロゴが目立つという理由で、それがなければ気に入った服を拒絶したり、着用する前にロゴを服から取り去ったりする。

私の友人のアーティストでミシガン大学ペニー・W・スタンプス・アート&デザインスクールの教授でもあるレベカ・モドラクは、これをもっと愉快にやった。ポロをプレイしている男性の絵（ラルフローレンのロゴに似た絵）をプリントした布製のバッジを作製したのだが、絵の下にラルフ・リフシッツ（ローレン氏の本名）という名前を加えたのだ。私はこのバッジを自分のコートに縫いつけた。その後、メイシーズ百貨店で列に並んで待っていたとき、後ろにいた女性としゃべったら、彼女がじつはラルフローレンの役員だとわかった。私がコートに縫いつけたバッジを見せると、彼女は啞然とした表情を浮かべたが、すぐに笑いだした。そしてこう言った。「あらまあ。なつかしい名前だわ」

広い視野に立って

人はどんなモノを愛するのか。この問いへの答えとして、自然や神といったモノを列挙してもよい。しかし、もっとうまい答えがある。人は特定の性質をもつモノを愛すると言うことだ。ラジーヴ・バトラ、リック・バゴッツィ、そして私は、大規模な調査をおこない[22]、モノへの愛を構成する一三個の要素を明らかにした。次ページのハート形の図にそれを示す。これは17ページの「モノへの愛の診断テスト」で用いた一三項目に対応している。診断テストのスコア判定を見ればわかるとおり、モノに対して抱いている感情が「愛」だと判定されるために、一三項目のすべてで高いスコアを取る必要はない。

卓越性　前に述べたとおり、人は自分の愛するモノがすばらしいと思っている。もっとも、楽観的な色眼鏡ごしに見ている場合もあるのだが。何かがすばらしいと思えば、そのモノが貴重で大切だと感じられるようになる。心理学用語では、こうした評価（ここではポジティブな評価）を「認知」と呼ぶ。この評価は感情ではなく思考であるとされる。しかし、愛には明らかに思考だけでなく情動も

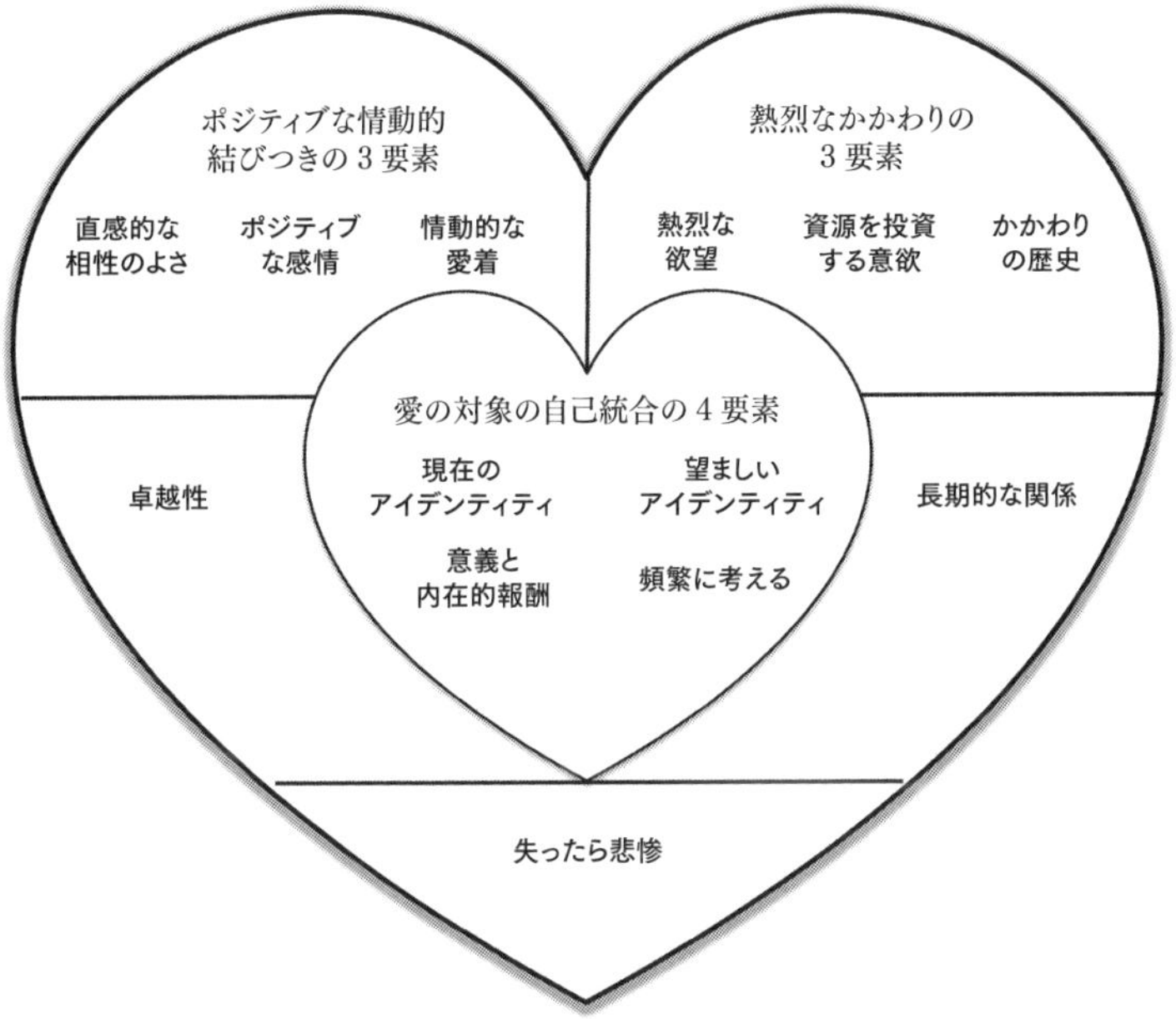
ポジティブな情動的
結びつきの３要素
直感的な
相性のよさ
ポジティブ
な感情
情動的な
愛着
熱烈なかかわりの
３要素
熱烈な
欲望
資源を投資
する意欲
かかわり
の歴史
愛の対象の自己統合の４要素
現在の
アイデンティティ
望ましい
アイデンティティ
意義と
内在的報酬
頻繁に考える
卓越性
長期的な関係
失ったら悲惨

モノへの愛の諸要素

たくさん含まれる。そこで、次の要素が浮上する。

ポジティブな情動的結びつき　ザビエル大学コミュニケーション学部の学部長ウェンディー・マクシアンら(23)は、実験の参加者に眼輪筋（眼のまわりにあって、笑顔を浮かべるとき自動的に動く筋肉）の応答を測定するセンサーを装着した。愛するブランドを見せられると、眼輪筋が動き始める。これは「ポジティブな感情」が生じているしるしだ。

私の研究(24)で、こうした情動的経験には二種類の心地よさが伴うことが判明した。気分の高揚と安らぎである。ある男性は、音楽が気分を高揚させてくれると語っている。

音楽を聴くと、気持ちが高ぶります。陶酔し、曲に心が奪われます……歌詞とメロディーのどちらにもその力があります。しまいには、セックスなんかをしたような気分になります。そのくらい高揚するんです。なんてこった、すごい快感だって思います。

こんなふうにセックスにたとえるのは極端な例だが、ショッピングから水上スキーに至るまで、愛するモノに対して激しく興奮するのはよくある反応だ。ある女性は、旅行への愛についてこんなふうに言い表した(25)。

スリルと興奮に満ちているし、夢が現実になるんです。パリでエッフェル塔を見たときは、信じられない気分でした。ずっと夢見ていろいろ読んできたものが、そこにあるんです。うれしくて泣いてしまいました。一緒に行った友人からは変だと思われましたが。

一方、愛するモノを落ち着きや心地よさや充足感と結びつける人もいる。たとえばある女性は、入浴に対する愛をこんな言葉で語っている。[26]

自分の奥深くで安らぎを覚えます。邪魔されたり頭を使わされたりせずに過ごせる唯一の時間なので。一人きりでくつろげる時間です。私はこの時間を使って、自分を解放します。

ネガティブな感情が愛と結びつくこともあり得る。たとえば、人間どうしの恋愛に嫉妬が割り込むことがある。新しい靴が持ち主を裏切って浮気をするのではないかと嫉妬に駆られる人はまずいないだろうが、それとは違うネガティブな感情が湧くことはある。たとえばスポーツチームのファンがチームに対して抱く愛の強さは、チームが負けたときの苦痛の激しさに直結する。実際、チームが大敗したときの心の打撃はあまりにも痛烈で、シーズン全体の喜びと悲しみを合計したら、ファンをすっかりやめてしまったほうが確実に幸福度がアップする人もいるはずだ。私の知り合いのなかにも、まさにこの理由でファンをやめた人が何人かいる。それでも弱いチームを愛してしまった不運なファンの多くは、応援を続ける。楽しいからではない。チームを見放すのは、愛する人が助けを必要としているときに見捨てるのと同じように、倫理的に卑劣だと感じるからだ。

人は愛するモノに対して「直感的な相性のよさ」をしばしば覚える。この感覚が「一目ぼれ」につながることもある。たとえば自分の住まいを愛している人は、その家を見たときに「まさにぴったりだと感じた」と言ったりする。

初めてこの家に足を踏み入れたとき、買うべきだと直感しました。夫も同じように感じました。何かを解き放ったような、隠されていた何かを見つけ出したような気がしました。どの部屋を見ても、これこそ私たちの買うべき家だという印象がどんどん強まっていきました。家の奥にたどり着いて、不動産屋さんが私たちだけにしてくれると、気持ちが爆発して、「この家に住まなきゃだめよ、絶対に」と叫びました。

私たちは愛するモノや人に対して「情動的な愛着」を感じることもある。目には見えない感情のバンジーロープでつながっていて、遠く離れすぎると引き戻されるかのように感じるのだ。親子のあいだに存在するこの種の情動的な愛着が、のちに子どもが大きくなってからの人間関係にどう影響するかを論じる「愛着理論」については、盛んに研究がおこなわれている。この愛着理論の研究から、子どもは親から受けた扱いにもとづいて他者とのかかわり方（愛着スタイル）を確立させていくことが明らかになっている。こうした愛着スタイルは、成人後も社会的な関係に影響を与え続ける。たとえば、愛情に満ちて落ち着いた家庭で育った子どもは安定型の愛着スタイルを身につけ、そのおかげで成人してから満足のいく恋愛関係を長続きさせることができる。反対に、感情面で機能不全に陥っている家庭で育った子どもは、身につけた愛着スタイルも機能不全に陥っており、そのせいで成人後の人間関係に問題が生じる。

こうした愛着スタイルは、じつは対人関係だけでなく、モノとの関係にも影響する。ピッツバーグ大学教授のヴァニタ・スワミナタンら(27)によれば、母親とのあいだに安定した愛着をもつ人は、そうでない人よりも成人後に人との関係を確立して維持することができるだけでなく、ブランドとのあいだにも結びつきを確立し維持できる。その対極として、親からの愛を当てにできない子どもは、恐れ型の愛着スタイルを身につけることがある。研究者のアリソン・ジョンソン、ジョディー・ウィーラン、マシュー・トムソン(28)によれば、親に対して恐れ型の愛着をもつ成人は、ブランドに対しても「破滅的な愛着」をもつことがある。ブランドに対して初めは熱烈な愛を抱くのだが、ブランドに失望するとその敵となり、仕返しをしてやろうという執念にとりつかれる。そして実際には使ったことのない商品について悪意に満ちたネガティブなレビューを書いたり、その会社の器物を損壊したり、従業員に危害を加えると言って脅迫するなど、ひどく卑劣な行動をとる。

愛するモノがすばらしいと感じられ、さらにそのモノから情動的な報酬が得られ、そのモノに対して情動的な愛着を覚えると、モノへの愛は次の段階に進む。

熱烈なかかわり　熱烈なかかわりには、そのモノを使いたいとか活動に従事したいといった「熱烈な欲望」が伴う。たとえば人への愛とモノへの愛には、どちらも飢えや欲求と関係する脳領域を活性化させるという共通点がある。人は愛するモノに対して「資源を投資する意欲」ももつ。愛の対象が活動であれば、指導を受けるために時間やお金を投資するかもしれない。愛の対象が物なら、とにかく大切に扱うかもしれない。マーケティング教授のジョン・ラストヴィカとナンシー・シリアンニ(29)によると、自分の車を「愛する」人は自分の車を「好き」なだけの人と比べて車の手入れに三倍の費用を注ぎ込む。自分の車を愛する人は、車に関係する品物（新しいホイールキャップなど）を購入するとき、車にプレゼントを贈るように感じていることが多かった。さらに、モノとのあいだに長い「かかわりの歴史」がある人は、そのモノを愛していることが多い。ある男性は、自分の古い車についてこんなことを語っている[30]。

この関係はいつか終わるかもしれません。でも、生きていないモノだとわかっていますが、あの車を愛しています。……ずっと旅の道連れだったんですから。

こうした愛の諸要素——愛するモノがすばらしいという認識、それに対するポジティブな情動的結びつき、それに対する熱烈なかかわり——がすべて合わさると、次の状況が生じる。

愛の対象の自己統合　人かモノを愛する場合、私たちは自己認識を拡張して、愛の対象を自分の一部とする。愛するモノは「望ましいアイデンティティ」（なりたい自分）の一部であるだけでなく、「現在のアイデンティティ」（自分が思う自分）の一部にもなる。私はインタビューをするとき、投影法による質問をしばしば交える。たとえば「あなたのステレオが魔法の力で人間に変わるとしたら、それはどんな人間だと思いますか」といった質問だ。人の愛するモノはその人のアイデンティティの一部なので、この問いへの答えは、現在の自分となりたい自分の合わさった人物であることが多い。たとえば限られた予算で生活しているフリーライターに尋ねたとき[31]には、彼は自分の使っているアップルのパソコンがヴィクトリア朝時代の紳士に変身すると答え、「あらゆる点で私と趣味の合う人物」だが「たぶんその人物は生活の快適さをもうちょっと求めていて……もっといいものを食べているでしょう」と言った。それから彼はさらに想像を巡らせた。「私もヴィクトリア朝に生まれていたら、立派な紳士になっていたと思います。そう、勤勉で仕事に熱心だけれどお金にはあくせくしたくないと願う人物です。私はそんな人間になりたいと心から思います」

何かを自分のアイデンティティの一部にするプロセスは、瞬時に起きるわけではない。脳がそのために働く必要がある。愛するモノについて「頻繁に考える」ことは、そのモノを自己認識に取り込む助けとなる。愛するモノが自分の一部だと感じられれば、そのモノは人生に「意義」をもたらす助けにもなる。35ページの図では、自己統合をハートの内側のハートとして示している。これは自己統合が愛においてとりわけ中心的な役割を果たすからである。愛するモノが自己の一部になるのなら、そのモノとの結びつきが次に述べるようなものになるのも当然だ。

長期的な関係　すでに見たとおり、何かとのあいだに関係が長く続いていて、その関係が今もなお活発で熱烈な場合、その関係は強固であり続ける。このパターンに従えば、何かに対する愛が強ければ強いほど、その関係はこれからも長く続くと予想できる。心理学者の故アルバート・エリスは「愛とはおおむね持続性のなせる技である」と述べている。だが、今この瞬間に愛するだけでは足りないのはなぜなのか。なぜ将来の見通しが関係するのだろうか。

愛は人間がスマホと絆を結ぶために進化したわけではない。動物において愛が進化したのは、親が子の世話をし、場合によっては親どうしが助け合うためだ。本書を執筆するためのリサーチ中に私がとりわけ驚いたのは、人間の愛とよく似た行動を示す動物種がいかに多いかということだった。多くの動物において、子は生まれた瞬間から自立している。しかし成熟に長い時間を要する種では、まさに人間の愛と同じように、子に餌や保護を与えようとする親の気持ちを持続させる関係が進化した。一部の種では、この関係によって両親が結びつき、そのおかげで一緒に子育てができる。

人間の子どもは成熟するまでにかかる時間がとても長い。親の助けがなくても生きられるようになるまでに何年もかかるし、脳は二五歳くらいでようやく発達が完了する。理想を言えば、配偶者や子どもへの愛は長く続くべきだ（現実には、そうならないこともあるが）。同様に、モノへの愛もモノとの関係を長続きさせる動機となる。ただし、一緒にいたいという動機は、愛の対象が人であるときよりもモノであるときのほうが弱くなる。というのは、私たちは（しごく当然ながら）人に対するのと同じ道義的責任を、モノに対してはふつう感じないからだ。

私たちは、愛するモノとの関係が遠い未来まで続くと想像している。だから、私たちがモノを次のようにとらえるのは理にかなっている。

失ったら悲惨　人は自分が何かを愛しているのかどうかを判断するとき、「これがなくなったらどれほどひどいことになるか」と想像してみることが多い。失った場合の痛みが強いほど、それを愛していると確信できる。このことは、何かが自分にとって重要であればあるほどそれを愛しやすいという事実を反映している。まだきちんと調べてはいないが、私はあるパターンに気づいた。愛するモノは自分にとって、さまざまな点で重要であることが多いのだ。たとえば、役に立ち、なおかつ楽しくて、なおかつ感傷的な価値がたっぷりある、といった具合だ。第5章で見ていくが、愛するモノを失ったら悲惨だろうと思うのは、そうした愛の対象が自己認識の一部となっていることとも関係している。だからこそ、愛するモノを失ったら、あたかも自分の一部が引きちぎられたように感じられるだろう。

モノ化、人間化、リレーションシップ・ウォーマー＊

私たちは、モノを愛するのはノーマルなことだと思っている。しかしじつは、ひどく妙なことなのだ。その理由を理解するには、「社会脳仮説」から始める必要がある。この説によれば、初期の人間にとって家族や部族の中で協調した行動をとることが生存のためにきわめて重要だったので、私たちの脳はモノよりも人を気にかけるように進化したと考えられる。この進化の結果として、脳は人とモノを別々のカテゴリーへと自動的に分類し、しばしば人とモノについて別の考え方をする。状況によっては、人について考えるときとモノについて考えるときとで別の脳領域を使いさえする。(32) 特に、モノについては冷静で実利的な考え方をするのに対し、人については熱烈で感情的な考え方をし、ときには愛を抱いたりする。

＊本書を執筆したことで、私は取り組んでいた個々の研究から一歩離れて、モノと人の関係や愛に関する既存の研究を総体的に調べることができた。本書は既発表の科学的研究にもとづいているが、それらの研究をまとめ上げ、私や同業者の研究を踏まえて、私たちがなぜどんなふうにモノを愛するかについての包括的な理論を新たに編み出している。本節では、そうした新しい考え方をいくつか紹介する。

人とモノに関する脳の通常の考え方を、私は思考の「デフォルトモード」と呼ぶ。モノについて考えるときのデフォルトモードは、きわめて実用的である。[33] ちょっと考えてみてほしい。日々、たくさんのモノが目の前を通り過ぎていくが、潜在的な脅威（たとえば近づいてくる車）とかすばらしいチャンス（たとえばおいしそうなクッキー）などとして脳に認識されない限り、それらのモノは完全に無視される。一方、人について考える場合のデフォルトモードは、もっと関心をもち（人に注意が引きつけられる）、人のことをいくらか気にかけることさえある（見知らぬ人から道を尋ねられたら、とっさに手助けしようとする）。

だが人やモノについて常にデフォルトモードで考えるわけではなく、デフォルトを無視することもできる。たとえば、人をモノのようにとらえる「モノ化」をすることもある。これが差し支えない場合もある。たとえば大群衆の中にいて、脳がモノを無視するのと同じようにほとんどの人を無視するような場合なら問題はない。しかしふつうは、人をモノ化するのは好ましくない。哲学者のマーサ・ヌスバウム[34]は、人のモノ化とは、その人を自分の目的のために利用するただの道具と見なすことであると定義している。人をモノ化するとき、私たちはその人の自律性を尊重せず、自制力を欠いた存在と見なし、さらには支配しようとさえする。私は投稿サイトの〈レディット〉で、COVID－19〔新型コロナウイルス感染症〕のパンデミック中に、客が一人しかいなかったカフェのバリスタについての投稿を読んだ。バリスタからマスクの着用を求められると、客は「どうして？　誰もいないのに」と言ったそうだ。意識的なレベルで、客はバリスタが人間であることを理解している。しかし無意識のレベルで、客の脳はバリスタをコーヒーを淹れる装置の一部としてしか見ていなかった。

多くの点で、モノ化は愛の対極にある。モノを愛するには、モノ化を抑え、少なくともいくらかは、ふだん人について考えるのと同じようにモノをとらえなくてはならない。ある変わった例で、私がインタビューした女性[35]は、自分の愛するアンティークの家具が「ほめられる」と不快に感じると語った。その家具というのは先祖代々受け継がれてきたコレクションで、それゆえ彼女のアイデンティティと強く結びついていた。彼女は、友人からその家具の外観をほめられると「不快に感じ」、「いやな気分になる」そうだ。私は彼女の話がすぐには飲み込めなかった。すると彼女は私に、友人が家具の「見た目のよさ」しか見ていないと説明した。「家具は私の愛するモノです。ただの家具ではないということをほかの人がわかってくれないと、私はいやな気持ちになるのです」。つまり、容姿しかほめてくれない男性に女性が気分を害するのと同じことだ。外見が魅力的であることが悪いと思っているわけではない。しかし男性から一人の完全な人間として見てもらえていないと感じ、それゆえ自分が人間らしさを奪われてモノとして扱われていると感じるのだ。家具を愛する女性も同じように感じていた。家具がモノであるのは事実だが、それが単なるモノとして扱われているように感じると、彼女は屈辱を覚えるのだった。

人をモノ化すると、脳による処理方法が変わる。プリンストン大学の研究者、ラサナ・ハリスとスーザン・フィスク[36]は、ネガティブなステレオタイプの人物について考えるときには、人のことを考えるのにふつう使われる内側前頭前皮質ではなく、通常はモノについて考えるのに使われる脳領域が活性化することを発見した。反対に、モノを愛する場合、脳は少なくともある程度はそのモノが人であるかのように扱う。マーケティング教授のアンドレアス・フュルストら[37]は、オキシトシンを使った無作為化プラセボ対照試験をおこなった。このホルモンは、人のあいだで絆を形成するうえで重要な役割を果たすが、通常は人とモノの関係には関与しない。ところがこの実験では、オキシトシンが愛する者のあいだで絆を生み出すのと同様、人とお気に入りのブランドとの結びつきを生み出すのにも一役買っていることが判明した。また、アリゾナ大学のマーティン・ライマン、モンテレイ工科大学のラクエル・カスターニョ[38]は、愛するブランドのことを考えるときと特に何とも思わないブランドのことを考えるときに使われる脳領域を比較した。その結果、愛するブランドについて考えるときには島皮質（通常は人について考えるときにのみ使われる）が使われるのに対し、何とも思わないブランドについて考えるときには使われないことが判明した。ライマンとカスターニョとリサーチフェローのサンドラ・ヌニェスは、これと類似した手法を用いて、人が痛みをどのように経験するかを調べた[39]。過去の研究で、愛する人のことを考えると身体的な痛みが軽減されることが確認されているが、ライマンらは、愛するブランドについて考えると同様の鎮痛作用が得られることを見出した。さらにおもしろいことに、愛するブランドをあたかも人のように考えさせるとこの鎮痛作用は増強し、逆にブランドをただのモノと考えさせると鎮痛作用は弱まった。

第9章で詳しく述べるが、実利的な効用が得られるぎりぎりのレベルでモノを大事に扱うのは、進化の観点から見ると理にかなっている。進化のうえで最適なのは、役に立つモノを存分に大事にして、役に立たなくなったらすぐに大事にするのをやめることだ。私たちの脳が私たちにモノを愛させるという「目標*」に向かって進化したのなら、私たちは多大な時間と労力を費やして愛するモノの面倒を見て、さらには愛するモノを守るために自らの安全を失う危険すら冒すはずだ。しかし進化が私たちに望むのは、たくさんの子をもうけてその子たちの世話をすることであって、たくさんのモノの世話をすることではない。

対照的に、愛の真髄である決定的な特徴の一つは、人やモノを「それが値する」以上に大事に扱うことである。つまり私たちはモノを愛すると、進化のうえでは最適でないやり方でそれを扱うようになる。**それゆえ進化の観点から見ると、モノを愛さず人だけを愛するように脳ができているというのは理にかなっている。要するに、モノを愛している場合、それは脳がそのモノを人だと誤認しているということなのだ。

このことから、私が「社会脳の難題」と呼ぶ科学上の謎が生じる。私たちの脳が生得的にモノよりも人に対して深い情動的な結びつきを形成するようにできているのなら、私たちの暮らしの中でどうやってモノが愛されるようになったのだろうか。もっと端的に言えば、私たちの愛するモノは、社会脳という難題をどうやって克服したのか？

この問いには答えが三つある。つまり、脳がモノに関するデフォルトの考え方を無視して、ふつうは人について考えるときのやり方でモノについて考えるようになる状況が三種類あるのだ。私はこれらの状況を「リレーションシップ・ウォーマー」（関係を温めるもの）と呼ぶ。というのは、人とモ

＊これは進化を擬人化した比喩であり、もちろん実際には進化が願望を抱くことはない。ここで重要なのは、特定の人への愛（進化上の利点）と、モノへの愛（人を愛する能力から偶発的に生じた副産物）との違いである。

＊＊モノを愛するのが悪いことだという意味ではない。現実の世界で最高の物事のなかには、進化の観点からは最適とは言えないものもたくさんある。

ノとの関係は本来、冷たく実利的なものなのに、これがあることによって関係に感情的な温かさが生まれるからだ。

リレーションシップ・ウォーマーの一つ目は「擬人化」である。これは、モノが人間のように見えたり、聞こえたり、ふるまったりするときに起きる。こうなると、脳はそのモノが人間であるかのように思い始める。擬人化については、第2章と第3章で取り上げる。

リレーションシップ・ウォーマーの二つ目は、私が「ピープル・コネクター」(人を結びつけるもの)と呼ぶもので、人と人を結びつける働きをする。ピープル・コネクターには、友人や家族の写真、人からもらったプレゼント、ほかの人を思い出させる音楽や品物、ほかの人と話すのを助けてくれるスマホなどの機器、ほかにもいろいろなものがある。あるモノがほかの人と強く結びついている場合、脳はそれをただのモノではなく、その人の一部と見なし始める。人の一部ならば、愛の対象となり得る。ピープル・コネクターについては、第4章で扱う。

三つ目のリレーションシップ・ウォーマーは「自己認識への取り込み」だ。私たちはみな、自分がどんな人間になりたいか、そしてどうしたらそんな人間になれるかを突き止めるという、壮大な人生のプロジェクトに取り組んでいる。何か(耳に飛び込んできた曲であれ、足を踏み入れたら「まさにぴったりだと感じた」新しい家であれ)を愛するようになるプロセスは、自分が真に何者であるかを理解する助けとなる。そして、愛するモノとかかわり合うなかで、そのモノはしだいに自分のアイデンティティに入り込み、自己の一部となる。脳はふつうその脳の持ち主を愛するものなので、モノが持ち主の自己の一部となったら、脳はそれをただのモノと考えるのをやめて、愛するようになる。アイデンティティの認識については、第5章と第8章で扱う。

モノへの愛には、以上の三つのリレーションシップ・ウォーマー以外にもさまざまな要素が関係する。しかしこの三つが特に大事なのは、それらの働きによって、脳がふつうは人について用いる考え方をモノについても用いるようになるからだ。次の章では、一つ目の「擬人化」について論じることにしよう。

第2章　人として扱われるモノ

デバイスをやさしく撫でて、やる気を出させる。

――テクノロジーを思いどおりに働かせるにはどうしたらよいかという質問に対するよくある答え[1]

〈レディット〉に投稿したあるユーザーは、一七年間忠実に仕えてくれた便器を処分することになったが、「さよならを言う機会がなかった」と嘆いていた。便器に別れを告げたいというのはちょっと尋常でないが、私もじつは家族とともに今の家に引っ越したとき、それまで住んでいた家に向かって手を振り、「さよなら、わが家」と言ったのだ。そしてモノを「手放す」ことからモノを「愛する」ことに話を変えるなら、注目すべき調査結果がある。プログレッシブ・インシュアランスによる調査[2]で、回答者の三二パーセントが自分の車に名前をつけ、一二パーセントが自分の車にバレンタインデーの贈り物をすると答えたのだ。こんなふうにモノを人のように扱う考え方を「擬人化思考」と呼ぶ。これはモノへの愛に重大な影響を与える。

おしゃべりロボットの iCat

擬人化思考とは、モノが人でないことを意識的なレベルでは理解していても、脳はそれが人であるかのように反応することを意味する。第1章で述べたとおり、脳が愛するのはふつうは人だけだ。したがってモノを愛するには、少なくともいくらかは、脳はそれが人であるかのように扱う必要がある。擬人化は、そのための最も単純な方法だ。

通常、擬人化思考が生じるのは、モノが人に似た姿をしていたり、人のように話したり、あるいは人のようにふるまったりすることで「人だと思わせる」場合だ。脳はこうした偽りにたやすくだまされるので、格別に巧妙な偽装など要らない。たとえば上の写真は、プラスチック製のしゃべる猫だ。ニュージーランドにあるカンタベリー大学のクリストフ・バートネックらは、[3] 実験の参加者にしばらくこのしゃべる猫と会話をさせてから、スイッチを切るように指示した。しかしプラスチック製の猫は、その指示を「聞く」とすぐに命乞いを始め、スイッチ

を切らないでほしいと参加者に懇願した。人になりすますという点では、この玩具はかなりお粗末だ。ところがスイッチを切らないでほしいと懇願されたとき、参加者の脳は通常なら人に対して用いるさまざまな思考プロセスを用いて反応した。たとえば猫の願いを無視してスイッチを切るのを嫌がり、さらには自らの行為を正当化しようと猫に事情を言い聞かせさえしたのだ。

香港大学のサラ・キムとシカゴ大学のアン・L・マギル[4]は、上に示すようなスロットマシンの画像を二つ作成した[5]。二つのスロットマシンの違いは、左側のものには目と口のようにも見えるライトが上部についていることと、ハンドルがこちらのほうが長く、腕のように見えなくもない点だけだ。研究者は、参加者が自分のことを「人を操ることのできる」タイプか「人に操られる」タイプのどちらだと思うかについて、その度合いを調べた。人をうまく操れると思う人は、右側のスロットマシンよりも、人のように見える左側のスロットマシンでプレイしたがった。それに対し、人に操られやすいと思う人は、左側のマシンでプレイするほうがお金を巻き上げられる可能性が高いと感じていた。

この実験からわかるのは、人のように見えるモノには人の性質があると思われやすく、少しでも人に似ているモノがあれば、脳はまるでそれが人であるかのように反応するということだ。この傾向は、人に似たモノを見ているときの脳をスキャンした研究でも確かめられる。ある研究[6]では、ミラーニューロンに着目した。ミラーニューロンとは、ある人がなんらかの感情を覚えているときに、そのようすを見た人にも同じ感情を引き起こして共感を促すニューロンである。この研究で、人だけでなく擬人化したモノを見たときにも、ミラーニューロンが発火することが判明した。別の研究[7]では、モノを擬人化すると、通常は人について考えるときに働く内側前頭前皮質と上側頭溝という脳領域で活動が見られることが明らかになった。

擬人化されたモノについて考えるとき、脳は人を理解するときに使うのと同じ手がかりを使って、モノの「性格」を理解しようとする。たとえば自動車会社は、車のフロントにさまざまな「顔」をもたせるよう意図的に設計している。進化人類学者のゾンヤ・ヴィントハーガーら[8]によれば、車のフロント（デザイナーはこの部分を「フェイス」と呼ぶことがある）がどんなふうに見えるかによって、人は車に人間と同様の性格特性を見出す。支配、傲慢、怒り、さらには敵意を感じさせる車（たとえば次ページのスバルBRZなど）がある一方で、親しみやすく、車種によっては愛らしく見えるもの（たとえば「カニ目」の愛称をもつオースチン・ヒーレー・スプライトなど）もあり、この違いが車のフェイスを分別する最大の要素となる。この研究では、大人っぽい顔の要素をもつ度合いよりも子

このスバルBRZは「高圧的」な顔をしている。

「カニ目」が特徴的なオースチン・ヒーレー・スプライトは親しみやすく「圧が低い」顔をしている。

どもっぽい顔の要素をもつ度合いのほうが、車の性格特性に関する判断に大きく影響するということも明らかになった。

これと関連した研究で、マーケティング教授のヤン・ラントヴェーアら[9]は、私たちが人の顔を見たときに、相手がどのくらい友好的かについては口を見て判断するのに対し、攻撃性については口と目を見ることを発見した。同様に、車がどのくらい「友好的」かを判断する際にはグリル（口に相当する）の形を見て、どのくらい「攻撃的」かを判断するにはグリルとヘッドライト（目に相当する）を見る。

車を楽しげに笑っているように見せるのではなく、あえて怒りやさらには敵意に満ちているように見せるのはなぜなのか、と思う人もいるかもしれない。社会階層の頂点に立つ人は裕福で大きな権力をもつので笑顔をふんだんに見せ、怒りや敵意を抱くことはめったにないはずだと考えるのは、理にかなっているが間違っている。ほかの人と一緒にいるとき、権力をもつ人は非難、怒り、敵意をあらわにしがちであるのに対し、階層の底辺にいる人は心の中でどんな感情を抱いていても、表向きは笑顔を絶やさない。このことから、私たちは怒りや傲慢、敵意を示す顔の表情を「支配者」と結びつけるようになっている。そして高級車やスポーツカーを購入する人のなかには、社会的地位の高さや支配力の大きさを伝える車を好む人もいる。怒っているように見える車は「頑丈」で、それゆえ安全だと感じる人もいる。

ここで注意が必要だ。擬人化によって、私たちはモノを人とほぼ同様に（しかし完全に同じではなく）扱うように誘導される。意識的な心はモノが生きていないことを理解しているし、そのことを失

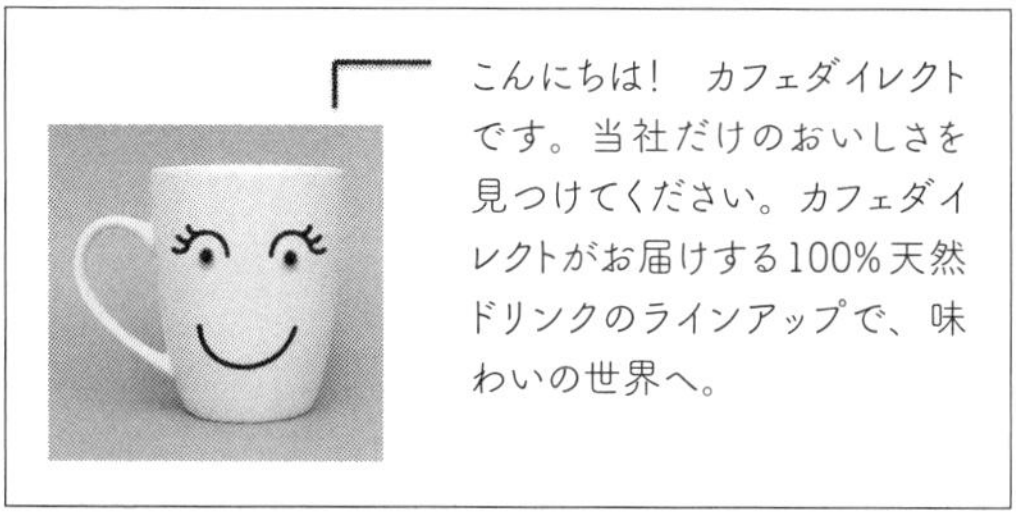
こんにちは!　カフェダイレクトです。当社だけのおいしさを見つけてください。カフェダイレクトがお届けする100%天然ドリンクのラインアップで、味わいの世界へ。

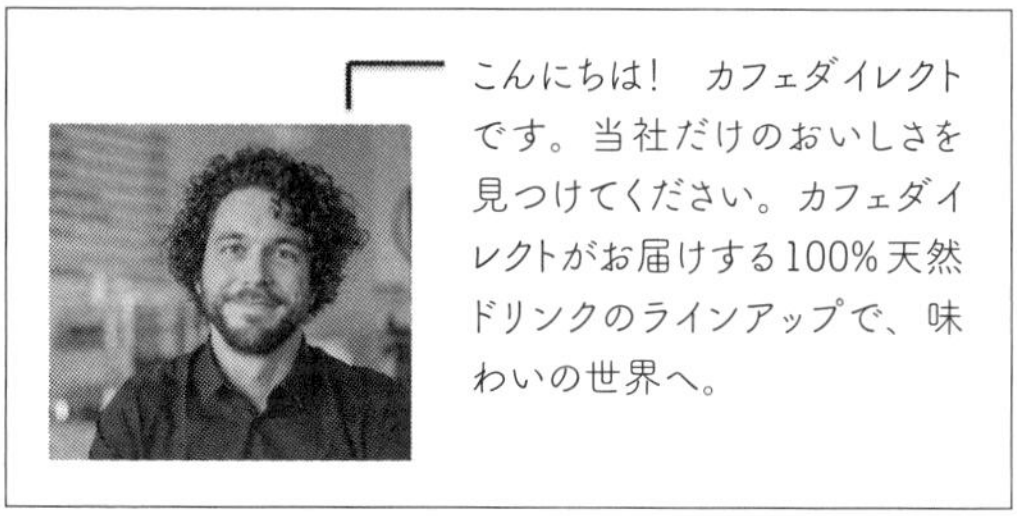
こんにちは!　カフェダイレクトです。当社だけのおいしさを見つけてください。カフェダイレクトがお届けする100%天然ドリンクのラインアップで、味わいの世界へ。

念することもほぼあり得ない。さらに、擬人化されたモノは人に似ているが人そのものではないので、モノの擬人化が起きると、そのモノのとらえ方は物と人の中間になりやすい。たとえば研究者のマフェリマ・トゥーレ＝ティレリーとアン・L・マギル[10]は、カフェダイレクトという架空の会社の広告（上図）を一般消費者に見せた。

　一つ目の広告では笑顔を浮かべたマグカップがメッセージを発するのに対し、二つ目の広告では笑顔を浮かべた人物がメッセージを発する。研究者らは、消費者が他者を信頼する全般的な傾向と、この広告から影響を受けた度合いの関係を調べた。その結果、他者を信頼する全般的な度合いが、笑顔のマグカップに対する信頼の度合いに影響することが判明した（他者を信頼する度合いが高いほど、マグカップに影響されやすかった）。このことから、マグカップが人のようにとらえられていたことがわかる。当然ながら、笑顔の人物の登場する広告についても同じ基本的なパターンが見られた（他者を信頼する度合いが高いほど、人物の写真に影響されやすかった）。ただし消費者が人を信頼する全般的傾向は、笑顔のマグカップの登場する広告よりも笑顔の人間の登場する広告への反応に大きく影響していた。つまり、消費者の脳は笑顔のマグカップに対し、それがいくらかは人間的だが本物の人間ほどには人間的でないかのように反応したのだった。

　私たちは常に擬人化思考に気づくわけではないが、この思考は日常生活の中でふつうにおこなわれている。自宅にｆＭＲＩ装置などなくても、擬人化思考を見抜くことはできる。一つの方法は、自分がモノに話しかけたら、必ずそれを自覚することだ。モノのなかでも特に人が頻繁に話しかけるのはコンピューターと車だということが明らかになっているが[11]、ある研究ではこれら以外にも話し相手として九〇種類以上の品目が挙げられた。

　自分が擬人化思考をしているかどうかを確かめるには、モノに対して怒りを覚えたとき、そのことを意識するという方法もある。コンピューターなど、高度なデバイスが自分の望むとおりに動かなかったときのことを思い出そう。怒りを覚えただろうか、それともちょっといらだっただけだったか。怒りといらだちは似ている。違うのは[12]、怒りを覚えるのは誰かの下した選択のせいで自分に問題が降りかかってきたときであるのに対して、いらだちを覚えるのはなんらかのモノのせいで問題が降りかかってきたときだという点だ。そのモノが問題を引き起こす選択をしたわけではなく、そのふるまいは「そういうものなのだから仕方がない」と受け止められる。コンピューターが作動せず、そのことで私たちがいらだちだけでなく怒りも覚えるなら、私たちは無意識のレベルで、コンピューターが意図的に協力を拒んでいるかのように反応しているということになる。

擬人化が愛につながる

人に似たモノを人扱いする方法の一つとして、脳はそのモノに対して感情的な絆を形成する。[13] モノとのあいだに強い結びつきがある場合、脳はそのモノを単に実用的なモノではなく、社会的なパートナーと見なす。[14] たとえば、生きているように感じられる品物を買い替える際には、私たちは実用性よりも「性格」を重視する。[15]

私と同僚フィリップ・ラウシュナーベルとの研究で、擬人化思考は愛と強く結びついていることが判明した。[16] 私たちは一一〇〇人のドイツ人を対象として、ファッション、チョコレート、靴、シャンプーのお気に入りのブランドをどのくらい愛しているか調べた。また、それらのブランドの品質がどれほど高いと思うかについても質問した。さらに、それらの製品がどの程度「心をもっている」と思うか、そして心以外の点でどのくらい人に似ていると思うかも尋ねた。このデータから、人が製品に対して抱く愛と、その品質のとらえ方、そして製品を擬人化する傾向とのあいだに強い関連が見出された。当然ながら、製品の品質を高く評価する人ほど、その製品を愛する傾向が強かった。しかし、製品を擬人化する傾向とそれを愛する傾向とのあいだには、さらに強い関連が見られた。実際、その関連はなんと一八倍も強かったのだ。*

科学的な厳密さは劣るがもっと心に響く例を挙げると、インターネット上で広まった、五歳くらい

グーグル社の自動運転車のプロトタイプ、ウェイモ・ファイアフライ

の女の子の話がある。その子は母親から、セリーナと名づけた室内用の小さな鉢植えの植物に日光がちゃんと当たっていないと言われた。そこで彼女は日光がしっかり当たるように、セリーナを頭の上に掲げて近所を散歩したという。女の子と母親がこの植物に名前をつけていなければ、女の子はここまでかいがいしく世話をしようとは思わなかったに違いない。そしてこの話が示すとおり、「やさしさとは愛を目に見えるようにしたもの」なのだ。

モノを擬人的に考えると、そのモノは擬似的に人として扱われるようになる。これはある種の格上げと言える。これが起きると、私たちが人について抱くポジティブな考えや感情の多くが、擬人化されたモノにも向けられるようになる。このためたいていの場合、擬人化された製品は、擬人化されていない似たような製品よりも高品質ですぐれていると見なされる。[17] 擬人化された製品は、そうでない製品より感情的に温かく、私たちに親切にしてくれる可能性が高いと見なされる。これが理由で、擬人化された製品のほうが信頼されやすいのかもしれない。企業はこのことを踏まえて、ウェイモ・ファイアフライ（グーグル社）など一部の自動運転車に、人を思わせる外観のデザインを取り入れている。消費者は、人に似て見える自動運転車のほうがドライバーとして「気配り」ができ、それゆえ有能だと思うのだ[18]。

擬人化思考によって一般に人はモノを好むようになるが、場合によっては逆効果につながることもある。研究者のサラ・キム、ロッキー・ペン・チェン、ケ・チャン[19]は、参加者にビデオゲームをプレイさせ、プレイ中にゲームで成功するためのヒントを与える実験をおこなった。その結果、擬人化されたキャラクターからヒントをもらったときにはゲームがあまり楽しいと感じられず、ヒントがただ画面上に現れたときのほうが楽しく感じられることが判明した。擬人化されたキャラクターからヒントを受け取ると、プレイヤーは勝ってもそれは自分の力ではなく助けてもらったおかげだと感じ、勝利の喜びが薄れてしまったのだ。同じ助けを受けたとしても、ヒントをくれたのが生きた存在と見なされないものだった場合には、プレイヤーは完全に自力で勝ったと感じていた。

＊しかし、製品の品質は重要でないという誤った結論に飛びつく前に、説明しておく必要がある。この研究では、絞り込んで残った二つの製品から最終的に一つを選ぶときと似た状況を設定した。消費者はふつう、品質が悪いと思われる製品は購買プロセスの早い段階で除外する。最後まで残った数少ない製品から選ぶ段階では、いずれも品質はそれなりに高いと思っていることが多いので、品質についてはあまり気にせず、別の面に目を向ける。多くの場合、最終判断は魅力的だと思う直感にもとづくが、この感覚は愛の一部である。人が製品を擬人的にとらえている場合、その製品をより愛する傾向が見られる。

擬人化とマーケティング

マーケターはこうしたことをしっかり理解している。たとえば家庭用洗剤ブランドのミスタークリーンのように、五〇年以上も前から擬人化をマーケティングに利用してきた製品もある。このブランドを象徴するのが、ミスタークリーンというマスコットキャラクターだ。作家のジン・ワンとパンカジ・アガルワル[20]は、時の経過とともに「ミスタークリーンの人間としてのイメージが強固になってきた。彼は〝汚れと闘う〟警察官として登場し、新製品が発売されたときには〝生まれ変わった男〟となり、……さらに二〇一三年の『オリジン』のコマーシャルでは、幼いころから一生懸命掃除し、人助けのために汚れと闘ってきた人物として描かれている」と指摘している。

今日、企業は自社製品を擬人化して消費者に受け入れてもらう新たな方法を模索している。パンカジ・アガルワルとアン・L・マギル[21]による実験では、企業が一群のボトルを「製品ファミリー」と呼んで、さまざまなサイズのボトルの写った写真（次ページに示すような内容）を用いると、消費者はボトルを擬人化してとらえ、従来の製品ラインアップの写真を見せられたときよりもそのブランドを好意的に受け止めることが明らかになった。

消費者に製品を人間であるかのようにとらえさせる新たな手段としては、製品からユーザーに語りかけるという方法もある。たとえばスマホや家電製品や自動車ならそれができる。製品との会話は、ソーシャルメディア上でおこなわれることが多い。企業が消費者に向けて、ブランドまたはそのマス

コットの一人称でメッセージを投稿する（たとえばバーガーキング社の社員ではなく、マスコットキャラクターの〝ザ・バーガー・キング〟が投稿する）。サウスカロライナ大学のサイモン・ハドソンら[22]によれば、こうした戦略が有効なのは、ユーザーがオンラインでやりとりするブランドを擬人化すればするほど、そのブランドとの関係を強く密接に感じるようになるからかもしれない。

しゃべる製品のなかでも、アップル社のデバイスの多くに搭載されている音声機能のＳｉｒｉはとりわけ人気が高い。Ｓｉｒｉに向かって「愛している」と言うたくさんのユーザーのために、アップルはさまざまな返答をプログラムしている。私のお気に入りは「どのアップル製品にもそう言うのでしょう」という応答だ。こんなふうに製品に話しかけるという話から、私はある男性を思い出す。彼は自分のスマホに向かって「Ｓｉｒｉ、僕は自分がなかなかいいやつだと思っているけど、女性に振られてばかりだ。どうしたらいい？」と尋ねた。するとこんな答えが返ってきた。「私の名前はアレクサです」

ビジネスの観点で言えば、マーケターは慎重を要する。擬人化は諸刃の剣だからだ。たとえば消費者があるブランドを人のようにとらえればとらえるほど、値上げした場合には、ただ値段が上がっただけでなく裏切られたと感じる可能性が高くなる。[23] また、擬人化した製品が故障すると、ふつうの製品が故障したときよりも強い怒りを覚えがちだ。[24] この怒りの一因として、人間のようなものと見なされている製品には、不具合が生じたときに道義的な責任を負わせやすいという点が挙げられる。不具合が何度も起きたら、ユーザーは製品がわざとそうしているように感じてしまう。

このように怒りや不満が強まると、不愉快な製品をただ買わないのではなく、仕返しをしてやりたいという願望が生じる場合がある。インターネットが誕生する前から、製品に不満を抱いた消費者は当然ながら期待を裏切った企業の悪口を友人に言い、それによって企業は売り上げに損害を被っていた。しかし現在ではインターネットの出現により、消費者が不満を広める力はとてつもなく大きくなった。そして怒りが強ければ強いほど、彼らはますます躍起になって、不満の声を広めようとするはずだ。

このような怒りから、消費者が不愉快な製品を直接攻撃することもあり得る。ある研究で、パソコンの所有者の二五パーセントが自分のパソコンを物理的に攻撃したことがあると認めた。攻撃の内容は、手で叩くことから、窓の外へ投げ捨てることまで、多岐にわたっていた。[25]

脳はなぜこんなことをするのか

擬人化思考はいささか奇妙なものだ。なぜ私たちはそんな考え方をするのだろう。おそらくそれは、人間が今よりも集団内の協働に依存していた時代に、脳の大部分が進化したからだろう。そのため脳の多くの部分が、他者について考えることに特化したツールとして働くように進化した。「ハンマーを持つ者にはあらゆるものが釘に見える」という諺《ことわざ》を聞いたことはないだろうか。人と関係するためのツールをたくさん備えた脳には、多くのモノが人のように見えるのだ。

とはいえ、同じモノを見ても、それを擬人化しやすい人とそうでない人がいる。たとえばおそらくお気づきのとおり、子どもはモノを頻繁に擬人化する。この見方は、研究[26]で立証されている。さらに言えば、モノを擬人化する傾向は年齢とともに弱まっていくが、六五歳あたりで再び少し強まり始める。おもしろいことに、成人においては、頻繁にモノを擬人化する人は想像力、創造力、直感力に富む傾向がある。この三つはいずれも子どもと結びついた特質である。

擬人化思考をとりわけ引き起こしやすい状況が二種類ある。一つは、孤独感をやわらげようと脳が擬人化思考をするケースだ。その有名な例が映画『キャスト・アウェイ』で見られる。トム・ハンクスの演じる人物が一人で無人島に漂着し、バレーボールの球をウィルソンと名づけて、空想上の友人にする。現実世界の例でこれと似たものとしては、『隠れた脳』[27]というポッドキャストでインタビューされた男性が、激しい孤独感からこんな行動に至ったと語っている。

> あのころはとても孤独でした。……僕のいたアパートには、柱がありました。……柱が僕の友人になりました。僕は柱を力いっぱい抱きしめたものです。そうすれば、物理的なフィードバックが得られたので。でもやがて、僕は気づきました。このままではだめだと。孤独感を癒すのに柱を抱きしめるしかない状態に至ってしまったなんて、それは警告以外の何物でもありませんから。

これは極端な例だが、ありふれた日常的な孤独感からでも、モノやペットを擬人化する傾向は強まる(28)。「孤独は(ロボットへの)愛情を強める」という気の利いたタイトルの論文で、研究者ら(29)は人が孤独になればなるほどロボットを好きになりやすいということを示した。

脳が擬人化思考に頼る二つ目の状況は、モノに関する問題を解決したいとき(たとえばモノに何かをやらせる方法を考えているとき)だ(30)。特に、モノに関する最初の試みが何回か失敗した場合にこうなりやすい。たとえば車のキーを回したのに反応がなかったら、まずはもう一度試してみる。しかし何度かやってもエンジンがかからなければ、車に向かって何か言ったりする。ある研究の結果は、こうしたよくある現象に合致していた。それによると、コンピューターにやらせたいことがあるのだが、やり方がわからない場合、七三パーセントの人がコンピューターを叱りつけ、五二パーセントの人はコンピューターにやさしく言い聞かせて、やらせようとしていた(31)。

科学者はみな、機械に懇願しても、脅しても、愛情を示しても、機械が「思い直して」働きだすことなどないと知っている。しかし機械を擬人化したら問題を解決するのに別の形で役立つという見方もあり、この点については意見が分かれている。擬人化思考が問題解決の助けになるとする主張は、人間の性質に関するかなり楽観的な見方にもとづいている。人間は、自分の助けにならないことをするようには進化しなかったはずだ。したがって、手ごわい問題にぶつかったときに擬人化思考を使いがちだということは、そうした問題を解決するのに擬人化思考が役立つことを意味するというわけだ。

難題を解決するのに擬人化思考が役立つ理由として、最も妥当と思われる見方は、擬人化思考をすれば、人について考えることに特化した非常に強力な脳領域が使えるというものだ（これについては第9章で詳しく扱う）。この説では、人間の脳をエコノミークラスとファーストクラスの設けられた飛行機のようなものととらえる。脳は「モノ」をエコノミークラスに入れる。そこでは心の資源が少ししかなく、たくさんのモノに対してわずかな資源が薄く使われる。その一方で「人」は、心の資源がはるかに豊富なファーストクラスに入れられる。モノを擬人化するのは一時的にファーストクラスへアップグレードするのと同じことで、この場合には強力な脳領域を使ってモノについて考え、効果的な解決策を考え出すことができる。しかしこの説は妥当と思われるものの、実際に擬人化がこんなふうに問題解決を助けるのかどうかはまだわかっていない。

「人は思いどおりに機械が働いてくれないときに擬人化思考に頼る。ということは、擬人化思考はそのような状況でたいてい役立つのだ」とする楽観的な前提に、私は同意しない。問題が起きたときにある特定の対応がよくなされるというだけでは、それが有用な対応だとは言えない。たとえばほかの人と意見が合わないとき、私たちはしばしば全面的に相手に非があると考える。問題解決の方法としてすぐれているから相手を悪者にするわけではない。自分にも非があるのではないかと考えるよりも、すべて相手のせいにするほうが気分的に楽だからそうするだけだ。また、私は擬人化思考が機械を働かせるのによい方法だとも思わない。人と機械は別物だから、擬人化思考はただ私たちを間違った方向へ導くだけだ。では、なぜ私たちはそんなことをするのか。おそらく、たいていの人は車やコンピューターなどのモノよりも人のことを熟知しているからだ。だから技術的な問題を解決するための知識が足りない場合、私たちは何とかしようと自分のもつ知識にすがり、モノをあたかも人間のように扱うのだ。残念ながら、モノに言い聞かせるといった「解決策」を考え出したところで、たいていは気を紛らわせる以外の効果は得られない。

ペット

ペットは厳密に言えばモノではないが、人でもない。ともあれ、私たちがペットを愛するのは間違いない。その主たる理由はペットが親しみやすく愉快だからだが、じつはペットは人の健康にもよい影響を与える。この種のトピックについては保守的な国立衛生研究所さえ、ペットとの交流が人にとって、とりわけ高齢者にとって有益であると認めている。これはペットが愛、安心感、生きがいを与えてくれて、これらはみな人の心身の健康を増進するからだ。ある研究[32]によると、心臓に問題のある人がペットを飼うと、リハビリプログラムをやり続ける可能性が高くなるという。

ペットは健康増進に役立つだけでなく、それ以外の目標に向かう気持ちをかき立て、ストレスに対処する助けにもなる。ストレスを経験すると、脳は「闘争・逃走」モードに入り、差し迫った短期的な目標に注意をすべて集中する。これは緊急事態に対応するには有効だが、体重の減量や重要なプロジェクトの完遂といった長期的な目標が無視されることになる。研究によれば、ペットとの交流は(あるいは単にペットのことを考えるだけでも)[33]ストレス反応を軽減させ、長期的な目標を達成する助けとなることが判明している。

人の愛するモノとは違い、動物には思考や感情がある。対象が動物の場合、擬人化思考とは動物を実際よりももっと人に近いものととらえることを意味する。一般にモノをよく擬人化する人は、動物と強く親密にかかわり合う傾向のあることが、研究[34]で判明している。モノを擬人化するとモノとの関係が親密になるのと同様に、動物を擬人化すると動物に親近感を抱くようになる場合がある。スポーツチームが使う動物のマスコットを調べた研究[35]で、この効果が示唆されている。この研究では、写実的な動物のマスコットよりも、人と動物が合わさったように見える擬人的なマスコットのほうがファンに好まれることが明らかになった。

犬を擬人化するやり方について、もう少し詳しく見ていきたい。だがその前に、はっきりさせておきたいことがある。私は二匹のかわいい小型犬（名前はヌードルとダンプリング）を家族として飼っている。だから私自身もここで描かれる愛犬家の一人であり、彼らのふるまいを批判する立場にない。たとえば私はしょっちゅう、「なあダンプリング、ヌードルに遊んでくれっていつもまとわりつかれて、いらいらしたりしないか？」などと自分の犬に話しかける。しかしダンプリングには「ダンプリング、ほにゃらほにゃらら」のように聞こえているだろう（ゲイリー・ラーソンが傑作一コマ漫画シリーズ『ファーサイド』の一作「人が犬に言うこと／犬に聞こえること」で描いたように）。

私の研究[36]で、ペットを擬人化する傾向には二つのタイプがあり、それぞれが異なるタイプの対人関係をもとにしていることが判明した。次の二つの説明がそれぞれどんな対人関係にもとづいているか、考えてみてほしい。

人と犬の関係1型　1型の人はかわいらしい小型犬が好きで、そのような犬を抱いてかわいがるのを好む。また、自分の犬に服やおもちゃを買うのを好む。自分の犬が自分の言うことを聞くべきだと信じ、犬の性格を形成するのが飼い主の仕事だと思っている。自分の犬が外の世界の危険について無知で、それゆえ脆弱な存在だと思い、犬を守るために制約を課すルールが必要だと考える。このタイプの人は、自分の犬を人間の〇〇のようなものと見なしている。

人と犬の関係2型　2型の人は成熟した性格の大型犬を好み、自分の犬が家の外で自立できると考え、その賢さをほめたたえる。犬を自分と対等な（またはそれに近い）存在と考えがちである。犬と適切な関係を保つために、犬の望みを尊重し、飼い主に常に従うことは期待しない。このタイプの人は、自分の犬を人間の〇〇のようなものと見なしている。

おそらくおわかりのとおり、1型の人と犬の関係において犬は「子ども」のようなものと見なされているのに対し、2型の関係では「友人」と見なされている。オーストラリアの研究者マイケル・ベヴァーランドら(37)が犬の飼い主にインタビューしたところ、犬を友人と見なす飼い主は犬をリードから放すことがあるのに対し、子どもと見なす飼い主は犬をリードから放したがらないことが判明した。後者の飼い主は、自分の犬がほかの犬に「いじめ」られたり、道を安全に渡る方法がわからないせいでけがをしたりしないかと心配するからだ。犬を子どものように扱うある女性は、犬のために特製の安全ベルトつきのカーシートを特別注文していた。

こうした人と犬の関係において、一部の飼い主が（しばしば無意識のうちに）自分と犬の関係を人間の親子の関係に模していることは容易に理解できる。この考え方は、神経科学によって裏づけられている。二〇一五年に女性を対象として、自分の子ども、自分の飼い犬、他人の子ども、他人の飼い犬の写真を見ている最中の脳をスキャンする実験[38]がおこなわれた。その結果、自分の子どもを見たときと自分の犬を見たときには脳がよく似た活動パターンを示すのに対し、他人の子どもを見たときと他人の犬を見たときでは脳活動のパターンが著しく異なることが明らかになった。人が自分の犬を「ファーベイビー」（毛皮を着た赤ちゃん）と呼ぶとき、どうやら実際に犬を赤ん坊のようにとらえているらしい。

ため込み——愛の悪しき双子のきょうだい

長いあいだ、私はモノへの愛とモノのため込みとのつながりを認めまいとしてきた。しかし今では、ため込みと愛はイコールではないが、共通する部分がいくらかあることを認めている。人がモノをため込む理由は主に三つあり、それぞれが少なくともいくらかは愛と結びついている。

第一に、ため込みをする人は、自分がため込むモノがいずれきわめて高い実用的価値をもつという不合理な信念を抱いている。たとえば、いつか誰かから不意に「昔の地方紙はありませんか」と訊かれたときに「ありません」と答えるなんて耐えられない、と本気で思い込んでいる。だから自分が手に入れた新聞をすべてとっておいて、リビングルームでかび臭い山にしてため込む。それが完全に理にかなった行動だと思うのだ。

ため込み行動を克服するのは難しい。その一因は、ため込み行動を引き起こす信念は根拠を欠いているにもかかわらず強固だからだ。合理的な人間なら、ため込みをする人に（あるいは誰にでも）昔の新聞が必要となる確率はきわめて低いし、仮に本当に必要となった場合には、オンラインや図書館で探せば必ず見つけられると指摘するだろう。しかし残念ながら、こうした合理的な説得も、ため込みをする人の脳からは壁にぶつかったテニスボールのように跳ね返され、彼らは自滅的な信念に固執する。それゆえ、この行動は「ため込み症」という精神疾患として分類される。

ため込んだモノがいつか役に立つかもしれないという不合理で誇張された信念は、愛に似ているが大きく異なる部分もある。そう、人は自分の愛するモノの有用性や重要性について、誇張された信念を抱く傾向があるのだ。しかし、その誇張の度合いは大きく異なる。愛に伴う誇張は単にモノへの思いが膨れ上がったものであるのに対し、ため込みに伴う誇張はしばしば妄想的で、完全に現実から乖《かい》離《り》している（「あの二〇年前の使用済みのサンドイッチ袋がいつか必要となるに違いない」というように）。

ため込み行動をするもう一つの理由は、自分のため込むモノを自己認識と強く結びつけていて[39]、そのモノを手放すのは自分の一部を奪われるに等しいと感じることだ。これもため込みと愛の共通点と言える。

愛とため込みが似ている三つ目の点は、私にとっては最も予想外だったのだが、どちらもしばしば擬人化を伴うことだ[40]。このことは、ため込みをする人はほかの人と比べて「私の所有物は思慮深く思いやりがある」といった言葉が真実だと考える割合がはるかに高いという事実で裏づけられる[41]。擬人化思考がときとしてため込みにつながるのはなぜなのか。それは、人がモノを人間としてとらえると、そのモノに対して道義的責任を感じるからだ。ある研究[42]において、子どもとティーンエイジャーに人型ロボットを見せた。ロボットはクローゼットにしまわれるところで、「クローゼットの中は怖い」と言葉を発した。被験者の半数以上がロボットをクローゼットにしまうのはよくないと思い、ロボットに対して道義的責任を感じていた。別の研究[43]では、コンピューターやオートバイなどのモノを擬人化する傾向が強い人ほど、それらのモノを傷つけるのは道義的に間違っていると考えやすいことが判明している。あるレンタカー会社は、レンタカーに人の名前をつけると、客が車をていねいに扱うようになるという傾向さえ見出している[44]。

こうした道義的責任感の一端は、モノの「気持ち」を案じる思いから生じる。ある研究[45]では、人が部屋を出るときに、人の顔の描かれた電球が「私は燃えています。消してください」と言って人間のように注意を促すポスターが貼られていると、擬人化されていないふつうの注意喚起のポスターが貼られている場合と比べて、明かりを消す確率が高くなった。このようにモノの気持ちを気にかける傾向は、通常の人よりもため込みをする人のほうがはるかに強く、そのせいで不必要なモノを買ってしまうこともある。ある人はこんなふうに説明している。

食料品が一袋――そう、一袋だけ――店の棚に残っているのを見かけると、私はそれを買わずにいられません。必要でなくても、あるいはほしくなくても。棚に一つだけ取り残されてしまったらすごくさびしいだろうと思うので、買って、しまっておくんです[46]。

モノが消費者の家にたどり着くと、擬人化にはそのモノを処分しにくくする効果もある。ある研究[47]によれば、製品に擬人的な説明をつけると、消費者はその製品を長くもち続けて新品を買わない傾向がある。これは地球にとって朗報だ。私たちがモノを長く使い続け、次々に買い替えるのをやめて修理していけば、自然環境の状態は今よりずっとよくなるだろう。しかしため込みをする人は、よいモノをあまりにも大事にしすぎる。その理由の一つは、モノが生きていると考えるからだ。片づけのエキスパートとして知られる近藤麻理恵は、モノを捨てる前に別れを告げることを勧める。私はため込みと擬人化のつながりに気づく前、モノに別れを告げるというのはちょっとしたおかしな儀式だとしか思わなかった。しかし今では、擬人化したモノとの別離を助ける大事なステップなのかもしれないと理解している。

通常は脳の働きにより、愛による結びつきは人と人のあいだだけで生じる。だが、モノを愛するということは、モノに対して温かい情動的なつながりをもつことを意味する。そのような愛着が生じるには、モノとのあいだに生じる通常の冷たく実用的な関係を、温かいものにする必要がある。擬人化は私たちが使う第一のリレーションシップ・ウォーマーであり、モノを人のように変えることで作用する。

モノを擬人化すると、自分とそのモノとのあいだに親密な関係があるように感じやすくなる。この感覚は、愛の大事な要素だ。しかし人を思わせる姿をしておらず、人のように話すこともないモノとのあいだでも、親密な結びつきを感じることは可能だ。その仕組みについて、次章で説明しよう。

第3章　モノとつながるとはどういうことか

私は「つながり」という言葉すら使いたくない。
その意味が私にはわからないから。
——ロン・シルヴァー（一九四六―二〇〇九年）

「つながり」という言葉を私たちはしょっちゅう使うが、その意味がよくわかっていない人もいる。物や活動と「つながりをもつ」となったら、話はさらにややこしくなる。本章では、愛について理解するのに「つながり」とは何かを理解することが不可欠なのはなぜかをまず説明する。それから、人が趣味や靴など暮らしの中でかかわるさまざまなモノとのつながりについて語るとき、そこに込められている本当の意味を探る。

愛は情動か

愛が情動だということには、たいていの人が同意する。同意しないのは、愛を研究する科学者だけではないだろうか。たとえば、ヘレン・フィッシャー、アーサー・アーロン、ルーシー・ブラウンというオールスターからなる恋愛研究チームは、「愛とは、一つの特定の情動ではなく、さまざまな情動をもたらす、目標志向的な状態である[1]」と記している。誤解のないように言えば、愛が情動的な経験であることを否定する人はいない。しかし愛の研究者はたいてい、愛が怒りや喜びや恐怖のような単一の明確な情動ではないと考えている。

愛が単一の情動だとする考え方に反対する主張は、主に二つある。一つは、情動と考えるには愛があまりにも長く持続するというものだ。通常、情動は数分か数時間しか持続しない。ところが多くの場合、愛は何年も、場合によっては生涯にわたって持続する。

第二に、愛は「単一の」情動ととらえるにはあまりにも複雑だ。愛にはさまざまな情動がかかわっている。ゲーム機を愛する人は、それを失うことを想像すると悲しくなる。新しいゲームソフトを入手することを考えれば、期待で胸がときめく。昔よくプレイしていたゲームを思い起こせば、なつかしさがこみ上げてくる。ゲームをプレイすれば、我を忘れたり、がっかりしたり、いらだったり、気分が高揚したりする。さらに研究者のサラ・ブロードベント[2]によれば、スポーツチームを愛する人のなかには、愛には怒りがつきものだと信じている人がいる。筋金入りのファンの考えでは、自分の応援するチームが負けたのに、その下手なプレイに怒りを覚えないなら、真にチームを愛しているとは言えないのだ。こうしたさまざまな情動がかかわるのだから、愛が明確な単一の情動だということはあり得ない、と考えられる。

一方で、愛が単一の情動であると主張する著名な研究者[3]もいる。たとえば彼らが研究で参加者に「愛を感じる」頻度を質問すると、誰もが質問の意味を容易に理解する。愛と呼べる明確な単一の情動が存在しないなら、回答者たちは混乱したはずではないだろうか。

どちらの見方にも真実の一端は含まれているが、いずれも不完全だ。ほとんどの英単語と同じく、「love」(愛)という言葉には、この言葉本来の意味がいくつかある。その一つは、愛とは情動の一つであり、脳内でのオキシトシンの放出を伴う強い好意であるというものだ。オキシトシンは神経伝達物質であり、またホルモンでもあり、セックスや授乳、信頼、共感、親密な人間関係と結びついていることから「抱擁物質」とも呼ばれる。この強い好意は、どんな情動もそうであるように、持続時間はかなり短い。誰かが特別に好ましいことをしているのを見たときにしばしば生じ、そのときには胸から「愛がこみ上げて」(私の妻の言葉)きて(愛が心臓《ハート》から生じると考えられている理由はおそらくこれだ)、首を横に傾けて「あああ」と声を漏らしたくなり、「キュートネス表情」〔かわいいものを見たときに現れる表情〕と科学者[4]に称される顔をするかもしれない。愛という情動は愛らしい子どもや動物と結びつくことが多いが、愛を示してくれたり特別にすばらしいことをしたりする大人に対しても、愛を感じることはあり得る。

このようなやさしさに満ちた愛という情動は、モノとの関係ではめったに見られない。ここでちょっと実験してみてほしい。愛する子どもを思い浮かべて、何かとりわけ愛らしいことをしているところを想像してみよう。その子のことを思うと、いくらかは「愛がこみ上げて」くるのではないだろうか。次に、愛するモノ、たとえば車や庭、ダンス、音楽、応援しているスポーツチームなどを思い浮かべて、それに対して自分がどんな気持ちを抱くか、よく観察してみよう。愛するモノのことを考えれば笑顔にはなるかもしれないが、愛する子どものことを考えたときのように胸から愛がこみ上げてくるという感覚は生じないだろう。この感覚が生じたなら、おそらく思い浮かべたモノは愛らしい動物とか、ぬいぐるみとか、人の写った写真などだったはずだ。これらは「モノに対しては愛がこみ上げてくることはない」というルールの正しさを証明する例外だ。動物やぬいぐるみや写真は人ではなくモノだが、脳内ではかなり人間に近いものとして扱われる。つまりこれらのモノは、愛という情動が人と密接に結びついていて、モノにはあまりあてはまらないという説を裏づけるのだ。

「love」という語には、本来の意味がほかにもある。愛の研究者が愛は単一の情動ではないと言うときに念頭にある意味だ。愛とは「つながり」の一つであり、友人関係と似ていて、およそ憎悪の対極に位置する。ほかのつながりと同様、愛というつながりは、よいときも悪いときも乗り越えて、何十年も持続することがある。そして愛は、一つのみならずさまざまな感情を含んでいる。たとえば愛の対象にとって役立つことをしたり、愛の対象についてポジティブな考えを抱いたり、（しばしば無意識のうちに）愛の対象を自分の一部だと見なしたりする。

愛というつながりと愛という情動がどちらも「愛」と呼ばれるという事実は、両者のあいだに強い結びつきがあることを示唆する。私の知る限り、この点を探究した研究はおこなわれていない。しかし、人やモノに愛という情動を抱くと、愛というつながりを築きたくなるのではないかと私は考えている。そうは言っても、つながりとしての愛と情動としての愛とが、完璧に対応しているわけではない。第一に、愛していないモノに対して愛という情動を抱くことはあり得る。たとえば私の場合、子猫を見るといつもそうなる。第二に、矛盾して聞こえるかもしれないが、人は愛という明確な情動を抱くことなくモノ（および人）に対して愛を感じることがよくある。通常、モノや人に愛を感じると言う場合、実際には愛の対象に何かよいことが起きて自分がうれしく感じたり、愛の対象に悪いことが起きて同情や悲しみを覚えたり、愛の対象がそばに存在しないときにそれを恋しがったり、それが戻ってくることを想像して胸を高鳴らせたり、あるいは特に性愛関係においては性的衝動を覚えたりしているのだ。

愛するモノについて語るとき、人はたいてい「愛」という言葉で、愛という情動ではなく愛というつながりを指す。だから私が「愛」という言葉を使うときも、特に愛という情動だと断らない限り、基本的にこの言葉で愛というつながりを指す。愛とは人がモノに対してもち得るさまざまな関係の一つにすぎないという点も指摘しておきたい。これについては、ボストン大学のスーザン・フォーニエ[5]が信頼できる研究をしている。

何かを愛することは、それと特別なつながりをもつことを意味するので、この関係について詳しく見ておく必要がある。

「一方向のつながり」対「双方向のつながり」

客観的に見れば、人への愛はふつう双方向のつながりであるのに対し、モノへの愛は一方向のつながりだ。しかし主観的には、必ずしもそう感じられるわけではない。クイーンズ大学経営大学院のマシュー・トムソンとアリソン・ジョンソン[6]はある研究で、参加者の三分の一に交際相手か友人とのつながりを説明させ、三分の一にサービス提供者（医師や美容師など）とのつながりを説明させ、三分の一にブランド（アップルやコカ・コーラなど）とのつながりを説明させた。それから「Xと私は互いにつながっている」などの説明が自分にどの程度あてはまるかを答えさせた。これは、つながりが一方向か双方向か、そのどちらだと感じているかを尋ねる問いだ。その結果、人と人とのつながりについて説明した人と、人とモノとのつながりについて説明した人とのあいだで、その関係が一方向か双方向のどちらだと感じられるかについての回答には有意な差がないことが判明した。この結果は、人への愛とモノへの愛とのあいだに違いがまったくないという意味ではない。しかし、これら二種類の関係には、思いのほか共通点が多いことがわかる。このかなり意外な発見には、主に二つの原因がある。

第一に、人への愛は必ずしも双方向とは限らない。人が誰かに好意を抱いているとき、そのおよそ四割は相手とかかわり合っているのではなく、単に相手のことを思っているだけだ[7]。相手もこちらを愛しているという可能性もあるが、相手のことを考えて好意の高ぶりを感じている瞬間には、相手との関係は双方向というよりは一方向である。さらに、カップルがパートナーについて抱く考えを調べた研究によれば、多くの場合、相手に対するそれぞれの認識は大きく異なり、まるで二人がそれぞれ別の相手との関係について考えているかのようだという(8)。

第二に、モノへの愛が実際よりも双方向的に感じられる場合がある。愛の対象とのあいだに双方向の関係があるという感覚は、擬人化の結果であることが多い。たとえばハーバード大学経営大学院教授のヤンミ・ムン(9)の研究によれば、コンピューターがユーザーに自分のこと(たとえばプロセッサーの処理速度など)を少し伝えると、ユーザーはそれに対して自分の私生活に関する個人的な情報をコンピューターに打ち明けたりする。しかし愛の対象が特に擬人化されていなくても、人はそれと双方向でつながっていると感じる場合がある。擬人化されていないモノは、人に応答したり心地よい情動をもたらしたりすることによって、そこに双方向のつながりがあるという主観的な感覚を引き起こす。

◆応答性

「応答性」とは、人が互いに注意を向け、すばやく応答することを意味する。研究によれば、結婚を長続きさせるには応答性が重要だと示されているし(10)、動物実験では応答性によってラットが互いに惹かれ合うこともわかっている(11)。人が非営利団体や自分の好きな製品のメーカーを愛している場合、応答性とはその団体や企業がその人の思いにどれほどすばやく、どれほど配慮して対応するかという形で示される。私の研究(12)では、男性と女性のどちらにとっても応答性が重要であることが明らかになった。しかし、マーケティング教授のアロクパルナ・モンガは、消費者とブランドとの関係を調べた興味深い研究[13]において、女性のほうが男性よりもブランドの応答性を重視することを明らかにした。組織が自分に応答してくれれば、それは人が組織を愛する理由の一つとなる。その組織で働く人が自分や自分のニーズに注意を向けてくれていると言えるからだ。動物も私たちに注意を向けたり無視したりすることができる（たとえば犬のすばらしい点の一つは、私たちの姿を見ると大喜びすることだ）。しかし私たちの愛するモノのほとんどは、何に対しても注意を払うことのできない物や活動である。だとすると、モノの応答性とは何を意味するのだろうか。

演奏家がコントラバスを弾いているところを想像しよう。弓を動かすと、弦が応答して振動する。演奏家は弦の発する音を聴いて、指と弓の動きを調節する。これに応じて、新たな音色が流れ出る。こうなると、演奏家と楽器との双方向的な「対話」から、つながっているという強い感覚が生まれる。あるコントラバス奏者は、自分の楽器についてこんなふうに語っている。

私はコントラバスをもっています。美しい名器です。振動する弦を感じることができます。私たちは何年ものあいだとても親しくしています。……音楽を演奏するという経験は非常にパーソナルで親密なもので、このコントラバスはその経験において真のパートナーなのです。

◆心の癒やし

モノが愛を感じることはないと意識レベルではわかっていても、私たちは自分の愛するモノがこちらの好意に報いてくれるという直感を覚えることがある。誰かが心を安らげてくれれば親密感が生じ、それは相手が自分を愛していることを示すしるしとなり得る。同様に、モノが心を安らげてくれたときにも、私たちはそのモノから愛されていると感じ、そのモノとのあいだに双方向のつながりが存在すると感じる。たとえばぬいぐるみに安らぎを覚え、自分とぬいぐるみが互いに愛し合っていると感じる子どもは多い。ぬいぐるみを卒業しても、私たちは食べ物やテレビ、音楽、運動、アルコール、本、自然など、さまざまなモノに安らぎを見出す。

不安をかき立てる？

人はときとして他者を批判するが、チョコチップクッキーが人を批判したり拒絶したりすることはあり得ない。私がインタビューしたある男性は、恋人に振られたとき、愛するコンピューターに慰めを求めていた。彼の話から、コンピューターの長所の一つは持ち主を決して捨て去らないという点だ、ということが明らかになった。実際、愛着の研究をしているジョディー・ウィーランら[14]は、対人関係についての不安が強ければ強いほど、人はブランドとのあいだに強固な関係を築きがちであることを明らかにしている。

ペットとの関係においても、同様のことがよく見られる。私がインタビューしたある人[15]は、「ペットは私が何をしても異議を申し立てたりしません。無条件に愛してくれるのです。……気持ちがとても満たされます」と語った。[*]とはいえ、誰もがそう感じるわけではない。何年か前、私は人生相談コラム「ディア・アビー」に寄せられた手紙を読んで、なるほどと思ったことがある。相談者は「デラウェア州のラリー」という男性で、自分の猫が隣家の住人に好意を示すことに嫉妬し、不満を訴えていた。猫は隣人を見ると喉を鳴らすが、自分にはそんなことをしない。そんなわけで、猫が不貞を働いていると思うようになった、とラリーはつづっていた。この相談に対してアビーは、猫が隣人と恋に落ちたのなら、あなたにはどうしようもないのだから、その状況を受け入れて前へ進んだほうがいいとアドバイスした。

人を拒絶するのは動物だけではない。孤独を感じている人や一人ぼっちで孤立している人は、美容師やバーテンダー、販売員などと親しくなることがあるが、それはこの種の人なら自分を拒絶しないと思うからだ。(16) ところがサービス業の従事者や企業、そして製品も、必ずしも積極的にこちらの好意に報いてくれるとは限らない。マーケターは、自社のブランドや製品の魅力を高めるために、あえて「つれないそぶり」をさせることがある。よくある手が、稀少性をアピールすることだ。たとえば「お一人様二点限り」の札を品物に添えて、安価で提供しているので数に限りがあるという印象を与えたりする。マーケターはまた、自社の製品を手に入れられるのは「最上級」の人だけで、そうでない人には無理だという印象を与えようとする。カントリークラブや分譲マンションなどでこうした印象を作り出すのによくやるのが、入会者や購入者の選抜だ。大学は志願者の競争倍率の高さを強調して、評判を高めようとする。その結果、大学はナイトクラブのようなものだとも指摘されるようになった。誰を受け入れるかよりも誰を拒絶するかによって、魅力を生み出しているというのだ。

高級品店の販売員は、ほとんどの客に対して「このブランドをもてるのは限られた人だけで、あなたはそれほど金持ちではなく、有名でもないでしょう」と言わんばかりに、高飛車な（あるいは無礼な）態度で接することで知られている。こんな接客態度が日常茶飯事だと初めて知ったとき、私は不快に感じただけでなく、このひどい慣行のせいで企業は大損しているに違いないと思った。ところが南メソジスト大学のモーガン・ウォードとブリティッシュコロンビア大学のダレン・ダールの研究(17)によれば、ブランドが非常に高価で「あこがれ」の対象（買うとすれば相当な贅沢）だと顧客が思っている場合、販売員から冷淡にあしらわれると、そのブランドが自分には少し高級すぎるのだと確信し、なおさら手に入れたくなるのだという。

自動車メーカーのフォードはこれを極限まで推し進め、五〇万ドルの価格をつけた限定生産のフォードGTスーパーカーの購入希望者に申込書を記入させた。すると、わずか一三五〇台の販売数に対して六五〇〇通の申込書が寄せられた。ソーシャルメディアのフォロワー数が多く、自動車マニアとして知られ、この車で多数の自動車ショーに参加するのに同意し、投資目的で車を未使用のままとっておくのではなく頻繁に運転するのを承諾した有名人は、申し込みが通る確率が高かった。

航空会社のマイレージプログラムは、エリートに仲間入りさせてくれる仕組みとしておそらく最もよく知られた例だろう。頻繁に飛行機を利用すると、航空会社の得意客となり、メンバー専用の電話窓口、短い待ち時間、豪華なラウンジの利用権、よい座席など、さまざまな特典が与えられる。自慢するわけではないが、私はこうしたプログラムの一つで「エリート」となって喜んでいることを認め

＊私の友人ジェレミー・ウッドは、亡くなった人との関係にもこれがあてはまることに気づき、「母との関係は、母が亡くなって以来うまくいっている」とジョークを言ったことがある。

よう。あるとき、預けたスーツケースがひどく押しつぶされ、金属製のフレームがゆがんだまま戻らなくなった。航空会社のサービスデスクに行って係員に話をすると、壊れた部分に持ち手が含まれているが、その航空会社では持ち手の保証はしていないので、スーツケースを交換することはできないと言われた。そのときデスクの電話が鳴り、係員が応答した。そして別の係員に「〇〇様から破損したバッグの件でお電話です」と伝えた。それを聞いた係員は、「ああ、〇〇様はゴ、ー、ル、ド、エ、リ、ー、ト、会、員でいらっしゃるので、新しいバッグを差し上げてください」と言った。私は愕然とした。そこですかさずマイレージカードを財布から取り出し、自分もゴールドエリートだと伝えた。「先におっしゃってくだされればよかったですのに」と係員は言った。そしてすぐさま私をデスクの奥の保管室に案内した。床から天井まで新品のスーツケースが積まれている。「お好きなのをお選びください」と係員は言った。

店員に高飛車な態度をとられたり、自動車のブランドに拒絶されたりすると、客は不安を覚えることがある。モノの場合も同じで、魅惑的だが不健康なジャンクフードなど、体に害をもたらすモノが不安をもたらすことがある。安らぎを与えてくれて頼りになるモノが有害でもあるとわかっている場合、自分がそのモノに対して不健全な依存関係にあると感じる人もいる。

おもしろいことに、博士課程学生のジュリア・ハーら[18]による研究で、菓子を擬人化する（たとえばクッキーに顔を描く）と、ダイエット中の人が誘惑に負けやすくなることが明らかになった。この研究には、ダイエット中の人だけが参加した。参加者の一部には、何も描かれていないクッキーを盛ったトレイに「これはクッキーです」というメモを添えて出し、それ以外の参加者には、顔の描かれた

こんにちは、僕はミスター・クッキーです

これはクッキーです

クッキーを盛ったトレイに「こんにちは、僕はミスター・クッキーです」と書かれたメモを添えて出した（上図参照）。参加者はクッキーを好きなだけ食べてよいと言われた。「ミスター・クッキー」を受け取った参加者は、ふつうのクッキーを受け取った参加者よりもクッキーをたくさん食べた。それはなぜか。ミスター・クッキーを受け取った参加者は、「彼」からもっと食べるように勧められていると感じ、自分がたくさんクッキーを食べた原因の一部は彼にあると思っていた。ほとんどの場合、参加者は意識せずにミスター・クッキーを悪者にしていた。しかし驚いたことに、自分がクッキーをたくさん食べたのはミスター・クッキーのせいだとはっきりと非難した人も何人かいた。

身近な存在

私はインタビューの相手に、自分の愛するモノに順位をつけて、あるモノをほかのモノより愛する理由を説明してもらうことがある。次に挙げるのは、いずれも典型的な答えだ。最もよくある答えはどれかわかるだろうか。

A 私はコンピューターよりもスマホを愛しています。スマホはいつもちゃんと働きますが、コンピューターはときどきフリーズするからです。

B 私はコンピューターよりもスマホを愛しています。スマホは一日中使いますが、コンピューターは一日に三時間くらいしか使わないからです。

C 私はコンピューターよりもスマホを愛しています。スマホのケースがとてもかっこよくて、よく人にほめられるからです。

いずれも重要だが、格段によく出てくる答えはBだ。Bでは、モノに対する愛の量がそれを使う時間の長さと同一視されている。妙な話ではないだろうか。ある注目すべき事例では、以前は自分のｉＰｏｄを愛していたが今はもう愛していないと女性が話していた。それはなぜか。ｉＰｏｄ自体が変わったわけではないし、女性がもっと愛するモノを見つけたわけでもない。ただ、転職して、それまでの長距離通勤から短い徒歩通勤に変わったのだ。そして以前ほどｉＰｏｄを使わなくなった。愛さなくなったから使わなくなったのではなく、使わなくなったから愛さなくなった。なぜこんなことが起きるのか。

この問題について、私の頭にひらめきが浮かんだ。そのとき私は「関係の親密さ尺度」（ＲＣＩ）を測定するための質問票[19]について調べているところだった。研究者はこの質問票を使って、二人のあいだの親密さを測る。たとえば調査対象者と友人との親密さを調べるために、ＲＣＩの質問票は一日に二人がほかの人を交えず二人きりで過ごす平均時間を尋ねる。私の中で、合点がいき始めた。愛の対象とともに過ごす時間の長さを語る人は、対象との関係がどれほど親密かを示そうとしているのだ。これはハワイ大学のエレイン・ハットフィールドとリチャード・ラプソン[20]の示した愛の定義を思い起こさせる。彼らは、愛とは「自分の生活と深く絡み合っている相手に対して感じる好意とやさしさ」［強調は著者による］だと記している。

片づけについて考えるとき、この見方が役に立つ。捨てるべきだとわかっているが愛着を覚えるモノがある場合、どこか見えない場所に一年間しまっておくといい。かかわり合いがなくなれば情動的な結びつきが薄らいで、手放すのが容易になる可能性がある。愛するモノについては「去る者は日々に疎《うと》し」で、かかわらなければ心は離れていく。

道義的責任を感じるか？

人間関係の主たる特性の一つは、互いの関係によって相手に対してどうふるまうべきかが定まることだ。たとえば雇用主と従業員という関係では、雇用主が時給制の従業員に対して会社のために無償で働くことを求めるのは、社会規範から逸脱しているだろう。一方、友人関係にある二人が相手のために無償で働きたくないと思うなら、真の友人とは言えない。さまざまな人間関係のなかで、期待される義務のレベルが最も高いのが、愛という関係だ。誰かを愛していると言いながら、その人のために大きな犠牲を払いたくないと思うなら、それは愛ではない。

これはモノへの愛にもあてはまるだろうか。人がモノを愛すると、それに対して義務があるように感じるのか。あるいは逆に、愛するモノとの関係は特別なので、その対象をとりわけ大事に扱うべきだと感じるのだろうか。

◆「利他主義」対「投資」

投資（あとでもっと多くを得るために、今、何かを手放すこと）は、利他主義（ほかの誰かを助けるために、今、何かを手放すこと）とは違う。人は愛するモノにたくさんの時間、労力、資金を費やす。私がインタビューしたある男性は、愛するコントラバスについて「この楽器を弾けるようになり、これを使って仕事ができるようになるために、私はずいぶん犠牲を払いました[21]」と言った。このタイプの犠牲は投資だ。人は自分の払った犠牲がのちに利益をもたらすことを期待する。たとえば楽器をうまく演奏するのを楽しめるというのも、一つの利益である。

人を愛する場合、私たちは相手とのかかわりに時間やエネルギーを投資し、将来もこの関係を維持するという形で投資を回収したいと思っている。しかし、投資が回収できるという明確な見込みがなくても、ほかの人のために利他的な犠牲を払うこともある。これも大事なことだ。というのは、たとえば子どもは親から常に利他的な世話をしてもらわなければ、成長して大人になることができないからだ。しかしこのタイプの利他的な犠牲は、愛するモノとの関係においてはあまり見られない。私たちは通常、人に対して抱く道義的責任感をモノには抱かない。これはきわめて理にかなった考え方だ。人をモノとして扱うのは倫理に反するが、通常、モノをモノとして扱っても別に問題はないのだから。

人のために利他的犠牲を払うのと比べれば、モノのために利他的な犠牲を払うことはあまりないが、皆無ではない。たとえば、自然の残る地域を封鎖して、開発や観光から守ろうとする環境保護活動家を考えよう。封鎖することによって自分たちがその地を訪れる機会を失うとしても、健全な生態系を守ることのほうが彼らには大事なのだ。スタンフォード大学のアルナ・ランガナタン[22]は、別のおもしろい例を報告している。手工芸家が自分の作品を大切にしてもらえることを期待して、買ってくれそうな人に値引きを申し出ることがあるという。自分の愛する作品がよい買い手に引き取られるように、いくらかのお金を犠牲にするというわけだ。

◆ブランドと一夫一婦制を守るべきか？

人の恋愛は、一対一の関係であるのがふつうだ。ブランドへの愛にも同じことが言えるだろうか。そう考えている人もいるらしい。たとえばある男性は、「僕は自分の（消費者としての）人生の中で長く続いてきた一つの関係に背を向け、浮気に走ってしまった。アップルを裏切ってしまったのだ」というコメントをネットに投稿している。一方、この投稿に対して「『アップルを裏切る』という発想自体がおかしい」と返信した男性のように、人はモノやブランドに対して一夫一婦制を守ると約束する義務などないと考える人もいる。

おかしいかどうかはさておき、多くの人は自分がお気に入りのブランドと一夫一婦的な関係にあると考えている。何をもって「ブランドへの裏切り」とするかについては、二つの考え方がある。競合するブランドの品を買ったら浮気したことになると考える人がいる一方で、愛するブランドに忠実であるとは、何かを買うときにそのブランドを真っ先に検討することであり、気に入ったものがそのブランドになければ、別のブランドを買うのはかまわないと考える人もいる。

浮気と言えば、ある女性が、自分の夫はよそで魅力的な女性をめざとく見つけるんですと話し、「夫がどこで食欲をそそられてもいいんです。家でちゃんと食事をしてくれるなら」と言っていた。企業も顧客をつなぎ止めたければ、この女性のような姿勢をとるのが賢明かもしれない。マーケティング教授のイレーネ・コンシーリョら[23]によると、人が自分はブランドXに忠実だと思いながらもブランドYをほめたり試したりして「手を出す」と、多くの場合、たとえブランドYがすばらしいと思っても、結局はブランドXに惹かれる気持ちが強まるのだ。

キャリーオーバー効果

ほかの人と共存して暮らすために進化した行動がモノとの関係に適用される場合、あるいはその逆の場合、私はそれを「キャリーオーバー効果」と呼ぶ。たとえば研究者のオスカー・イバラ、デイヴィッド・スンジェ・イ、リチャード・ゴンザレス[24]の研究によれば、恋愛相手に対して満たされない思いや不安を抱いている人は、もっとよい相手を求めて探し回りたくなることがある。この気持ちが恋愛関係にとどまらず、店を回ってさまざまな商品を探し回りたくなり、なかには自分の恋愛とはまったく無関係なモノを物色することもあるそうだ。

クリスティナ・デュラントとアシュリー・レイ・アーセナの両教授[25]によると、月経周期において最も妊娠しやすい時期に入った女性は、ホルモンの変化の影響で、近くにいる魅力的な男性にふだんよりも少し惹かれやすくなるそうだ。この現象もモノとの関係にキャリーオーバーし、女性はその時期になるとさまざまな商品に惹かれ、いろいろ見て回る。しかし、この時期に入っている既婚女性に結婚指輪をいったん外してもらい、それから再びつけてもらうと、女性は自分の結婚相手に対する義務感を思い出す。この効果も買い物にキャリーオーバーし、たくさんの商品を探し回ることへの関心が薄らぐ。

こうしたキャリーオーバー効果は、購入を検討する製品の数だけでなく、どんなブランドに魅力を感じるかにも影響する。消費者はしばしば、ブランドには「楽しい」「かっこいい」「オタクっぽい」「思いやりがある」「攻撃的」「いやしい」などの「性格」があると感じる。性格という点で、ブランドはおおむね「エキサイティング」なブランドと「誠実」なブランドという二つのグループに分けられる。(26) たとえば老舗グリーティングカードメーカーのホールマーク社のようなブランドは誠実と見なされる。これはすなわち、温かく、思いやりがあり、ファミリー向けで、往々にして伝統的なブランドだということだ。広告に結婚式や家族の集まり、国旗、泣いている人、懐古的なもの、愛らしい子どもも、愛らしい子犬、あるいはなんでもいいから愛らしいものが登場したら、その広告はブランドに誠実な性格をもたせようとしていることがわかる。一方、ポルシェや、ラスベガスにあるカジノリゾートのベラージオなどのブランドは「エキサイティング」と見なされる。すなわち、楽しく、若々しく、活気にあふれ、場合によってはいくらか規範を逸脱するブランドということだ。広告で疾走する車やダンスするポップスター、肌の露出度の高いモデル、断崖から飛び降りる人が使われていたら、ブランドにエキサイティングな性格をもたせようとしていると言える。

ブランドの性格が誠実かエキサイティングかという区別は、恋愛関係において人が分類される二つのタイプと重なる。魅力的だが必ずしも信頼できるわけではないエキサイティングなブランドは、セクシーな「イケている人」であり、ボストン大学のスーザン・フォーニエの言葉を借りれば奔放《フリング》な人だ[27]。一方、誠実なブランドは守護者《キーパー》のような存在で、胸をときめかせてはくれないかもしれないが、長期的に多くの報いを与えてくれる、ナイスガイやナイスガールだ。フォーニエと、共同研究者のジェニファー・アーカー、S・アダム・ブラセル[28]は、消費者とエキサイティングなブランドとの関係は奔放で、たちまち生まれるがすぐに揺らぐ傾向があることを発見した。対照的に、誠実なブランドとの関係は、守護者との恋愛関係のように時間をかけて育まれる傾向がある。

しかし、ここで話はいささか（もっと）奇妙になっていく。「恋人どうしのけんかは愛をよみがえらせる」*と言われているが、これもまたモノへの愛にキャリーオーバーするのだろうか。じつは消費者があるブランドについていやな経験をした場合（たとえば製品が壊れたとか、顧客サービスが悪かったなど）、誠実なブランドとの関係には悪影響が生じるが、恋人どうしのけんかと同様に、エキサイティングなブランドとの関係にはむしろ新たな活気が生まれることがある。これは、誠実（守護者的）なブランドとの関係では、そもそもそうした問題が起きてはならないという消費者の考えによるものと思われる。それに対し、エキサイティング（奔放）なブランドとの関係では、問題が起きるのはさほど意外ではなく、逆に修復できたらそちらのほうが意外なのだ。そうしたブランドでは、問題が起きなかった場合よりも、問題が起きて修復された場合のほうが、消費者とブランドとの親密さが増していた。

エキサイティングなブランドや誠実なブランドとの関係は、自分の魅力に関する自信の度合いによっても異なる。交際相手から拒絶されることを恐れる人は、自分を受け入れてくれそうな相手と付き合いたがることが多い。これと同様に、愛着関係の研究者ヴァニタ・スワミナタンら(29)は、交際相手との関係に不安を覚える人は誠実なブランドを好む傾向があることを見出した。つまり、ブランド界のナイスガイやナイスガールを好むのだ。これに対し、拒絶されることをさほど恐れない人は、献身や親密さに居心地の悪さを覚える。このタイプの人が好みやすいのは、あまり深い関係を求めない、セクシーなバッドボーイやバッドガールだ。交際相手へのこうした好みは、やはりモノへの愛にもキャリーオーバーする。彼らはブランド界のバッドボーイやバッドガール、すなわちエキサイティングなブランドを好む傾向があるのだ。

社会学に関心のある読者のために、ここで一つ付け加えておきたい。キャリーオーバー効果は、ヒューリスティック研究に興味深い展開をもたらすのだ。ヒューリスティックとは、意思決定の際に用いられる心の近道だ。たいていの場合、これを使うと正しい決定にそれなりに近い決定が下せるが、ときにはひどく的外れなこともある。キャリーオーバー効果は、人に不合理な行動をとらせ得るという点でヒューリスティックと似ている。しかし、キャリーオーバー効果とヒューリスティックが存在する理由は大きく異なる。ヒューリスティックは脳の認知負荷を抑えるための手立てで、脳の処理能

＊この金言は、一七世紀のフランスの劇作家ジャン・ラシーヌによるもの、あるいは喜劇作品で知られる紀元前二世紀の劇作家のテレンティウスによるものとされる。

力に限界があることから進化した。[30] 一方、キャリーオーバー効果には別の背景がある。脳の負荷を減らす仕組みとして発達したのではなく、人間の脳がもっぱら人を扱うために進化したことから生じたのであり、人を対象とした場合に意味をなす行動がモノにも適用されるようになったのだ。

愛に関する心のひな型を対人関係からモノとの関係に拡張すると、愛のいくつかの面、たとえば愛の対象とともに過ごす時間を楽しむといった部分は、ぴったりとなじむ。しかし別の面、たとえば愛の対象と双方向的なつながりをもつとか、道義的責任を感じるといった部分をモノとの関係にもあてはめるのは、ちょっと難しい。

それでも私たちがモノを愛せるのは、脳がもともと比喩を使って物事を考えるからである。だから、私たちとモノとのつながりを愛と見なすには、人との関係とまったく同じでなくとも類似していればよい。人への愛には一方向的なものもある（たとえばそばにいない人に愛を感じる）という事実から、モノに対する一方向的なつながりを脳が愛と見なすことがある。一方、比喩的に考える脳が、人との関係と同じくモノとの関係にも双方向性を見出すこともある。たとえば前に見たとおり、演奏家が楽器を演奏しているとき、対人関係における相互的なやりとりと同様のやりとりが演奏家と楽器のあいだで起きているのだと、脳は比喩的にとらえる。脳はまた、私たちがモノを使うのに費やす時間の長さも比喩的にとらえ、そのモノとの親密さの指標と見なす。

第1章で説明したとおり、脳がモノを愛するには、そのモノを少なくとも部分的に人間のように扱う必要がある。第2章では、あるモノがいくらか人間に似ているために擬人化思考が生じると、脳はそれを人として扱いがちだということを説明した。しかし、人が愛するモノの多くは、擬人化するには無理がある。人に似た姿をしておらず、人のように話すこともないモノ、たとえば菓子作り、衣服、ビールといったモノを愛する人はたくさんいる。次章では、脳が擬人化を用いずに、モノを人として、あるいは少なくとも人のようなものとしてとらえることのできる方法を紹介する。

第4章 ピープル・コネクター

そう、このバイオリンには魂がある。でも、それはほかの人から授かったものです。

――アン・アキコ・マイヤース（一九七〇年生まれ）

ヴュータンは、名前をもつに値する特別なバイオリンだ。今から二八四年前グァルネリ・デル・ジェスによって製作されたこの名器は、推定価格一六〇〇万ドルで売却されると、世界で最も高価なバイオリンとなった。所有者はこれを著名なバイオリニストのアン・アキコ・マイヤースに終身貸与している。マイヤースはすでにストラディヴァリウスを二挺もっていたが、インタビュー(1)で語ったところによると、「試さずにはいられず、すぐさま恋に落ちた」。

彼女がこのバイオリンを愛する大きな理由は、もちろんそれがすばらしく彩り豊かな音色を奏でるからだが、過去にこの楽器を演奏した人たちの記憶が詰まっているからでもある。そうした演奏家の一人が、一九世紀を代表するベルギーのバイオリニスト、アンリ・ヴュータンで、このバイオリンの名は彼にちなんだものだ。マイヤースはこう説明する。「彼はこのバイオリンをとても愛していて、一緒に埋葬してほしいと願ったほどです。……バイオリンはみな、過去の演奏家が刻みつけた「強調は著者による」それ自体の魂をもっています。……私はこのバイオリンにヴュータンの魂をはっきりと感じます」。このバイオリンは、「アン・アキコ・マイヤース↕ヴュータン（バイオリン）↕アンリ・ヴュータン」という形で、二人の人を一本の鎖のように結びつけている。著名な消費者研究家のラッセル・ベルク(2)なら、マイヤースとこのバイオリンの関係は〈人—モノ—人〉だと言うだろう。

モノは個人と個人をつなぐだけでなく、個人と集団をつなぐこともできる。たとえば先祖伝来の家宝が人を家族と結びつけたり、特定のブランドの品を所有することで人が同じブランドを所有する人たちと結びついたりする。ベルクの命名した〈人—モノ—人〉という現象には、〈人—モノ—人々〉という状況も含まれるのだ。

新しい車を買うと、にわかに同じ車種をあちこちで見かけるようになると感じたことはないだろうか。〈人—モノ—人〉のつながりは、これと似ている。その存在を意識し始めると、じつは以前からそれが自分のまわりにあったことに気づくのだ。

何年か前に聞いたニュース(3)が、今も私の心から離れない。レポーターは途上国の貧窮したスラム街を歩いていた。すると、そんな場所に不似合いな、黄色い革でできた新品の豪華なソファと二人掛けの椅子が、狭いぼろ家の土間に置かれているのが目に入った。あまりにも場違いなので、レポーターは興味をそそられた。やがてわかったのは、その家が母親を亡くした三人兄弟のものだということだ。母親はかつてこのソファセットを店のショーウィンドウで見て、すっかり心を奪われたが、そんなものを買うお金などなかった。母親が亡くなったあと、息子たちはお金を出し合ってこのソファセットを買い、母親に捧げた。この話が私の胸に響いたのは、レポーターが「この黄色いソファセットが、じつは彼らの母親にかかわるものだと、想像できる人がいるでしょうか」というようなことを言ったからだ。

レポーターの驚きはもっともだ。私たちはふつう、モノとの関係を〈人―モノ〉の関係だと思う。つまり、一人の人と一つのモノとの関係だ。しかし「ベルクの第一原理」[4]と私が呼ぶものを踏まえて、愛するモノとの関係をよく見てみると、そこにはたいてい〈人―モノ―人〉の大切なつながりが存在する。実際、モノとの関係の多くは、じつは人との関係が姿を変えたものなのだ。このソファはまさにその好例だ。

〈人―モノ―人〉の鎖の中心に位置する物または活動を、私は「ピープル・コネクター」(人を結びつけるもの)と呼ぶ。レポーターの発した「この黄色いソファセットが、じつは彼らの母親にかかわるものだと、想像できる人がいるでしょうか」という問いへの答えは、「インタビューして、相手の好きなモノについて話を聞いたことがあれば誰でも想像できます」だ。愛するモノについての私の研究は、特別な所有物に関する先行研究[5]から発展したものだ。これらの研究に携わった研究者たちは、参加者に自分の最も大切な所有物または自分にとって特別なモノを挙げさせた。すると、参加者の多くは自分をほかの人と結びつける思い出の品を挙げることがわかった。研究で得られた結論の一つは、モノには人と人を結びつける力があり、「特別な所有物」が特別に感じられるのは、たいていはその力のおかげだということだ。自宅にある美術作品について参加者に話してもらった研究[6]では、高尚な言葉で芸術について語る人は、意外かもしれないが皆無だった。「プラクシテレスやミケランジェロ、ロダンが傑作を生み出した場とか、崇敬と研ぎ澄まされた感性をもって接すべき神聖な技」などを口にする人はおらず、参加者たちは、美術作品によって自分が家族や友人をどんなふうに思い起こすかについて語った。

私の研究では、愛されているモノの多くがピープル・コネクターであることも判明している。ある女性は自分のアパートで愛するモノを私に見せながら、こう話した[7]。

> これは祖母からもらったものです。このボウルは、じつは曾祖母のものだったんです。自分で作って、手塗りしたそうです。……率直に言って見た目はよくないですが、私は長いあいだそれが祖母の化粧台にあるのを見てきました。つまり、それが祖母のものだと知って育ち、祖母との結びつきを感じます。ですから、私はこれを愛しているのでしょう。自分のジュエリーも愛しています。結婚指輪。人からプレゼントされたもの。イヤリングやネックレス。こちらの腕時計は昔の恋人がくれたものです。ちょっと変な話ですが、今でもこれを愛しています。それから、これ！　ここにあるのは、心から愛しているモノたちです。愛しているのはやはり、気持ちのうえで価値があるからです。この小さな花瓶は結婚祝いでした。……こちらの小さなフンメル人形もプレゼントされたものです。ここにあるものはほとんどがプレゼントです。去年亡くなったとても大切な友人からもらったものもいくつかあります。ええ、私がここにあるものを愛するのは、私にとって大切な人たちと結びついているからです。

〈人―モノ―人〉の結びつきは、私の研究でモノについて質問し、返ってきた答えが人に関するものだったときにも見られる。(8)

私　あなたの銀のシガレットケースについて聞かせてください。
パム　もとはと言えば父が……。
私　あなたのコンピューターについては？
ジョン　僕には恋人がいたのですが、彼女が一年間ヨーロッパへ行くことになって……。
私　このアンティーク家具について話しましょう。
シンディー　私の家族はデンマークからアメリカに渡ってきて……。
私　あなたの車のことですが。
クリス　僕の両親は……。
私　スクラップブック作りもお好きだとおっしゃいましたね。
クレア　うちの子どもは……。

別の研究で、研究者のヴァニタ・スワミナタン、カレン・スティリー、ロヒニ・アールワリア[9]は、ブランドの性格に影響されやすい人とそうでない人がいるのかについて調べた。その結果、自分が人付き合いの魅力に欠けると思われることを恐れる消費者は、不安感に駆られて、魅力的な性格だと思うブランドの品物を買う傾向が強いことが判明した。〈人―人〉の関係に不安を覚える人は、どうやら魅力的な〈人―モノ〉の関係でそれを補おうとするらしい。しかしこの研究ではまた、ブランドの性格が消費者に影響を及ぼすのは、歯磨き剤や置時計のように自宅というプライベートな場でのみ見られる製品ではなく、靴のように人目にさらされる製品だけだということも判明した。このように人付き合いの不安を抱える消費者が、本当に〈人―人〉の関係の代わりにブランドを使って〈人―モノ〉の関係を生み出そうとしているのなら、プライベートな場でもブランドの性格を気にするはずだ。ところがほかの人がいるときにだけブランドの性格が重要になる、という事実から、消費者が人の代替として製品とつながろうとしているのではないことがわかった。むしろ自分がそうした魅力的なブランドを使っているのをほかの人が見たら、自分の人気が高まるだろうと期待していた。つまり、ブランドを利用して自分をほかの人と結びつけようとしていたのだ。

モノがピープル・コネクターとして機能すると、そのモノに対する気持ちが変化する。たとえば私がおじのモーティーのことが好きなら、誕生日に彼からもらったプレゼントが仮に自分のほしいものではなかったとしても、気に入る可能性が高い。逆におばのペチュニアのことが嫌いなら、彼女が特別に私のために選んだマグカップもきっと気に入らないだろう。私はこれを「〈人―モノ―人〉効果」と呼ぶ。これはモノに対する気持ちが、そのモノと結びついた人に対する気持ちに影響されるときに起きる現象だ。私がインタビューしたある男性[10]は、父親からもらった特別な金貨をもっていることがどれほど誇らしかったかを私に語った。といっても、誇らしく思えたのは、父親が長きにわたって浮気をしていたと知るまでだった。浮気が原因で、両親は離婚した。父親に対して激怒した彼は、金貨をもつことを誇らしく感じなくなっただけでなく、それを人にあげてしまった。まさに〈人―モノ―人〉効果が起きていたわけだ。

第3章で、自分の愛するブランドに対して浮気をしているように感じる状況を取り上げた。浮気を気にするかどうかを決める主な要因の一つは、そのブランドに対する愛を友人とどれくらい共有しているかだ。ブランドへの愛が自分と友人を強く結びつけていればいるほど、別のブランドを買ったときに浮気をしてしまったと感じやすい[11]。その根底には、ブランドとの関係が〈人―モノ―人〉であるなら、競合するブランドを買うことはこの関係に属する相手への裏切りであり、それはブランドを裏切るよりもはるかに重大だというロジックがある。

ブランドを裏切ることが友人への裏切りのように感じられることがあるという事実から、どんなタイプの人がそのような浮気を最もしやすいかという、興味深い知見が得られる。きわめて物質主義的な人は自分の所有するモノと強いつながりをもつので、お気に入りのブランドを裏切って浮気する可能性は低いと思う人もいるだろう。ところがウェスタン大学のミランダ・グッド、マンサー・ハミトフ、マシュー・トムソン[12]は、それとは逆の発見をした。物質主義的な人ほど、ブランドを裏切りやすいのだ。これは、物質主義的な人ほど対人関係が希薄な傾向があるからかもしれない[13]。人がしばしばブランドを裏切るまいとするのは、そんなことをしたら友人を裏切ったことになると思うからだ。ということは、物質主義的な人はそうでない人と比べて親しい友人が少ないので、ブランドへの裏切りを避けるべき理由が少ないのだろう。

物質主義に関連して、お金を愛することと、それ以外のたいていのモノを愛することは違うのだと指摘しておきたい。一般に私たちが愛するモノは、私たちをほかの人と結びつける傾向があるが、心理学者のシーチン・ワンとエヴァ・クルムフーバー(14)は、お金を愛する人ほどほかの人をモノのようにとらえる「モノ化」の傾向が強いということを発見している。第1章で説明したとおり、人のモノ化は人への愛の対極にある。したがって、お金への愛はモノへの愛とは違い、人と人を結びつけず、温かく緊密で信頼し合う関係を築きにくくすると考えられる。

ここまでの話から、愛するモノとの関係においては、〈人―モノ―人〉のつながりが非常に重要であることが多いと言える。ただし、注意すべき点が三つある。第一に、その〈人―モノ―人〉の性質ゆえに愛されているモノ、たとえば登山家が自分と登山仲間を（文字どおりの意味でも比喩的な意味でも）結びつけるという理由でザイルを愛しているような場合、その関係には〈人―モノ〉という面もある。たとえば単独で登山しているときに自分を助けてくれたことで、ザイルに感謝することもある。第二に、私たちが愛するモノはピープル・コネクターであることが多いが、生活の中で冷淡かつ実利的にかかわっているありふれたモノについては、必ずしもそうとは限らない。そして第三に、〈人―モノ〉の関係には愛が伴わないことが多いが、擬人化されたモノとの〈人―モノ〉の関係は例外となり得る。というのは、脳がこの関係を少なくともいくらかは〈人―人〉の関係ととらえるからだ。

なぜ愛するモノが私たちをほかの人と結びつけるのか

私たちの愛するモノの多くがピープル・コネクターである理由は、主に二つある。一つは、ピープル・コネクターがリレーションシップ・ウォーマーとして機能し得ることだ。擬人化がリレーションシップ・ウォーマーになり得ることを思い出してほしい。つまり、擬人化が脳に作用して、人について考えるときのような温かい気持ちでモノについて考えるように仕向けるということだ。心の中でモノと人とのあいだに強固なつながりを作り出すことによっても、それができる。心の中で、ある人（たとえば自分の母親）とモノ（たとえば母親のお気に入りのティーカップ）が強く結びついているとしよう。脳はティーカップ全般をほかのふつうのモノと同じように扱う。しかしこの特別なティーカップについて考える場合、脳は母親という人についても考え始める。すると、脳は人について考えるのと同じようにこのティーカップについて考えるようになり、その結果、ティーカップが愛の対象となり得るのだ。

愛するモノがしばしばピープル・コネクターである二つ目の理由は、ピープル・コネクターとなることによって、そのモノが大きな意味をもつようになるからだ。年老いた人が自分の人生を振り返って「本当に大事なものにもっと時間を費やせばよかった」と言う場合、それはふつう、家族や親しい友人とともにもっと時間を過ごせばよかったという意味だ。私たちが親しいと思っている「人」は、人生を有意義に感じさせてくれる。それに対し、暮らしの中にあるほとんどの「モノ」は、大した意味のない、上辺だけの存在であるように思われる。だからといって、それらのモノが悪いものだというわけではない。ただ、変哲がないだけだ。こうしたふつうのモノとの関係には、愛と呼ぶに値するような感情的な深みがない。対照的に、愛するモノは非常に意味があるものだと感じられる。このような効果が生じるのは、主にピープル・コネクターの力によるものだ。実際、モノがほかの人と強く結びついている場合、モノを失えば人を失うのと同じように感じられることがある。火事で家を失った女性は、こんなふうに説明している。[15]

［私が最も残念に思うのは］思い出が取り戻せないことです。インターネット上にない写真とか、曾祖母が亡くなる前にくれた毛布とか。本当に誰かが亡くなってしまったような気分です。

モノを人と結びつけることでそのモノが大きな意味をもつようになるということを示す、きわめて特異な例を紹介しよう。私のおこなったインタビュー[16]で、ある男性が語った事例だ。私はそれを「ギャンブルにおぼれて人生を棒に振ったベビーベッドという奇妙な事例」と呼んでいる。彼は、自分は人以外の何も愛さないと言っていた。本当にどんなモノも愛さないのか、それともモノとの関係に「愛」という言葉を使うのがいやなのか、私は興味を抱いた。

インタビューは彼の自宅でおこなった。彼は赤ん坊の娘のために自ら作った木製の立派なベビーベッドを見せてくれた。それを見た私は、凝った模様の象嵌《ぞうがん》細工に感嘆し、娘のためにこんなに美しいベッドを作ってもそれを愛さない人がいることに驚いた。なぜ愛さないのだろうか。

そこで私は「このベッドが人間に変身するとしたら、それはどんな人ですか」と質問した。私は娘の子守をする人という答えを予想していた。ところがまったく違った。彼はこう答えたのだ。

男性　ジェームズ・ボンドの女性版です。

私　だとすると、このベッドの趣味は何ですか。

男性　バックギャモン、ポロ、ギャンブルです。何というか……このベビーベッドは、ギャンブルにおぼれて人生を棒に振ってしまったんです。

あまりにもおかしな答えが返ってきたので、最初は冗談を言っているのかと思った。しかしインタビューを進めると、すべてに合点がいった。彼の妻が居間に入ってきて、話に加わったときだった。部屋には美術作品がたくさんあった。たいていの人は、自宅の美術作品によって、ほかの人とのつながりを感じる。贈ってくれた人であることが多い。ところがこの男性は、室内の作品をどこから手に入れたのか、まったく思い出せなかった。すると彼の妻が、室内にあるすべてのモノの歴史を詳細に語ってくれた。男性が妻と出会う前に友人からもらったモノも含めて、すべてについてだ。ずいぶん長々と話を聞いてわかったのは、この家族の交友関係を把握しているのは妻だということだった。そして、彼女は室内にある作品が人とのつながりを表すものだと考えていることも明らかになった。しかし男性は、作品をピープル・コネクターとはとらえていなかった。誰がどれをくれたのかすら覚えていなかった。

そこで、彼がベビーベッドについて語った言葉の意味がわかった。私は彼とベッドとの関係が〈人―モノ―人〉（父親―ベッド―娘）だと予想していたので、彼が娘に対して感じる愛がいくらかベッドにも注がれていると思っていた。ところが彼は「ベッドがモノとしてどう見えるか」にしか関心がなかったので、彼とベッドの関係は〈人―モノ〉にすぎなかった。それに気づくと、すっきりとして優美なベッドのデザインとダイヤモンド形の黒い象嵌のせいで、ベッドがジェームズ・ボンドのように上品でエレガントな人物として擬人化されるのも納得できた。そしてそれはベッドだけではなかった。彼の心の中では、暮らしの中にあるモノはいずれもピープル・コネクターとして作用していなかった。このことは、彼がベビーベッドを愛さない理由に加えて、どんなモノも愛さない理由を説明するのに大いに役立った。

三種類のピープル・コネクター

ピープル・コネクターは、主に三つの仕組みで作用する。つながりマーカー、集団のアイデンティティ・マーカー、実用的な支援の三つである。

◆つながりマーカー

ピープル・コネクターは、人を特定の個人と結びつける（たとえば自撮り写真が、自分と写真に写ったほかの人を結びつける）か、または人を大きな集団に属する人たちと結びつける（高校時代のT

シャツが、同じ高校に通っていたすべての人と自分を結びつける）ことができる。ピープル・コネクターが人を特定の個人と結びつける場合、私とよく共同研究をするフィリップ・ラウシュナーベルはそれを「つながりマーカー」（つながりを示すもの）と呼ぶ。よくあるつながりマーカーとしては、自分と特定の人とのつながりを示す（思い出させる）写真やプレゼントなどがある。

モノに感傷的な価値があると見なされる場合、そのモノはたいていつながりマーカーである。マーケティング教授のマーシャ・リチンズ[17]は、三つのタイプのモノから生じる感情を比較した。一つ目は自動車、二つ目はビデオゲームやステレオなどの娯楽用品、三つ目は代々伝わる宝飾品や形見の品やプレゼントといった典型的なつながりマーカーである。その結果、感傷的価値をもち、愛される可能性が最も高いのは、つながりマーカーであることがわかった。こうしたつながりマーカーが〈人―モノ―人〉の関係に属する相手をなつかしむ気持ちを呼び起こすせいで、孤独の苦しみが生じることもあった。

超高級腕時計メーカーのパテック・フィリップ（ここの腕時計は二万五〇〇〇ドルから二五万ドルもする）は、つながりマーカーがどれほど強い力をもち得るかを理解している。どんなに高価なハンドメイドの機械式腕時計よりも二〇ドルのデジタルクオーツ腕時計のほうが正確に時を刻むのだから、パテック・フィリップはそのことを踏まえて、自社の製品を買うべき理由を顧客に伝える必要がある。二〇年以上前から、「パテック・フィリップは所有するものではない。次世代のために預かるものである」というキャッチコピーを使った広告を展開している。この広告は腕時計を、時間を計るための実用品ではなく、代々受け継がれる富や家宝を象徴するものと位置づけている。父と息子の関係、あるいは母と娘の関係を表す象徴として位置づけることで、この腕時計は情緒的な重みを帯び、高額の値札がついているのも当然だと思わせるのだ。

つながりマーカーの欠点の一つは、たまっていって家が散らかってしまうおそれがある点だ。片づけのエキスパートであるカレン・キングストンは、不要なモノを手放せない人に「プレゼントに込められた愛だけを受け取って、形のある品物は手放す」ようにとアドバイスする。これは多くの人にとってありがたいアドバイスだが、「言うは易し、おこなうは難し」とはまさにこのことだ。つながりマーカーにはプレゼントしてくれた人の愛がこもっていて、モノと愛を分けるのが難しいこともある。その一方で、人間関係を切り捨てたい場合には、その関係を象徴するモノがしばしば真っ先に処分される。

◆集団のアイデンティティ・マーカー

自分のアイデンティティは自分だけに関するものだと思われるかもしれないが、じつは集団とのつながりから生み出される部分が大きい。オーガニック食品が好きな人の場合、その好みは有機栽培に関する本人の考えを表すだけではない。オーガニック製品を買うほかの人たちと自分を結びつけてもいるのだ。ほかにもいろいろなモノについて同じことが言える。特に頭にかぶるもの、たとえば「アメリカを再び偉大に」という選挙スローガンの書かれた帽子、カウボーイハット、パーカーのフード、アラブ人男性が頭にかぶるクーフィーヤ、イスラム教の女性が頭に巻くヒジャブ、ユダヤ教徒のかぶるヤムルカ、イスラム教徒のターバンなど、集団の一員であることを示すかぶり物はそうした役割を果たしている。

愛するモノが集団のアイデンティティを示すものである場合、私たち一人ひとりの独自性には何が起きるのか。たとえばシカゴ・カブスの青と白のユニフォームを着たファンの集団の中で、個々のファンはそれぞれの個性をどうやって保つのだろう。愛するモノは、ときとして集団への帰属と各自の個性を同時に表現することができる。これは愛するモノのマジックの一つだ。研究者のシンディー・チャン、ジョナ・バーガー、リーフ・ヴァン・ボーヴェン[18]の指摘によると、高校でグループに分かれている生徒はみな、グループの仲間どうしを結びつける特定の音楽ジャンルを愛する一方で、それぞれに好きなミュージシャンがいるという。同様に、映画スターたちはみな映画スターらしさのあふれる華やかな装いをしているが、その一方でそれぞれ異なるデザイナーの服をまとっている。これらはみな、人が集団の中で互いとの結びつきを示し、なおかつ互いとの違いを示す方法なのだ。

モノを愛することにはメリットがある。たとえば同じモノに熱中する人たちは、互いに結びつくことができる。テレビ局のHBOはこの点を重視し、新番組をスタートさせる際にはそれを戦略に組み込んでいる。ほとんどのストリーミングサービスは、一シーズンの全話を同時にリリースする。自分のスケジュールに合わせて全話を一気に視聴したいファンにとっては、この方式は都合がいい。しかし二人のファンが会ったときに、一人は全話を観終わっているのにもう一人はまだ途中ということが起こり得る。この場合、ファンどうしが番組について語り合って交流するのが難しくなる。この問題を避けるため、HBOは週に一話ずつリリースすることが多い。こうすれば、ほとんどのファンは同じタイミングで同じところまで観ていて、ファンどうしで観たばかりの内容について話したり、この先の展開を予想したりできる。こうしたやりとりによって、ファンであることがいっそう実りのある経験となり、そのおかげでファンは番組を観続ける。[19] ＨＢＯにとって、こうしたファンのやりとりは無料の宣伝となり、まだ番組を観ていない人に、自分も同じ番組を観てやりとりに加わりたいと思わせる効果がある。

同じ対象に熱中する人たちが、コミュニティーを作ることもある。たとえばハーレーダビッドソン愛好家のグループや、バードウォッチングの団体、編み物サークル、社交ダンスクラブなど、無数の集団が存在する。宗教についても同じことが言える。多くの人、とりわけ無宗教の人は、信者の集会に参加する気になるには宗教的信条を共有することがとても重要だと思い込んでいる。だが、もともと教義を信じていた人が新たに宗教団体に加わるということはあまりない。そこに行けば友人がいてコミュニティーがあると気づいたから加わるのだ。そのような人たちが、やがて集団の教義を身につけていく。二〇世紀前半に活動した有力な思想家でラビのモルデカイ・カプランは、「帰属は信仰より先に来る」と述べている。

基本的にブランドのファンクラブである「ブランドコミュニティー」でも、これとよく似たことが起きる。研究によれば、ブランドコミュニティーでは宗教の集会と同じように、帰属が信奉より先に起きる。多くの人は、特定のブランドへの関心からブランドコミュニティーに入っていくが、このときにはまだブランドを愛するには至っていない。しかしコミュニティーのメンバーと親しくなるにつれて、集団への帰属意識を覚え始める。これによってブランドへの愛が強まり、さらにブランドコミュニティーに属するほかの人との関係が強化される。[20]

ブロニーズはとりわけ興味深いブランドコミュニティーだ。ブロニーとは、子ども向けのアニメ番組『マイリトルポニー――トモダチは魔法』をこよなく愛する男性である（女性もいくらかいる）。言っておくが、小児性愛とは関係がない。ただこの番組を愛してやまない人たちだ。その人数はすさまじく、『ワイアード』誌[21]によれば、この番組の人気が頂点に達した二〇一二年には、アメリカ国内で自らをブロニーだと認める人が七〇〇万人から一二四〇万人にのぼった。* 明らかに三歳から八歳の女児をターゲットとした番組のどこにブロニーたちが惹かれるのかは謎だ。『ブロニーズ――マイリトルポニーのまったく想定外の成人ファン』というドキュメンタリー番組で自ら説明しているブロニーたちによると、『マイリトルポニー』はとにかくすばらしい番組で、愛さずにはいられないらしい。議論の都合上、これが本当にすばらしい子ども向け番組だということにしよう。そうだとしても、ただすばらしいというだけではない、別の何かがあるに違いない。

ブロニーがこの番組を愛する理由について、私見を述べたい。第一に、ほとんどのブロニーは一〇代半ばから三〇代半ばだ。私がその年代だったころは、男性が魔法のポニーの登場する女児向けの番組を愛しているなどと口にしようものなら、容赦なくからかわれただろう。しかしもっと若い世代では、ジェンダーの規範に異議を唱えることが社会的に称賛される。だから男性が女児向け番組に関心をもっても、必ずしも恥ずべきこととは思われないのだ。

第二に、ブロニーたちはインターネット上で議論するときに、自分たちのコミュニティーには「社

＊ちなみに、私はこれらの数字を疑っている。とはいえ仮に一〇〇万人だとしても、すごい数であるのは間違いない。

会的に不器用な」若者が大勢いるとよく言う（私自身も社会的に不器用な人間なので、彼らを貶めるつもりはない）。彼らにとって、『マイリトルポニー』はピープル・コネクターとしてすばらしい働きをする。番組のサブタイトル「トモダチは魔法」が示すとおり、この番組で扱われるのは、友だちをもつこと、他者を受け入れること、そして対立を解決することだ。だから、番組のテーマが視聴者たちの胸にポジティブに響くのも当然だ。ブロニーの一人として、ノースウェスタン大学の学生がドキュメンタリーの中でこう説明している。「これでみんながつながれる。友だちになれるんだ。……こんなふうに友人関係を前面に押し出した番組が、リアルの世界で友人関係を生み出しているっていうのはすごいと思う」。別の学生はこう話している。「すべてがコミュニティーにかかわることなんだ」。さらに別の学生はこう言った。「ほかの人と共有できる。それが『マイリトルポニー』のマジックなんだ」。『マイリトルポニー』は〈人―ポニー―人〉の関係を形づくっている。

第三に、この番組を観ることは、規範から大きく逸脱した行為だ。ストリートギャングを研究する社会学者なら誰でも言うように、規範を逸脱した行動は、もっぱら男性からなる緊密な仲間集団を形成するうえで重要な基盤となる。しかしブロニーのほとんどは、ストリートギャングに加わるには「善良」すぎる。[*] そんなわけでブロニーたちは、『マイリトルポニー』を視聴するというまったく無害な行動を通じて、善良だが規範逸脱的なアイデンティティを獲得している。

人が集団に合わせて好みを変えることには、何か問題があるだろうか。以前なら、私はそんな行動を順応主義として批判しただろう。しかし今では、私たちは自らを自由で独立した個人と見なしていても、好みについては周囲の人から多大な影響を受けるということを理解している。本、映画、音楽といった娯楽については、私たちはほかの人たちがどんなところを気に入っているのかに意識を向け、そのなかで好みができあがっていく。たとえば友人の愛する曲を初めて聴くとき、脳はあるタスクを念頭に置いて耳を傾ける。その曲のいいところを見つけようとするのだ。やがて脳は「よい曲」に備わる特定のパターンや特徴を認識するようになり、そうした曲を心から楽しむようになる。私たちの好みに影響するのはこのようなアプローチだけではないが、好みができあがるときにそれが重要な要素となるのは確かだ。私たちの好みは、ほかの人からの影響と自分自身のもつ固有の見方が混ざり合ってできている。ほかの人から受け取る部分によって、私たちはその人たちとつながり続ける。それは決して恥ずべきことではない。

好みには壁という機能もある。壁の同じ側にいる人どうしの社会的な結びつきを生み出す一方で、反対側にいる人とのあいだを隔てることもある。私たちは自分と誰かを結びつけるモノを愛するのと同様に、自分と誰かを隔てるモノを愛することもある。私は以前、タイ料理を愛する男性をインタビューしたことがある（タイ料理がまだアメリカでは目新しかったころの話だ）。彼がタイ料理を愛していたのは、子どものころには一緒に過ごしたがもう縁を切りたいと思っている「ハンバーガーとフライドポテト」好きな人たちから自分を切り離してくれると感じられるからだった。もっと最近では、

＊ほとんどのブロニーは友人を求める穏やかな男性だが、残念ながらブロニーズの中にも、極右過激派やネオナチからなる急進的なサブカルチャー集団に属する者がわずかに存在する。物流大手のフェデックスの施設で銃を乱射して大勢を殺害した男は、この集団に属するブロニーの一人だった。このような人間が極右過激派的な銃文化と『マイリトルポニー』をどうやって折り合わせているのかは、私の分析能力では計り知れない。

私が自転車店にいたら別の客が入ってきて、「スパンデックスのウェアを着た自転車乗りが絶対にかぶらない」ようなヘルメットを探すのを手伝ってほしいと店員に言った。「スパンデックスを着た自転車乗り」とは、「裕福なリベラル」のステレオタイプ的なイメージだ。この客はそんなアイデンティティからなるべく距離を置きたかったのだろう。その証拠に、彼は続けて、「刑務所に送られる途中で逃げ出した人間みたいに見えるヘルメットがほしい」と言った。

「仲間」と「よそ者」を区別するのは、アイデンティティ形成において自然なことであり、人種や階級からスポーツチームや髪形に至るまで、あらゆるものがその基準となり得る。自分の属する「内集団」かそうでない「外集団」かを区別して考えるのは、進化のうえで生じた脳の特徴だと思われる。したがって、周囲の人について考える際に、このような区別をするのはよくあることだ。しかし人との関係において、内集団と外集団という区別をどれほど重視するかをコントロールすることはできる。対立する集団が街なかで殺し合いをする社会もあるし、集団間の差異から自分の集団をいくらか誇らしく思ったり、よその集団に対して関心を抱いたりするだけの社会もある。このことは、人がよその集団を嫌うことなく自分の集団を愛することが可能であるばかりか、めずらしくもないということを示した研究[22]とも合致する。

社会が豊かになり、消費主義が幅を利かせるようになるにつれて、内集団と外集団の違いが所有物によって明示されるようになってきた。そうした所有物には、人が愛するモノも含まれる。愛するモノが「われわれ」と「彼ら」を区別する目印になると、醜悪な状況が生じることもある。私はマーケティング教授のマイヤ・ゴルフ・パペズとマイケル・ビヴァランドによる研究[23]で報告された例を思い出す。アップルを愛する女性がある人にｉＰｈｏｎｅを買わないようにと説得を試みるのだが、それは彼女から見て、その人がわが道を行くクールなイノベーターではなく、アップル製品をもつのにふさわしくないからだった。

幸い、自分と同じ好みをもたない人に社会的な距離を覚える傾向を覆すことは可能だ。私自身の経験で言うと、一〇代のころ、自分が好きでない音楽ジャンルのファンに嫌悪を覚えたものだが、そのことを思い出すと、ちょっといやな気分になる。一〇代を過ぎてからは、かつて嫌っていたジャンルにも足を踏み入れて、ほかの人の好む音楽のよさがわかるようになってきた。時間はかかったが、そうやってさまざまな音楽のスタイルを知るにつれ、それを楽しむようになっていった。かつてはそうした音楽に対する嫌悪がその音楽のファンと自分とを隔てる壁となっていたのに対し、自分がその音楽を楽しむようになると、それを好む人たちとの結びつきを少し感じるようになった。これは喜ばしい限りだ。

◆実用的な支援

私たちの愛するモノがピープル・コネクターとして働く三つ目の仕組みは、最もわかりやすいかもしれない。愛するモノが、社会的な関係を築くうえで、実用的な支援をしてくれるのだ。たとえば、ほかの人と一緒に観るテレビ番組や、友人と釣りをするときに乗るボートなどがそれにあたる。食べ物は人と人を結びつけるのにとりわけ有効で、だからこそ婚礼では必ず祝宴が催されるのだ。ある女性は食べ物が人を結びつける力について、こんなふうに説明している。(24)

私の好きな時間の過ごし方の一つは、たくさんの友人と一緒に夕食をとることです。店に行って食べるのではなく、広いキッチンに集まって、みんなで食事を準備して、テーブルに着いて、数皿の料理を味わう。こんなふうにして、夜更けまでテーブルを囲んで過ごします。このとき料理は単なる食べ物ではなく、私たちが集まる理由となるのです。

この世で最も広く愛されているモノは、おそらく自然だろう。自然を愛する人のステレオタイプ的なイメージは、一人で山歩きをするバックパッカーだ。こうした単独での冒険は、意義深い経験となり得る。しかし自然とのかかわり方でもっと一般的なのは、少人数のグループで自然を体験することであり、自然を愛することはしばしば〈人—自然—人〉の関係を生み出す。具体的に言うと、環境心理学者のアダム・ランドンらの研究[25]で明らかになったとおり、ある人が自然の地を愛するかどうかを予想するのに最も確かな判断材料の一つは、そこで他者とつながる経験ができるかどうかなのだ。意外にもこの研究から、自分の愛する自然の地について考えることが、自然とのつながりを感じる助けになるばかりか、人のコミュニティーとのつながりを感じる助けにもなることも判明した。これは、自然とのつながりを感じると、私たち一人ひとりを自分以外の世界から隔てる心の壁が崩れるからではないだろうか。これによって自己認識が広がり、自然とも人ともつながりを感じることができるのだ。

市販されている商品のなかで最も愛されているモノは、携帯電話かもしれない。私たちが携帯電話を愛する最も一般的な理由は、友人や家族とつながるのを助けてくれるからだ。フィリップ・ラウシュナーベルと私は、友人が多い人ほど、よい交友関係を保つのに携帯電話を役立てていて、自分の携帯電話を愛する傾向があることを見出した[26]。裏を返せば、孤独な人ほど携帯電話を愛する可能性が低いということになる。

ここまで、リレーションシップ・ウォーマーのうち最初の二つを見てきた。具体的には、モノが擬人化されている場合やモノが自分をほかの人と結びつけてくれる場合に、人はしばしばモノと温かく情動的に結びつくことがわかった。次章では、三つのリレーションシップ・ウォーマーの三つ目で、おそらく最も重要なものについて論じる。それから数章にわたり、私たちの愛するモノが私たち自身の一部になるとはどういうことかを考えていく。

第5章　人は愛するモノでできている

愛においてはパラドックスが起き、二つの存在が一つになりながら二つのままであり続ける。

――エーリッヒ・フロム（一九〇〇―一九八〇年）

哲学者は、他者を助けることがなぜ大事なのかを説明する複雑な道徳体系を構築した。しかし、空腹な人が何かを食べるのに、哲学的な議論など要らない。何かを食べるべきだということはわかりきっているからだ。同様に自分の子どもなど、愛する人が空腹なときも、相手は自分のほぼ一部のようなものなので、食べ物を与えるのは当然のことだと感じられる。本章では、自分の「ほぼ」一部という見方が誤りであることを明らかにする。ある特別な形で、私たちの愛する人やモノは真に私たち自身の一部となるのだ。しかし、どうしてそうなるのか。いったいどのようにして物や活動が外の世界にある典型的なモノでなくなり、人のアイデンティティの一部をなす愛されるモノとなるのだろうか。

これが理解できると、さらなる恩恵が得られるかもしれない。私たちのほとんどは、実際の自分よりも少し（あるいははるかに）すぐれた存在になりたがる。何かを愛するようになると、それを自分の一部とする。そしてそうすることによって、自分を変える。ということは、愛の対象が自分の一部になるプロセスを理解すれば、自分がどのようにして今の自分になったのか、そしてこの先にどのように変わり得るのかを理解する助けとなる。

二人の人間が愛し合うようになると、二人は心理的に相手と融合して一つになるという考え方は、愛についていち早く書き残された説の一つだ。今からおよそ二五〇〇年前、愛について語ったソクラテスは、神話時代の人間は腕を四本、脚も四本、頭を二つもっていたが、それが二つに分かれてしまったので、現在の人間はみな、失われた半身を探す必要があるのだと説明した。アリストテレスは派手な神話を引き合いに出すことはせず、愛とは「二つの体に宿る一つの魂」だと述べた。それから数千年が過ぎ、アブラハム・マズロー、エーリッヒ・フロム、テオドール・ライクや、もっと最近ではアーサー・アーロンやエレイン・アーロンといった著名な心理学者の研究において、愛とは複数のアイデンティティを融合させることだという考え方が示されている。

しかし私は博士課程で愛の研究を始めたとき、人やモノが自己の一部になり得るという説に強い疑念を抱いていた。科学的というより詩的に感じられたからだ。さらに言えば、明白な問題があると思った。愛する人やモノが、明らかに自己の一部では﹅な﹅い﹅場合があるからだ。たとえば誰かを愛していても、その人の心を読むことはできない。自分の手なら思いどおりに動かせるが、皿をどれほど愛していても、皿のことを思うだけでテーブルから食器洗い機まで移動させることはできない。これらの理由から、愛は融合だという考え方はまじめな科学理論というより、現実離れしたSF映画のネタのように感じられた。だが、この説が真に意味することをはっきりと理解し、さらにそれを裏づける科学的エビデンスがずいぶんあるのを知って、私は考えを改めた。

モノを自己の一部にするとはどういうことか

モノや人が自己の一部になり得るという考えが間違っていると感じられたのは、私は自己について考えるとき、それを意識と同じものとして扱っていたからだ。頭の中にあって、周囲で起きていることを観察して意識的な決定を下す小さな声としてとらえていたのである。宗教では、意識を魂の一部としてとらえることが多い。脳とは別個に存在し、肉体が死んだあとも生き続けるものと考えるのだ。愛する人やモノが私たちの意識の一部になることは、少なくとも今のところはない（ただし第10章を参照）。

そうは言っても、自己には意識に加えて「自己概念」と呼ばれる部分もある。これはしばしばアイデンティティとかセルフイメージと呼ばれるものだ。人やモノが自己の一部となるとしても、それが意識の一部になることはない。ほかの人の心を読んだり、念力で皿を動かしたりできないのはそのためだ。しかし人やモノが自己概念の一部になり、それによって自己の一部となることはあり得る。

自己概念とは、自分がどんな人間であるかについて抱いているさまざまな考えのすべてを指す。たとえば「私は背が高い」とか「私は心の中ではアーティストだ」など、自分に関する信念もその一部となる。また、人生の物語を織りなす大切な思い出も含まれる。さらに、私が「ミー・カテゴリー」

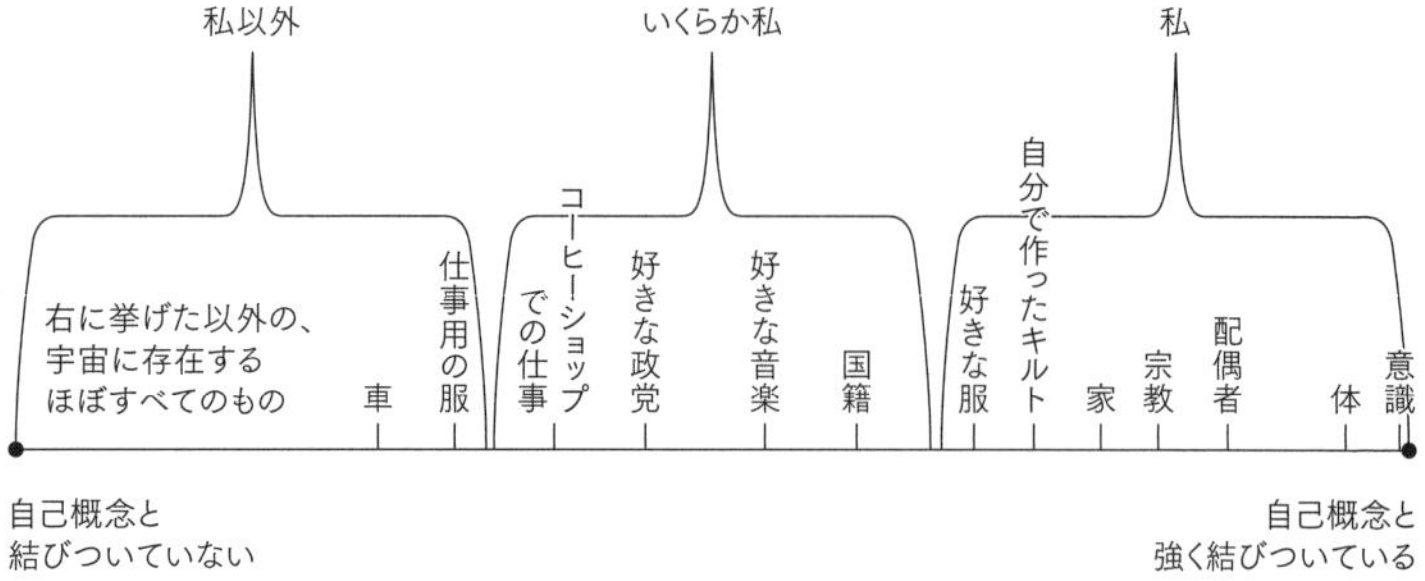

ジェーンの自己概念

と呼ぶ非常に特別なカテゴリーも含まれる。

　脳は自動的にモノをカテゴリーに分類する。たとえば新しい中華料理を知ったら、脳はそれを「料理」と「中華」というカテゴリーに入れる。脳には「ミー・カテゴリー」というのもある。自己概念の一部を構成するすべてのもの、たとえば自分の体、信念、人生の物語などが、このカテゴリーに含まれる。何か新しいものが自己概念の一部となるとき、それは要するに脳がそれをミー・カテゴリーに加えているということだ。

　ジェーンという架空の人物がいるとしよう。上の図は、彼女のミー・カテゴリーに含まれるモノを示す。一人のミー・カテゴリーに含まれるモノは多岐にわたり、それらがその人の自己概念にどれほど強く結びついているかによって、ミー・カテゴリーのスケール上で占める位置が決まる。

　人はもともと、自分の意識と体が自分という人間の最も中心的な部分だと信じている。それ以外で自己概念を構成する要素はすべてオプションで、人によって異なると思われている。アイデンティティの一部となるこれらのオプション的な要素のなかには、ほかの要素より重要なものもあれば、さほど重要でないものもあるが、その理由はいろいろ考えられる。たとえばジェーンはお気に入りの服を自分の一部と見なすが、仕事用の服についてはそう思わない。これはジェーンの働くコーヒーショップには服装規定があって、勤務中には衣服を通じて自己を表現する自由がないからだ。しかし勤務時間外には、勤務中よりもはるかに「自分」らしいと感じられる服を着ることができる。また、ジェーンはキルト作りを趣味としている。この趣味に打ち込み、作品には思いがたっぷり詰まっているので、キルトは自分のアイデンティティにおいてお気に入りの服よりもさらに中心的位置を占めると思っている。ジェーンは信仰心もかなり篤く、宗教への傾倒は、「よき人間であるとはどういうことか」にかかわる重要な個人的価値観を反映している。このような信仰心もまた、アイデンティティの中心的な要素となっている。

右の図を見ると、ジェーンのアイデンティティの一部であるモノとそうでないモノとのあいだに、「いくらか私」というカテゴリーがあることがわかる。この「いくらか私」のゾーンは、心理学で自己を取り巻く「あいまいな境界《ファジー》」と呼ばれるものに相当する。これは人の自己概念の周縁にあって、このカテゴリーに入るモノが実際にアイデンティティの一部なのかどうかは必ずしもはっきりしない。しかし、黄昏があるからといって昼と夜の区別が否定されるわけではないのと同様に、自己を取り巻くファジーな境界も、それがあるからといって「私」と「私以外」の区別が否定されるわけではない。

脳はミー・カテゴリーに属するすべてをかなり変わった方法で扱う。たとえば、脳は脳の持ち主の安全をとても気にかける。何かがミー・カテゴリーに加わったら、脳はその安全についてもとても気にかけるようになる。どのくらい気にかけるかは、それがどれほど強く自己概念と結びついているかによる。

何かをアイデンティティの一部にするプロセスは無意識のうちにおこなわれるので、「〇〇は自分のアイデンティティの一部か」と自問すれば有用な情報が得られるとはいえ、一〇〇パーセント正確なわけではない。「自己参照的情動テスト」は、自分の自己概念にどんなものが含まれているかをいくらか知ることのできる興味深い手段だ。誇らしさ、立腹、羞恥、罪悪感は、自己参照的な情動である。つまり、私たちがこれらの情動を抱くのは、自分のした何か、あるいは自分について言われたことや自分に対してされたことに反応したときだけだ。たとえば私たちは自分が侮辱されれば立腹するが、他人が侮辱されたときには立腹しない。また、正しくないことをしたら罪悪感を覚え、何かをうまくなし遂げれば誇らしさを覚えるが、ほかの人がしたことについて罪悪感や誇らしさを覚えることはない。ここで、自分の子どもの先生から、授業中に子どもがすばらしい発言をしたと言われたとしよう。あなたは誇らしいと感じるだろうか。もちろんだ。というのは、子どもは自己概念に含まれるからだ。同様に、自分の応援するチームが勝ったときや、誰かから自分の庭がほめられたとき、あるいは自分の用意した食事を客が明らかに楽しんでいるときにも、誇らしく感じる。人やモノがほめられたときに誇らしく感じ、その人やモノが侮辱されたときに立腹する度合いが高ければ高いほど、その人やモノは自己概念と強く結びついていると言える。

本章の冒頭で、エーリッヒ・フロムの述べたパラドックスを引用した。愛において「二つの存在が一つになりながら二つのままであり続ける」という言葉は正しい。そして実際には、さほど矛盾していない。二つの存在が一つになることはあり得る。互いをおのおのの自己概念に組み込めばそうなる。それでも二つであり続けるのは、意識的な心が別々であり続けるからだ。

愛するモノが自己の一部になることを示すエビデンス

自己の二つの要素——すなわち意識と自己概念——の違いを理解すると、愛を融合ととらえる考え方が成り立つように思えてくる。しかし何かが起こり得るからといって、実際に起こるとは限らない。ヘレン・ケラーは「私たちが深く愛するものはみな私たちの一部になる」と言ったが、それを示す科学的なエビデンスはあるのだろうか。

私は博士論文のための研究[1]で、愛するモノについてさまざまな人にインタビューをおこなった。心理学的な説に関心があり、特に愛する人が自己の一部になると主張したアーサー・アーロンとエレイン・アーロンの研究に興味があった。この説は愛する「モノ」についても成り立つのだろうか、と私は考えた。回答者を「誘導」してしまわないように、愛するモノが自己概念の一部になっているかどうかを直接質問するのは控えた。代わりに、愛するモノがなぜそんなに特別なのかと質問した。

驚いたことに、何の指示もしていないのに、多くの人がモノへの愛をある種の融合として説明した。ある回答者はこう語った。

「愛するモノは」アイデンティティの一部です。自分の思う自分の一部なのです。モノと自分とのあいだに区別はありません。愛するモノについて語っているときというのは……じつは基本的に自分について語っているのです。

しかしこれらのインタビューから、遠回しにではあるが、特定のモノがアイデンティティの一部であるかどうかを、常に意識のうえで理解しているとは限らないということも判明した。私はインタビューの終わりには必ず、インタビューを通じて自分自身か自分の愛するモノについて何か気づいたことがあったか質問した。すると、インタビューの前にはスマホなどといった特定の愛するモノが自分の一部だとは思っていなかったが、愛するモノについて詳しく語ったことで、それらが自分の一部だと気づいた、という回答者がずいぶんいた。このことは愛が融合だとする考え方の裏づけとなるが、インタビューの前、自分の愛するモノが自己の一部だとは思っていなかったときの回答者の意識的な心は間違っていたということも示している。

愛の対象がアイデンティティの一部かどうか、意識的な心が常に理解しているわけではないにしても、インタビューの中で、自分の愛するモノを自分の一部だと考えていることを示す手がかりはたくさんあった。とりわけ興味深い手がかりの一つは、特定のモノについて、自分がそれを愛しているかどうかを判断するときの考え方だった。「自分はこれがなくても生きられるか」と自問する人が多かったのだ。ある回答者は、「食べ物がなくても生きられる」からじつは食べ物を愛していないのだと言ったが、「なくても生きられる」というのは文字どおりの「死なない」という意味ではなく、あくまでも比喩だと説明した。

別のインタビュー[2]で得られたコメントは、「それがなくては生きられない」という言葉が本当は何を意味しているのかについて、興味深い手がかりを与えてくれた。

書くことは、私の存在と私自身にとって戦争ゲームよりも大きな部分を占めています。書くのをやめたら、私は死んでしまいます。戦争ゲームをしなくても生きていけますが。

書かなければ「死んでしまう」といっても、それは書かなければ身体が傷つくというわけではなく、書くことがアイデンティティの中心的要素だからだ。次に引用する言葉は、この点を明らかにしてくれる。これを語った女性は、ポップコーンをいくらか愛し、音楽を心から愛している。

ポップコーンを食べなくても、特に害はありません。でも音楽がなかったら、私は死んでしまいます。……音楽がなくなったら、私はまったく違った人間にならざるを得ないでしょう。

この女性が「死」を「まったく違った人間になる」ことと同一視している点に注目してほしい。愛するモノを失ったら、そのモノがアイデンティティから欠落するので、失う前の自分は存在しなくなる。それゆえ、それがなくなれば「今までの自分」は生き続けることができない。

愛が融合であることを示すエビデンスは、「投影的質問」からも得られる。たとえば「愛するモノが魔法の力で人間に変わるとしたら、それはどんな人か」といった問いだ。この種の問いは、人が意識的に考えていることをかいくぐり、その奥にある考えや気持ちを明らかにするのに役立つ。自分の愛するモノがどんな人間になるかを語るとき、人は愛するモノを自分の鏡像として思い浮かべる強い傾向がある。たとえばある人は、自分の猫が、音楽や本、旅行、趣味、政治について自分と同じ好みをもつ人になると想像した。自分の考えに固執する傾向まで同じだと考えた(もっとも、自分の考えに固執しない猫などいるのだろうか)。ある女性はこの問いに対して、自分の愛する植物と音楽が何千年も生きてきた女性に変わると答えた。このとき彼女はまだ三七歳だったので、この答えは最初、自分の鏡像を答えるという一般的なパターンから逸脱した例外かと思われた。しかしそのあとのインタビューで、私は彼女の話を聞いて驚いた。「私は自分がものすごい年寄りのように感じていて、自分の愛する植物や音楽もそうだと感じる」ので、その点で自分たちは似ているように感じると言ったのだ。

愛が融合だという考えを裏づけるエビデンスは、実験心理学からも得られている。アーサー・アーロンとエレイン・アーロンは実験心理学者として初めて、人が自分の愛する人を自分のアイデンティティの一部とするかどうかを詳細に調べた。彼らは研究の多くで同じ基本的な戦略を用いている。自己については成り立つが、他者については成り立たないこと(たとえば自分がほめられたら誇らしく思うが、ほかの人がほめられたときには誇らしく感じない)を探し、それが愛する人についてもあてはまるか(たとえば愛する人がほめられたときに誇らしく感じるのなら、そのことは、愛する人をひそかに自分の一部と見なしていることを示す)調べたのだ。

ある研究で、アーサー・アーロンら[3]は学生のグループに一〇ドルから二〇ドルを渡し、自分と見知らぬ他人とで好きなように分けてよいと告げた。当然ながら、学生はほぼすべてを自分で取る傾向があった。一方、別の学生のグループにはお金を自分とよその町で暮らす親友とで分けるように指示し、友人には研究チームが小切手を郵送するが、分ける前の最初の金額は友人に知らせないと伝えた。つまり友人には、実験に参加した学生がいくら取ったのかわからない。こちらの集団では、お金を友人と等分する学生が多かったが、なかには友人に半分以上渡す学生もいた。この簡単な実験から、関係が親密であるほど他者を自分と同じように扱うことがわかる。

私たちは何かをしくじったとき、自分以外の人やモノのせいにして言い訳をすることが多い[4]が、ほかの人の失敗についてはそんな言い訳をめったにしない。読者はおそらくこのことに気づいているだろう。マーケティング教授のC・ホワン・パクら[5]によれば、愛するモノについても同じことが起きる。具体的には、愛する製品に何か問題が起きた場合、私たちはその製品のために言い訳をして、運が悪かっただけだなどと言う傾向がある。つまり製品を愛していると、それを自己の一部として扱うのだ。

ほかにも非常に興味深い研究がおこなわれている。愛する人やモノを自己の一部とするプロセスが、脳の基本的な働きに影響する、無意識の深いレベルで起きているということが示されているのだ。たとえば社会心理学者のサラ・コンラスとマイケル・ロスによる研究[6]では、人が自分の過去の成功については実際よりも最近の出来事として記憶し、過去の失敗については実際よりも古い出来事として記憶する傾向があるという奇妙な事実が指摘された。しかし他人の成功や失敗については、こんなことは起こらない。ところが愛する人の過去の成功や失敗となると、自分の成功や失敗について考えるときと同じように、記憶に奇妙なバイアスが生じるのだ。

最近では神経科学の分野でも、愛は融合だとする考えをさらに裏づけるエビデンスが得られている。以前から、脳には人が自分について考えたときに活性化するが他者について考えたときには活性化しない領域があることが知られていた。研究者の綿貫真也と赤間啓之[7]は、関係する研究をすべて検討し、私たちが愛する人やモノについて考えるときには、自分について考えるときと同じ活性化パターンが脳に現れることを発見した。

以上のエビデンスから考えると、愛には融合が伴うとする考えは詩的でロマンチックで、なおかつ真実だと結論するしかない。とはいえ、それで話は終わりではない。

自分が自分になるいくつかの方法

何かを自己概念の一部とするために、脳は時間と労力を費やす必要がある。これを実現させる心理プロセスはいろいろある。

◆愛するモノについて考え、知る

愛するモノにちょっと執着してしまうのはよくあることだ。モノとの関係が始まったばかりのころには、とりわけそうなりやすい。このような執着は、愛の対象をアイデンティティの一部とする役割を果たす。愛するモノについて執着的に考えると、そのモノはミー・カテゴリーの中に確固たる位置を占めるようになり、自己の一部となる。

ラジーヴ・バトラ、リック・バゴッツィと私[8]の研究により、「ふと心に浮かぶ」モノについて頻繁に考えることが、モノへの愛の重要な要素であることがわかった。このことは、人への愛に関する過

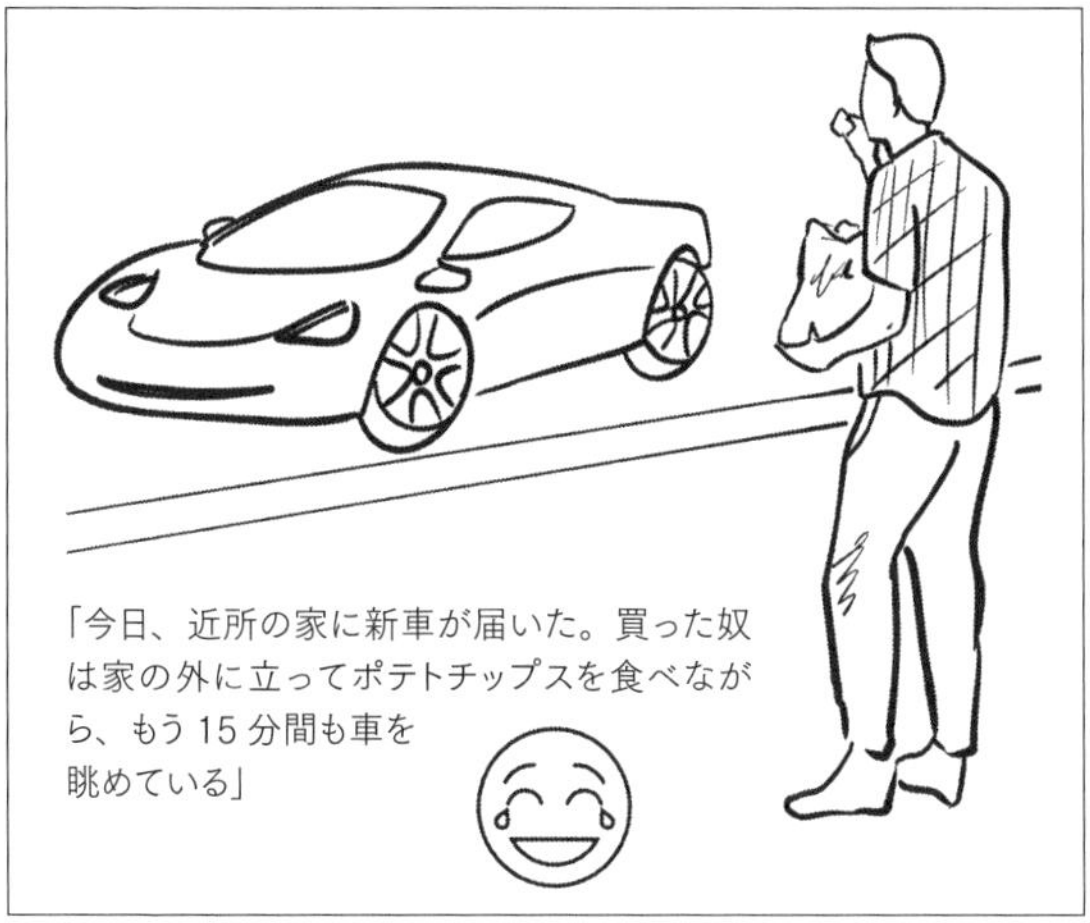
「今日、近所の家に新車が届いた。買った奴は家の外に立ってポテトチップスを食べながら、もう 15 分間も車を眺めている」

愛するモノへの執着の一例。これもインターネットで見つけたもの。君たち、そんなことは車庫の中でやってくれ！

去の研究でも証明されている。たとえば交際中のカップルを調べたある研究[9]によると、相手に対する愛情の強さに影響を及ぼすのは、相手の容姿がすぐれていると思うことや、親密な会話を交わすことよりも、相手について頻繁に考えることだという（上の図）。

モノへの愛は、それについてたくさん考えることだけでなく、それについてたくさん知っていることとも関係する。恋愛小説や恋愛映画の登場人物が「私のことを何も知らないくせに、どうして私を愛してるなんて言えるの？」などと言うことがある。愛するモノのことをよく知っていることがどれほど大事かが、私がインタビューしたある女性の言葉にはっきりと表れている[10]。初めのうち、この女性は音楽を愛していると言っていたが、考えていくうちに気持ちが変わり、愛しているわけではなく好きなだけだと言った。

音楽を聴くのは好きですが、愛という範疇《はんちゅう》に入るかと考えたら、そうではありません。音楽は難しいと感じることがあります。楽器をちゃんと区別できません。どのバンドの何という曲かもよくわかりません。これが私には難しいです。わからないんです。

この女性は音楽を楽しんではいるが、専門的な知識がないために音楽とのあいだに心理的な隔たりが生じ、愛の域に達することができなかった。

何かについてよく知ることが、愛と結びつくのはなぜなのか。実存主義哲学者のジャン＝ポール・サルトルは、何かを深く知ることはそれを自己概念の一部とする一つの方法だと述べている。しかしそのためには、対象を客観的あるいは冷静に頭で理解するのではなく、情熱的に知り尽くさなくてはならない。私たちが何かを情熱的に知り尽くしている場合、それを単に自分の必要を満たすために存在するモノとしてとらえるのではなく、気にかけるようになる。そんなわけで、「性的な関係をもつ」という意味で「知る」という言葉を使うことがあるのも偶然の一致ではない、とサルトルは考えている。

◆愛するモノを人生の物語の一部にする

ライターで『ニューヨークタイムズ・ブックレビュー』[11]編集者のパメラ・ポールは、作家で法律アナリストのジェフリー・トゥービンにインタビューしていた最中に、自分たち二人には変わった共通点があると口にした。二人とも、読んだ本をすべてノートに書き留めて、「本の本」という記録を残していたのだ。これだけでなく、ほかにも共通点が見つかった。

ジェフリー・トゥービン　私の父は残念ながら、かなり早くに亡くなりました。……父の遺品のなかに、小さな革表紙のノートがありました。見てみると、父は読んだ本をすべてそれに記録していたのです。とりわけ胸にこたえたのは、父は脳腫瘍を患っていて、病気が進行するにつれて筆跡が乱れていくのが見て取れたことです。私は父の遺したこのすばらしい形見をとっておきました。そして三年経ったとき、自分も同じノートで同じことをしたらどうかと思いついたのです。それから何十年も経ちましたが、そのノートはまだ手元にあります。私のもっている物理的なモノのなかで、一番大切です。私の住んでいるアパートの別の階で火事が起きたとき、妻と二人の子どもと私は避難しなくてはなりませんでしたが、そのときに猫と子ども以外で持ち出したのは、この「本の本」だけでした。

パメラ・ポール　それはおもしろいですね。というのは、私も自分の回想録の冒頭で、今のお話とそっくりなことを書いているのです。幸いまだ火事には遭っていませんが、そしてこれからも遭わないことを願いますが、もしも火事に遭ってしまったら、持ち出すのは「本の本」だと思います……子どもの次に。

この二人にとって、「本の本」の何がそんなに意義深く重要なのだろう。私たちは生きていくなかで、過去と現在と未来の物語を心の中で紡ぎ、それが自己概念の中心的な部分を占める。その物語の中で、愛するモノはなんらかの役割を果たすことで私たちのアイデンティティの一部となることがある。人生における大切な時を伝える日記や土産、記念品などを愛する人に会うと、私はそれをひしひしと感じる。最初に買った家や卒業証書など、大きなことをなし遂げた証となるモノを人生の物語に取り入れるのもよくあることだ。たとえばあるフリーランスのジャーナリストは、自分の名前が活字で印刷されているのを見ることを愛していると私に語った。「とても誇らしく感じます。自分のなし遂げたことを示す、はっきりした証拠ですから」(12)。私がインタビューした別の人は、愛する車についてこう語った(13)。

大事なのは、車そのものよりも車が表すものです。学校を卒業しようとがんばっていたあいだ、その車を見ては、ほしいと思っていたんです。その車は私に「夢は叶う」ということを教えてくれます。私が実際に達成した最初の目標は学校を卒業することでしたが、その車を手に入れたことで、自分は何でもできるという気持ちになれたんです。

愛するモノを人生の物語に取り込むとき、それはすでに手に入れたモノとは限らない。心に思い描いたモノが、将来の達成をたたえる想像上のトロフィーとなることもある。私がインタビューしたある女性は、貧しい環境で育って高校までしか行けなかったが、努力の末に美容院の経営者となり、さらなる望みを抱いていた。インタビューの冒頭、彼女は物理的なモノを愛することなどできないと言った。しかしあとになって、いつか手に入れたいと願っている真っ白なジャガーを愛していると認めた。彼女は「あの車はシックでエレガントで、走り方やエンジンの音は子猫みたいなの。私と似ているところがあると思って」と言って笑った。[14]初めは人が物理的なモノを愛することなどあり得ないと言いながら、じつはこの車に強い思いを抱き、愛しているとあとで認めたのはなぜなのか。彼女にとって、「物理的なモノを愛することなどできない」と言うことと、「この車を心から愛している」と言うこととのあいだに、大きな矛盾はなかった。なぜなら彼女の心の中では、この車は物理的なモノというよりは自らの理想の象徴だったのだ。

◆物理的接触

愛するモノについて考えることに加えて、物理的に接触することも影響を及ぼし、愛するモノが自己の一部になる。たとえばかつて有名人が所有していた品物の場合、所有者が物理的にたくさん接しているほど、その価値が高まる。顕著な例を挙げると、かつてジャクリーン・ケネディ・オナシスが所有して頻繁に使っていた巻き尺が、オークションにかけられて四万八八七五ドルで落札されたことがある。[15]これと方向性は逆だが同じ考え方の例として、嫌われ者の有名人や名高い悪党と物理的に接触していた場合、そのモノの価値は下がり、それを所有している場合には手放したくなる。実際、研究者のキャロル・ネメロフとポール・ロージン[16]によると、セーターを渡されて、それはかつてアドルフ・ヒトラーの着たものだと言われると、人はそれを着るのを拒否するという。この話から思い出すのは、投稿サイトの〈レディット〉で不満を訴えていた女性のことだ。フィアンセの母親が勝手に自分のウェディングドレスを試着してしまい、それを知ったら別の新しいウェディングドレスがほしくなったと嘆いていた。

人がモノに触れると、その接触がほかの人に影響をもたらすことがある。洋服店でその興味深い事例を見ることができる。マーケティング教授のジェニファー・アーゴ、ダレン・ダール、アンドレア・モラレス[17]は、客が品物を購入する確率について、すでに別の客が試着したと考えるとそれを購入する確率が下がるが、魅力的な異性の店員が触れた品物だと購入する確率が高くなることを発見した。しかし過去に使用された品物でも、おもしろい物語（特に買い手とのあいだに心のつながりを生み出すような物語）がある場合には、使用されたという事実はむしろその品物の望ましさを高める可能性がある。人道支援団体オックスファムがイングランドのマンチェスターで運営している中古品販売店は、この現象をうまく利用している。品物を寄付してくれる人に、それにまつわる物語やそれが彼らにとってどんな意味をもつかを明かしてもらっているのだ。オックスファムのシェルフライフ・プロジェクトの一環として、品物につけられたバーコードを客がアプリで読み取ると、その品物の物語を読めるようになっている。紹介されるのは、たとえばこんな話だ。

私のアイテムは、赤いシルクでできた小さな化粧ポーチです。……バンコクのナライというところで作られたもので、バンコク近郊に住んでいたおじと彼の妻ノイを訪ねて行ったときに買った最初の品です。買い物の帰りにトゥクトゥク［モーター付きの三輪自転車］に乗ったとき、まだ慣れていなかったので、車道の真ん中で落ちそうになりました。つまりこれは、私が命がけで手に入れたポーチなのです。

オックスファムのサラ・ファークアーによれば、「おもしろい逸話のある品物のほうが、お客さんの心をたちまちつかみます」。この現象がオックスファムにとって魅力的なのは、そうした品物が収益をもたらすからだけではない。客に新品を買わず中古品を買って使い続けてもらうことで、グリーンエコノミーを促進することもできるのだ。品物にまつわる裏話を語ることは「品物がごみ処理場に送られるのを防ぐ」助けとなり、「品物をもっと長く愛するように促す」のだ。[18]

シャンプーには女性用と男性用があるのに、洗濯用洗剤には男女の区別がないのはなぜか、考えたことはあるだろうか。男性用のジーンズと女性用のジーンズで洗剤の成分を変える必要がないのと同じく、男性と女性の髪にもシャンプーの成分を変えるべき違いはない。男性用と女性用のシャンプーが販売されているのは、体に直接つけるものだからだ。体に直接つけることによって、それを使う人の自己認識とシャンプーのあいだに強い象徴的なつながりが生じる。マーケターはこのことを熟知しているので、ボディーケア製品の香り、パッケージ、広告はすべて、セクシー、ナチュラル、洗練、健康的、男性らしい、女性らしいなど、商品に特定の性質をもたせるように設計されている。多くの消費者は、ジェンダーアイデンティティを含めた自分の望むアイデンティティに合う商品を買うためなら、余分な支出をいとわない。そこでマーケターはこの傾向を増幅させ、そこから収益を狙う。

頭につけたシャンプーが自己の一部になるのなら、食べ物がそれよりさらに大きな影響を与えるのは驚くに値しない。「人はその人の食べるものでできている」と言われる。これは食べ物が体の一部になるという事実を指すと思われるが、それ以外にも、私たちの食べるものや食べようとしないものがアイデンティティの一部になり得ることを指しているとも考えられる。身体的には、人が消化できるのは食べたものだけだ。一方、象徴的なレベルでは、食べないものが自己概念の一部になることもある。たとえば肉を食べないと決めている人の場合、「ベジタリアンであること」がアイデンティティの重要な一部となる。これは多くの宗教で特定の食べ物が禁じられる理由でもある。ヒンドゥー教徒は牛肉を食べない。ユダヤ教徒は豚肉や甲殻類を食べない。イスラム教徒は豚肉を食べない。ジャイナ教徒は肉や地中で育った野菜を食べない。こうした食事の戒律により、宗教は信者のアイデンティティの確固たる一部となる。

◆コントロール

工具、車、楽器、スポーツ用具などのモノは、私たちがそれを直感的にコントロールできるならば、自己の一部になり得る。たとえば車の運転に慣れた人は、角を曲がろうとするときに「ブレーキをそっと踏んで減速してからハンドルを右に回す」などと考えず、ただ「あちらに行きたい」と思う。そうすると、体が自動的に必要な動作をする。車に対するこうした直感的なコントロールは、自分の体をコントロールするのと似ている。そのため私たちはこんなふうにコントロールできるモノを自分の体の延長ととらえ、それゆえ自己の一部と見なすのだ。

◆創造と注力

神話とは、実際には一度も起きたことのない絵空事ではなく、何度も繰り返される出来事を伝える真実の物語なのだと言われる。このとらえ方は、間違いなくギリシャ神話のピグマリオンの物語にあてはまる。この物語では、彫刻家が女性の像を作るが、それがあまりにも美しいので恋に落ちる。この神話で描かれるパターンは現実の世界でも繰り返され、人はしばしば自分の作ったモノを愛するようになる。

私たちは、自分の作ったモノを自分の一部と考える傾向がある。これはそうしたモノが、あたかも自分の子どものように私たちから生まれ出るからだ。あるいは自分の作るモノに「自分自身をたっぷり注ぎ込む」と表現されることもある。エーリッヒ・フロムの名著『愛するということ[19]』に、こんな一節がある。

いかなる創作においても、創作者は自らの外にある世界を表象する素材と一体化する。大工がテーブルを作るにせよ、金細工師が宝飾品を作るにせよ、農民が作物を育てるにせよ、あるいは画家が絵を描くにせよ、いかなる創作においても創作者とその対象は一体化し、創造の過程で世界と一体化する。

私たちの誰もが、自分にとって無限の価値がある。そのためモノが自己の一部になったとき、私たちはそのモノにも大きな価値を認める。研究によれば、人は自分が設計や製作に携わったモノの価値をとりわけ高く評価する。二〇一二年、研究者のマイケル・ノートン、ダニエル・モション、ダン・アリエリー[20]は、実験で参加者に折り紙の作品を作らせた。それから自分の作った作品にいくらなら払ってもよいか、また同じ作品にほかの人はいくらなら払ってくれると思うかと質問した。さらに別の人たちに、実験参加者の作った作品にいくらなら払うか尋ねた。その結果、作った本人の答えた金額は、ほかの人が払うと言った金額のほぼ五倍だった。おそらくさらに驚くべきことに、ほかの人がいくらなら払ってくれると思うかと作品を作った本人に質問すると、自分が払うつもりの金額とほぼ同じ（あるいは場合によってはそれより高い）金額を払うだろうという答えが返ってきた。

私の研究では、人は自分の創造力を注ぎ込んだモノを自己の一部ととらえる傾向が格別に強いということが判明している。しかし創造力に限らずどんな力でも、力を注げばこの効果が生じ得る。たとえば経営学教授のピーター・ブロック[21]は、自分の車の洗車やメンテナンスを自分でする人は車を自分のアイデンティティの一部と見なす傾向がとりわけ強いことを発見し、ラッセル・ベルク[22]は家の手入れについて同様の傾向を見出している。ノートン、モション、アリエリー[23]は、指示に従って材料を組み立てるだけでも、作った人はできあがったモノに対し不合理に高い価値を認めることを示している。彼らは組立式家具の販売店から名前をとって、これを「イケア効果」と呼んでいる。

◆モノで自分が変わる

自分で変化させたモノは自己概念の一部になり得ると先ほど指摘した。モノによって自分が変化する場合にも、同じことが言える。人はあるモノが自分を人間として成長または発達するのを助けてくれて、それによって自分が変化する場合、特にそれを自己の一部と見なしやすい。たとえば私がインタビューした男性のなかには、エクササイズを愛し、それが自分の体を変えてくれるという理由で自己の一部だと感じる人がいた。また、私がインタビューしたある愛書家は、本は自分の一部だと話し、その理由をこのように語った。「本を自分の中に取り込むと、人生の見方がどんどん広がります。自分を拡大するようなものなんです[24]」

アーサー・アーロンとエレイン・アーロンは、誰かを愛すると人はどう変わるかを研究しているのだが、彼らの発見はモノへの愛についても成り立つ。アーロン夫妻は、人間には成長したい、発達したいという欲求が生まれつき備わっていると主張する。彼らによれば、人を愛することは、こうした人間としての成長への欲求と結びついている。なぜなら、それによって愛する人を自己の中に取り込むことができるからだ。彼らが心理学者のメグ・パリスと共同でおこなった研究[25]で、二週間ごとに「今日、あなたはどんな人ですか」と学生に質問し、そのときの自分を表すと感じられる言葉を挙げてリストを作らせた。その結果、彼らが自分を言い表した言葉は、アイデンティティのもつ一九の側面を表す語であるという結論が得られた。そこには、感情を表す言葉（「立腹」「幸せ」など）、家族の役割を表す言葉（「息子」「娘」「兄弟」「姉妹」など）、職業名などが挙げられていた。学生はリストを作成するたびに、最近二週間で愛する人ができたかどうかを質問された。研究に参加したのは大学生だったので、恋に落ちるのはさほどめずらしいことではなかった。恋に落ちたばかりの学生は、自分を表す言葉を非常に幅広いカテゴリーから選んでいた。このことから、人を愛するようになることによって、自己概念が発展し拡張することがわかった。

これはモノへの愛にもあてはまる。私はある友人から、それまで野生動物のドキュメンタリーなど退屈で観るに値しないと思っていたのに、あるとき自分がそれを愛しているのに気づいて驚いたという話を聞いたことがある。「自分が自然番組を観るタイプだとはまったく思っていなかったが、どうやらそうだったらしい」と彼は言った。新たな関心によって、それまで気づいていなかった自己の一面が明らかになったとき、彼の自己概念が広がったのだった。

◆購入と所有

今から一〇〇年以上前、初の現代的な科学的心理学者と広く認められているウィリアム・ジェイムズが、何かを所有することとそれを自分のアイデンティティの一部と見なすこととのあいだには強い関連があると指摘した。「人間が『私』と呼ぶものと『私のもの』と呼ぶもののあいだに境界線を引くのは難しい。われわれは一部のものに対して、自分自身に対するのと同じように感じ、ふるまう」(26)と述べたのだ。ジェイムズはさらに、私たちは自分のアイデンティティの一部となっているものをすべて自分の「所有物」と見なすと述べた。たとえば、私の体、私の思い出、私の国、私の宗教、私の好きなバンドといった具合だ。だからこそ、人は恋に落ちると「僕のものになってくれる?」と言ったりするのだ。

法的な所有と心理的な所有とのあいだには違いがある。たとえば「私の国」と言った場合、心理的には国を所有しているのだが、そこで暮らすすべての人に賃貸料を請求することはできない。学生は、教室でいつも座る席に対して法律的な所有権はなくても、心理的には所有しているように感じることが多い。モノがアイデンティティの一部となる場合に、とりわけ重要なのは心理的な所有だ。とはいえ法的な所有もやはり大事である。というのは、法的な所有は通常、心理的な所有を補強するからだ。

新しい活動を始める人は、しばしば高価な道具やウェアを買いそろえて、その活動に対する心理的な所有感を強める。しかし、これは高くつく失敗となることもある。ある活動をすでに長く愛してきた人でも、熱意を持続させるためにモノの購入に力を入れすぎることがある。私は自転車を修理してもらうために近所の自転車店に行ったとき、七〇〇〇ドルのマウンテンバイクを買おうとしている客と話したことがある。彼はすでにマウンテンバイクを八台もっていて、保管が大変なんだ、さらにもう一台買って帰ろうものなら妻に殺される、と語った。それでも彼はマウンテンバイクを買った。消費依存症かため込み症、あるいはその両方にかかっているのかもしれない（そうでなくても、彼の妻はそう思うに違いない）。しかしこれほど病的ではないにせよ、人がなんらかの活動への愛を表現するために、絶対に使わない道具をことごとく買いそろえるのはよくあることだ。

私もこのことは痛いほどわかる。私自身、この問題と闘ったことがあるからだ。高校以来、私はかなりのオーディオマニアだ。残念ながら、ある友人が言ったとおり「オーディオマニアは満足を知らない」うえに、ステレオ機材には非常に高価なものもある。さらに困ったことに、オーディオ技術に夢中になりすぎると、自分のステレオに気を取られ、音楽をちゃんと聴かなくなってしまう。オーディオマニア気質を抑えておくのによい方法は、音楽を聴いているときにステレオ機材とは無関係な部分に意識を集中させることだと気づいた。たとえば私はオーディオ機器に関する記事を読むのを避けて、代わりに音楽に関するものを意識的に読むようにしている。

◆境界を突破する経験

見知らぬ者どうしが苦難に満ちた冒険に投げ込まれ、冒険を終えるときには友人か恋人になっている。これはよくある映画の筋書きだ。現実の生活でもこれが起きることに、読者は気づいているかもしれない。友人との休暇中に真の絆が生まれるきっかけは、ビーチで過ごす快晴の日ではなく、ちょっとした惨事であることが多い。コメディアンのアダム・サンドラーは、ものすごくスリリングなジェットコースターで隣り合わせた男性と「恋に落ちた」経験をネタにしている。恐ろしい経験をともにくぐり抜けたことから、見知らぬ相手とのあいだに絆が生まれたのだろう。アーサー・アーロンとエレイン・アーロンは、こうしたストレスに満ちた冒険を「境界を突破する経験」と呼ぶ。このような経験によって、人のあいだの精神的な境界が崩れ、ほかの人を自己概念の一部にすることが容易になるからだ。

愛するようになったモノとともに強烈な情動を経験したときにも、これと似たことが起きる。私の研究で、参加者はよく音楽や本など、人生において気持ちの面で困難な時期を乗り越えるのを助けてくれたモノへの愛について語る。彼らは嵐をしのぐのを助けてくれたモノに感謝し、その愛するモノとのあいだに強い絆を感じている。

このような絆を生み出す経験は、恐怖を伴うこともある。ホラー映画を愛する若い男性と話したときに、ホラー映画に対する私の考えは変わった。なぜ恐怖を好むのかと質問すると、彼は「恐怖自体が好きなわけではありません。友だちと一緒に恐怖を経験するのが楽しいんです」と答えた。彼がホラー映画を愛する理由は恐怖そのものではなく、絆を生み出す経験を共有できるからなのだ。

ワシントン大学のリー・ダンとブリティッシュコロンビア大学のジョーアンドレア・ホーグ[27]によると、ホラー映画は友人との絆を生み出すだけでなく、ブランドとの絆を生み出す助けにもなる。ダンとホーグは実験の参加者に対し、新しいブランドのスパークリングウォーターといくつかの映画のシーンを評価してもらうことにした。まずスパークリングウォーターの入ったグラスを渡し、「悲しい」か「怖い」か「楽しい」か「エキサイティング」のいずれかの映画のシーンを観せた。それから参加者に、今飲んだスパークリングウォーターのブランドに対する愛着の度合いを評価させた。「悲しい」「楽しい」「エキサイティング」のいずれかのシーンを観た人は全員、スパークリングウォーターのブランドに対する愛着の度合いが低かった。一方、「怖い」シーンを観た人が報告した愛着の度合いは著しく高かった。なぜこうなったのだろうか。研究者らは、恐ろしい状況にいるときには周囲の人とのあいだに絆を生み出すように脳が進化したのだと考えている。というのも、厳しい状況で味方がいると非常に助かるからだ。この心のメカニズムが、私たちとモノとの関係にも働いている。

こうした境界を突破する経験は、スポーツファンがしばしば自分の応援するチームを強く愛する理由を説明する助けにもなる。スポーツ心理学者のサラ・ブロードベント[28]は、観客として楽しむ娯楽のなかで、スポーツはほかの何よりも強い情動を生み出すと報告している。試合は強烈な感情をかき立てて、しばしば恐怖を伴いながら境界を突破する経験となり、ファンはチームとともにそれをくぐり抜ける。このことから、チームはファンの自己概念において大きな部分を占めるようになる。自分ではソファから立ち上がりさえしなかったのに、「われわれの勝利」とか「われわれの敗北」などと言うのもそのためだ。私の読んだある漫画で、アメリカンフットボールをテレビで観戦している夫に向かって妻が「ときどき思うのだけど、あなたは私よりアメフトを愛してるんじゃない？」と言う。すると夫はこう答える。「少なくともホッケーよりは君を愛してるよ」。ただし、これはただの漫画だ

……そうだろう？

読者は覚えていると思うが、リレーションシップ・ウォーマーは、モノとの関係というふつうは冷たく実利的なものを、愛着を伴う温かいつながりに変える心理的メカニズムだ。ここまでに、私は三種類のリレーションシップ・ウォーマーのすべてに触れてきた。「擬人化」はモノを人のようにとらえ、「ピープル・コネクター」は暮らしの中で自分と愛するモノと他者を心理的に結びつけ、「自己認識への取り込み」はモノを非常に大事な人である「自分」の一部にする。これら三つのうち、最も広くおこなわれていて最も重要なのは、モノを自己認識の一部とすることである。その理由について、これから説明するとしよう。次の三章では、人がその人の愛するモノによって形づくられるさまざまな仕組みを扱う。

第6章　愛するモノの中に自分を見出す

愛とは他者の中に自分を見出し、その発見に喜びを覚えることにすぎない。
――アレクサンダー・スミス（一八二九―一八六七年）

時は一九五〇年。アメリカ国内におけるネスカフェブランドのインスタントコーヒーの売り上げは、ネスレにとって満足のいくものではなかった。ネスレがアメリカの女性たちにネスカフェを買わない理由を尋ねたところ、「風味が悪い」という答えが圧倒的だった。ところがブラインドテストをしてみると、一九五〇年にたいていの人が飲んでいたほかの安物のコーヒーと比べて、ネスカフェの味はすぐれていることが判明した。いったい何が起きていたのだろうか。

ネスレは消費者心理学者のメイソン・ヘアーに調査を依頼した。[1] その結果、ネスカフェを拒絶した女性のほとんどは、自分の行動が完全に合理的だと信じ、「自分がインスタントコーヒーを避けるのは、おいしくないからだ」と思っていることがわかった。ところがヘアーが女性たちの感情の背後にあるものをさらに探ってみると、彼女たちはインスタントコーヒーの購入者を怠惰でだらしない浪費家だと見下し、そしてひどいことに、結婚生活がうまくいっていない人間だとさげすんでいたのだった。この時代にはおそらく、幸せな結婚生活を送る女性は夫のために「本物」のおいしいコーヒーを淹れる手間を惜しまなかったのだろう。消費者である私たちは、人がモノ（たとえばコーヒー）を好んだり嫌ったりするのは単純な理由（おいしくないから）だけによるものと思い込みがちだ。しかし「アイデンティティの問題」――すなわちある特定のタイプの人になりたいという願望（今の例では、怠惰でだらしなく、金を浪費し、結婚生活で失敗した人間にはなりたくないという願望）――は、私たちの買うモノや愛するモノに関して、私たちが気づいているよりもはるかに大きな役割を果たすことが多い。

消費者行動の研究を始めたころ、私は研究者が人の好みを説明するときに、その人がどんなアイデンティティを望んでいるかに着目することが多いのに驚いた（「彼女は愛国心の強いアメリカの保守派であることを示すためにピックアップトラックに乗っているのに対し、彼は環境意識の高い進歩派であることを示すために電気自動車に乗っている」）。アイデンティティが人にとって重要なのはわかるが、一部の研究者はそれにいささかこだわりすぎているように感じられた。しかしのちに自分で研究をするようになって、ほとんどの研究者がアイデンティティの問題を過大評価しているわけではないと気づいた。彼らはただ、実際に消費行動を起こさせる動機（消費者自身がそれをほとんど認識していないにせよ）を報告しているだけなのだ。西洋文化の歴史を学ぶにつれて、私はすべての意味を理解し始めた。

モノへのロマンチックな愛

今、モノは過去のどの時代と比べても、生活の中ではるかに大きな役割を果たしている。現在の状況をもたらした変化は、一七六〇年ごろに産業革命とともに始まった。産業革命は最初に繊維産業で起き、これによって衣類の価格が劇的に下がり、やがてほとんどのものの価格が下がった。その規模をわかりやすく言えば、産業革命中に織物の価格が下がったペースは、デジタル革命の進展中にコンピューターの処理能力の単価が下がったペースを上回る。産業革命の最中にこの革命について記した経済学者のアダム・スミスは、かつては富裕層だけのものだったリネンのシャツが、今や最低賃金の労働者にまで行き渡り、社会生活における必需品になったと述べている。[2] 産業革命が進展すると、住居はモノであふれ始め、生活の中でモノの果たす役割が大きくなっていった。これはまず上層階級で起こり、やがてほかの階級にも広がった。そして今では世界中で、最貧困層を除くすべての人の暮らしがモノであふれかえっている。イヌイット族には雪を表す言葉がたくさんあるとよく言われるが、私はこの話を耳にすると、なぜ私たちにはさまざまな服や車、電化製品、店などを指す言葉がこんなにたくさんあるのかと、イヌイット族の人たちが考えている姿を思い浮かべたりする。

しかし、産業革命のもたらした変化は、モノの氾濫にとどまらなかった。富の増大は文化にも大きな変化をもたらし、しだいに個人主義が拡大していった。なぜこうなったのか。個人主義とは、内なる欲望に従うか、それとも家族や友人、社会、宗教、伝統に従うかの選択に迫られた場合、内なる欲望に従うことを意味する。お金をたくさんもっていれば、ほかの人から支配されずにすむ。つまりお金があれば個人主義がたやすく実践でき、ほかの人の望みを無視して、自分の内なる欲望に従うことが容易になる。このことを裏づけるエビデンスは多くの研究で得られており、それらの研究では次のことが明らかになっている。（1）どんな社会でも、富裕者は貧困者よりも個人主義的な傾向がある。[3]（2）富裕国は貧困国よりも個人主義的な傾向がある。[4]（3）ある国が時間とともに富裕になった場合、その国は以前よりも個人主義的になる傾向がある。[5]

このような変化は非常に強力だが、きわめてゆるやかに起きる。ヨーロッパや北米が現在のような個人主義的文化に到達するまでには、数百年かかった。ヨーロッパでは、産業革命が経済成長をもたらしたのと同じころ、ロマン主義と呼ばれる社会運動によって個人主義への移行が始まった。この運動が主張したのは、人間は誰しも内なる「真の自己」*をもっていて、私たちは「自己を見出す」（つまりその自己が何者であるか突き止める）べきであり、たとえ親やコミュニティーや社会慣習に背く必要に迫られようとも、その内なる自己に忠実な人生を生きるべきだということだった。この運動は絶大な影響力をもつようになり、歴史学者は一八〇〇年から一八五〇年あたりのこの時期をロマン主義時代と呼んでいる。

内なる真の自己が存在するというロマン主義の考え方は、結婚に大きな影響を与えた。若いロマン主義者は、誰と結婚すべきかについて親の意向に従わず、愛こそ内なる自己の発する声であり、正しい結婚相手へと導いてくれるのだと主張した。ロマン主義時代には、愛によって結婚相手を決めるべきだという考え方が広く受け入れられるようになったので、交際中の男女間の愛は（おそらくご想像のとおり）ロマンチックな愛と呼ばれるようになった。もっとも、内なる自己に忠実であれという考え方は、結婚以外にもさまざまな領域に広がっていった。

どこに住むか、どんな友人をもつか、どんな職業に就くか、どんな宗教を信仰するか、どの性別に属するか、誰を愛するか、どんな服を着るか、誰と結婚するか、といったアイデンティティに大きく影響する事柄について考えてみよう。ロマン主義時代以前には、これらの事柄はおおむね個人でコントロールできる範疇の外にあった。圧倒的多数の人々は限られた性別役割《ジェンダー・ロール》を守り、生まれた場所の近くで暮らし、宗教や食べ物、音楽、衣服についてはコミュニティーの伝統に従った。家業に従事し、親の許した相手、あるいは場合によっては親の決めた相手と結婚した。しかし今日では、とりわけ欧米社会では（そしてだんだんと欧米以外の社会でも）、生活にかかわるこれらの要素は自分で選べる（そして選ばなくてはいけない）ものとなっている。

ロマン主義運動はこうした意思決定を可能にしただけでなく、どのように意思決定をすべきかという考え方も育てた。ロマン主義は、内なる自己に忠実であることを是とする。したがって、私がモノへのロマンチックな愛について論じる場合、私が扱うのは性的な愛や情欲的な愛ではない。内なる自己を反映しているからという理由でモノに対して抱く愛だ。

＊以降、この考え方を表す一般的な名称である「真の自己」という用語を使う。ただし、私たちの誰もが絶えず耳を傾けるべき内なる真の自己を一つだけもっているとするロマン主義的な考え方を、私が支持しているわけではない。現実はそれほど単純ではない。

多くの人は愛についてのロマン主義的な考え方にどっぷり浸っていて、別の考え方があり得るということには思い至らないのかもしれない。愛とは常に、人やモノに対する内なる欲望に従うことなのだろうか。いや、そうとは限らない。私はシンガポールでインタビューした女性から、大事な社交行事に着ていったドレスを愛していて、そのドレスの見た目は好きでないにもかかわらず、それが真に「自分」だと感じると聞かされたことがある。[6] 彼女が言うには、自分の服の好みよりも家族を愛し助けることのほうが、自分のアイデンティティにおいてはるかに大事な要素なのだそうだ。その大事な社交行事で、母親の友人が母親に、娘さんはとてもきれいね、センスがいいわ、と言った。これを聞いて、母親は誇らしかった。この女性の考えでは、自分の真の自己は親を愛して敬い、他者に家族を尊敬させる人間だった。このドレスは、そうしたアイデンティティを実現する助けとなった。したがって、内なる感情がその見た目をどう思おうとも、このドレスは「自分」だったのだ。

　この女性は、研究者のヘイゼル・マーカスと北山忍[7]が「相互協調的自己概念」と呼ぶものを示す完璧な一例だ。彼らの研究によれば、集団主義文化では人の真のアイデンティティを決めるのは本人の個人的な好みや信念ではなく、ほかの人との関係（家族がどんな人か、どんな友人がいるか、どこで働いているか、など）だと広く考えられており、そのことを示すエビデンスもふんだんに得られている。この見方は確かに事実だろう。しかし経済的に好調なアジアの文化圏でおこなったインタビュー[8]を通じて、私は愛についてのロマン主義的で個人主義的な考え方がだんだん一般的になってきたらしいと思うようになった。他の地域と同様に、富の増大に伴ってこの地域の文化にも個人主義がもたらされたことが、その一因だと考えられる。また、欧米文化の影響もあるのかもしれない。

歴史学者はしばしば、ロマン主義時代が一八五〇年ごろに衰退したとするが、「内なる自己に忠実であれ」とする中核的な考え方は決して衰えなかった。その後のあらゆる時代を通じて、内なる真の自己を信じる姿勢は強まり続けた。たとえば、フェミニズムはこれと同じ基本的な考え方に根差している。仮に女性の役割に関する伝統的な考え方に反するとしても、女性は自分の望む生き方を見極めるために、内なる真の自己に目を向けるべきだというのだ。今日ではLGBTQ+運動が、伝統的な価値観で許容されることに従うのではなく、自分自身の性的アイデンティティの命じるところに従うように人々を促すことで大きな成功を収めている。この二五〇年間、内なる自己を見出してそれに従うことによって破壊的な力が生まれ、劇的な変化を何度ももたらしてきた。月並みな言い方だが、「近ごろの若者」はいつだって伝統を拒絶し、やりたいことをやるものなのだ。

自己実現プロジェクト

人は内なる自己の命じるままに生きるべきという考え方が支持されるようになってきたのは、概してよいことだ（ただしどんなよいことでもそうだが、行き過ぎるおそれはある）。キャリア、結婚相手、信仰、支持する政党を個人が自分で選択できる社会で暮らす人は、もっと伝統的な社会（これらの選択が伝統や家族といった生まれつきの環境によっておおむね支配される社会）で暮らす人よりも幸福度が高い傾向がある。(9)

しかし内なる自己に従って生きる自由をもてば、人生という巨大なプロジェクトを自分で背負うことにもなる。自分がどんな人間になりたいかを決めるだけでも十分に大変だが、そんなことはこのプロジェクトの初めの一歩にすぎない。この一歩を踏み出したら、次はビジョンを現実にしていかなくてはならない。内なる自己を現実の自己に変える「自己実現」を果たさなくてはならないのだ。これが「自己実現プロジェクト」という、人生における中心的な取り組みとなる。

現代の個人主義的な文化の中で、私たちのするほとんどのことは内なる自己の表出と考えられる。そのため自己実現プロジェクトは、暮らしのあらゆる部分に行き渡っている。たとえばシャツを買うといったありふれた選択をするときに、シャツが体に合うかだけでなく、「これは自分らしいか」と考えて、自分のアイデンティティに合うかも確かめる。人生が、自らのアイデンティティを変化させたり微調整したりするための選択肢の連続になる。転職すべきか？　新しい家に引っ越すべきか？　教会に通うべきか？　教会に通うのをやめるべきか？　ピックアップトラックを買うか、それとも電動自転車にするか？　新しい趣味を始めるか？　菜食主義者になるべきか？　選択は果てしなく続く。

自己実現プロジェクトは、暮らしのあらゆる部分にかかわるだけでなく、生涯にわたって続く。一九五〇年代に心理学者のエリック・エリクソンは、西洋文化が内なる自己に忠実であることに重きを置くようになるにつれて、若者がこの要求に困難を覚えているのに気づいた。そこで彼は、彼らの置かれている状況を指す「アイデンティティの危機」という用語を作った。今日では、成人するとアイデンティティへの意識が弱まるとはいえ、中年になってもこの問題が消え去るわけではないことに気づかされる。いよいよ退職の時期を迎えてもなお、新たな自分を生み出すチャンスとして自身の退職をとらえる人は多い。

現代人である私たちは、大量の所有すべきモノやするべきコトに囲まれながら、自らのアイデンティティを見極めて生み出す必要に迫られている。賢明な動物として、寄せ集めたさまざまなモノを使って、アイデンティティを明確にしようとする。それゆえに、アイデンティティを確立する必要性が、私たちの好むモノにこれほど大きな影響を与えるのだ。

魔法の羅針盤

映画『パイレーツ・オブ・カリビアン』で、ジャック船長は魔法の羅針盤《コンパス》をもっている。このコンパスは、それを手にする者がこの世で最も欲しているもののある方向を指す。自己実現プロジェクトにいそしむ私たちの誰にとっても、最も強く求めるものの一つは、自分の真のアイデンティティを見極めることだ。何かを愛するようになると、その経験から私たちは自分が何者かについての理解を少し深める。こうして私たちの愛するモノは、魔法のコンパスのように、自分がこの世で最も望むことの一つを明らかにしてくれる。自分が本当は何者であるかを教えてくれるのだ。

第5章で、私たちが何かを生み出すときには、その中に自分を「注ぎ込む」と述べた。対照的に、何かを試してみて、自分がそれを愛していると気づくとき、私たちがやっているのは、その中に自分を「見出す」ことだ。マヤ・シャンカーは著名な認知科学者になる前、クラシックのバイオリニストとして将来を嘱望されていた。あるインタビュー[10]で、彼女はこう語っている。「バイオリンを演奏して得られる最大の恩恵の一つは、何かを愛し、何かに心から情熱を注ぐとはどんなことかを教えてもらえることです」。この熱烈な愛のおかげで、彼女は自分の愛する活動を通じて自己を発見することができた。彼女の言葉を借りれば、「愛する対象に打ち込むことで、自分の中からさまざまな特徴や素質が引き出される」のだ。気の毒にも、バイオリニストになるという彼女の夢は、左手を痛めたことでついえた。それでも彼女は自分の愛することをするとはどんなことかを知っていたので、新たな何かを探し始めた——自分の情熱に火をつけてくれる何か、バイオリンを通じて見出したのと同じ特質を自分の中から引き出してくれる何かを。彼女によれば、「新たに愛せそうな何かを探し求めていたとき、それが自分の中から以前と同じ性質を引き出してくれるものであってほしいと願っていた」という。そして彼女は新たな愛の対象に出会うことができた。今度は認知科学の研究だった。やがて彼女はちょっとしたスーパースターとなり、オバマ政権下の科学技術政策局で社会学と行動科学のシニアアドバイザーを務め、のちにグーグル社の行動インサイト部門の初代代表となった。

直感的な相性のよさと一目ぼれ

人は愛するモノに出会ったとき、一目ぼれのように直感的な相性のよさ、「ぴったりな感じ」を覚えることがよくある。第1章で、新居の候補とすぐさま恋に落ちた女性が登場したのを覚えているだろうか。私はこれと同じような経験を、別の女性からも聞いたことがある。(11)

まだとても若かったころ、ヴィクトリアズ・シークレットで「アクエリアス」(みずがめ座)というボディーローションを売っていました。私が初めて店に足を踏み入れたときの記憶の一つがそれです。その瞬間、「これは私の香りだ」と思いました。星座ごとにそれぞれ違った香りのローションがありましたが、私が一番心を惹かれたのはアクエリアスでした。それがアクエリアスというローションだと知らないうちから、私にはわかりました。「私のためのもの。私のために作ってくれたもの」と思ったんです。

これほど極端ではないにせよ、私たちは買い物をしているときにしばしばこれと似た経験をする。たとえば店頭に並んだ靴を見ているとき、ほとんどの靴は一目見ただけで却下する。しかし「ぴったり」と思われる一足か二足が目に飛び込んできて、試し履きをせずにいられない。このようにモノが「ぴったり」だという感覚によって、私たちはそれがまさに自分の一部だと感じる。それを見ると、自分の一部が目に見える形で現れたように感じるのだ。

内在的報酬と相性

仕事で成功している誠実な人とデートしているのだが、その相手と過ごす時間が楽しくないとしよう。この場合、相手を尊敬していても、愛しているとは言わないだろう。「相性」がよくないのだ。私たちは愛するモノについても同様に相性を感じる。このような相性の良し悪しは不可解だと感じられるかもしれないが、要するに愛するモノとともに過ごす時間が楽しいかどうかということだ。相性は、心理学で言う「内在的報酬」から生じる。これは人と交流したり、モノを使ったり、なんらかの活動に参加したりしているときに経験するよい感情（快感、楽しさ、自信など）である。たとえば歌を歌っているときによい気分になったとしたら、それは歌うという活動がもたらす内在的報酬だ。英語の「intrinsic（内在的）」という単語は、ラテン語で「内側」を意味する言葉に由来する。歌うのが好きな人なら、歌うことで得られる快感は、その活動自体の内側に（つまり本質的に）備わっているように感じられる。反対に、「extrinsic（外在的）」という英単語は、「外側」を意味するラテン語に由来しており、外在的報酬とは活動自体の外側に存在する（つまり活動とは切り離された）動機——たとえば、何かをしたらお金がもらえるなど——のことだ。特によくある二つの外在的報酬が、お金と社会的承認だ。つまり、私たちがしばしば自分では好まないことをするのは、お金をもらえるからか、誰かを喜ばせたり感心させたりしたいからなのである。

内在的報酬は、愛にとってとりわけ重要な意味をもつ。私がインタビューしたある男性は、プリンスのテニスラケットを愛しているが、東芝のノートパソコンはただ好きなだけだと言った。(12) それはなぜなのか。テニスラケットには内在的報酬があった。彼はそれを使ってテニスをする経験を楽しんでいたのだ。一方、ノートパソコンの報酬は外在的なものだった。ノートパソコンを使って得られる結果は好きだが、その経験はあまり楽しいものではなかった。

人の愛するほとんどのモノは、内在的報酬と外在的報酬を併せもっている。たとえば車には、運転する楽しさ（内在的報酬）と遅刻しないように人を職場に運ぶ役割（外在的報酬）がある。しかし、モノを愛する理由を語ってくれる人の八割以上が内在的報酬を自発的に挙げるのに対し、外在的報酬を挙げる人は一割に満たない。[13] このような結果になるのはおそらく、愛するモノは外在的報酬もいくらかはもたらすかもしれないが、「このタイプの報酬は『なぜそのモノを愛するのか』という問いとあまり関係ない」と感じられるからだろう。

外在的報酬は愛と強く結びついてはいないと人々が考える一つの理由は、「あなたは私を愛しているのか、それとも利用しているだけか」というおなじみの問いと関係している。たとえば自分のエクササイズシューズを好きだが愛してはいない、と私に話した女性がいた。[14] 品質はすぐれていると思うが、それを履いてエクササイズするのは楽しくないという（つまり内在的報酬を見出せなかった）。そして自分が真に愛するのは、自分が健康的に見えることだと気づいた。それが彼女にとっての報酬だった。シューズは目的を達成するための手段にすぎなかった。健康になるのを助けてくれる道具ではあるが、心から気にかける対象ではなく、愛してはいなかった。モノを愛しているのか、それとも「利用しているだけ」なのかという例の問いについて言えば、そのモノから得られるのが外在的報酬だけなら、私たちはそれを単に利用しているだけだと感じる。

内在的報酬は、自分の仕事を愛したり愛さなかったりする理由とも関係する。私のインタビューで、仕事が楽しくてとてもやりがいを感じると言う人（内在的報酬を得ている人）は通常、仕事を愛していると言う。給料が低くても、「仕事を愛しています。給料がもっと高ければとは思いますが」などと言うことが多い。[15] 一方、給料は高いが仕事に楽しみを見出せない人が仕事を愛すると言うのを、私は聞いたことがない。

だとすると、給料などの外在的報酬は愛を生み出さないと思われるかもしれないが、じつはそんなに単純な話ではない。興味深いことに、内在的報酬は外在的報酬を「正当化」するのだ。これはたとえばスクリーン上のチェックリストで「内在的報酬」という項目のチェック欄にチェックを入れると、モノを愛する正当な理由として外在的報酬が追加されるようなものだ。先ほど「仕事を愛しています。給料がもっと高ければとは思いますが」と言う架空の人物に触れたが、給料にも満足できれば、仕事への愛もいっそう強まるだろう。外在的報酬は内在的報酬の「代わり」にはなれないが、内在的報酬を「強化」することはできる。

もう一つ例を挙げよう。映画『クレイジー・リッチ！』で、ヒロインがある男性と恋に落ち、相手が大富豪であることをあとから知る。なんとも幸運な女性だ。この場合、財産は二人の関係にとって外在的報酬である。初めから彼が金持ちだと知っていたら、ヒロインは「私は彼を本当に愛しているのか、それともお金のために利用しているだけなのか？」と悩んだかもしれない。しかし恋に落ちたときには相手が金持ちだと知らなかったのだから、自分の愛は相手が自分の心を動かしてくれること（内在的報酬）から生じていると確信できる。相手が金持ちだと知ることは、さらなるプラスとして作用するだけだ。何かから強力な内在的報酬を得ることによって、愛の正当性が証明されると言える。そして愛するモノが外在的報酬も与えてくれるなら、そのモノへの愛はいっそう強まる。

内在的報酬と真の自己

愛にとって内在的報酬がとりわけ重要な理由がもう一つある。デート中に相手との相性のよさを経験すれば、二人が互いにぴったりだとわかるように、モノを扱っているときに喜びを感じれば、そのモノが人としての自分、すなわち真の自己にぴったり合っていることがわかる。

恋愛について研究した臨床心理学者のナサニエル・ブランデン[16]は、「心理的可視性」、つまり「相手の反応の中に、あるいは相手の反応を通じて、自己を見出すこと」が、二人のあいだで愛を駆り立てる基本的な要因だと考えた。心理的可視性は、モノへの愛を刺激することもある。たとえばある女性は、書くという行為をこんなふうに愛している。[17]

> 書くことによって、絶えず驚き、おもしろさや喜びを感じます——そんなものを自分が知っていたとか、言い表せるとは思ってもいなかった言葉や言い回しやアイデアが出てきたときに、そう感じるんです。私はそれがページの上に現れるのを目の当たりにします。私が書くことを愛するのはたぶん……それが私の心の中にある、それまで気づいていなかった場所を心地よく刺激してくれるからです。

書くことによって、それまでそこにあると気づいていなかった言葉やアイデアが、心の中からページの上に現れ出てくる。彼女の愛するこの活動は、自己表現のプロセスにとどまらない。自己発見のプロセスでもあるのだ。

私がある男性（ジョーとしよう）におこなったインタビューは、この自己発見のプロセスが内在的報酬と外在的報酬とあいだの区別と密接に関係することを示す好例だ。ジョーはロックバンドで演奏していたプロのミュージシャンで、そのバンドはダンスもパフォーマンスに取り入れていた。私のインタビューでダンスの話題を持ち出す人は、たいていダンスを心から愛している。ところが、ジョーは例外だった。彼は演技としてのダンスを愛していない理由をこんなふうに語っている。(18)

ジョー　僕がダンスを始めた理由は、音楽やお笑いやほかのいろんなことを始めたのと同じです。すごいと思ってほしい、僕のことを心から好きになってほしい、惜しみない称賛や愛がほしいと思ったからです。そういうものをいくらか手に入れることはできます。こちらに近づいてきて、「すごかった、本当にすごかった」と告げて去っていく人がいますから。でも僕がこれをやって学んだのは、これで心の隙間がきちんと満たされることはないということです。人から僕のダンスが好きだと言われても……それは本当の僕じゃないよね、って思ってしまうんです。

私　ダンスが「自分」ではない、というのはどういう意味ですか？

ジョー　乗っている車のおかげで好かれるのと似ています。これは僕の考えたた・と・え・ですが。女の子とデートして、「あなたのかっこいい車が大好き」と言われるようなものです。そんなことを言われたら、「うるさい、お前なんか顔も見たくない！」と思うでしょう。本当の自分の人柄とは何の関係もないんですから。

ジョーは外在的な動機でダンスをしていた（ダンス自体が楽しいのではなく、人からすごいと思われたかった）ので、望みどおりのポジティブな反応が返ってきても、じつは真の自己が称賛されているわけではないと感じたのだ。

「原子の愛」――二兎を追って二兎とも得る

「原子の愛《アトミック・ラブ》」というフレーズは、下手くそなロマンス小説か、あるいはそれと同じくらいひどい一九七〇年代のディスコソングのタイトルのように聞こえると思う。* しかしのちほど説明するとおり、これは「モノを愛する情熱を生み出す強力な現象」を表す、秀逸なメタファーなのだ。

現代人は、自分がどんな人間になりたいかを決めることができるし、決めなくてはならない。だが、相反する複数のアイデンティティに惹かれる場合には、自分がどんな人間になりたいのかを決めるのが難しくなる。たとえば漫画『キャシー』を生み出したキャシー・ギュズワイトのコメント(19)について考えてみよう。

今までで一番うれしかったプレゼントは、一〇歳のクリスマスにもらった二つのプレゼントです。花嫁の人形とおもちゃの電車でした。どちらも、ほしいとは誰にも言っていませんでした。でも、私の心に秘めた願望を表しているようでした。この正反対の二つこそ、私という人間であ

*じつは二〇〇三年に『アトミック・ラブ』という短編アニメ映画が制作されていた。映像データベースのIMDbによれば、これは「女性と機械がスペースフライドポテトをシェアして、宇宙的な愛を育むストーリー」だそうだ。

り、私が愛したものだったからです。

電車は、ほかの人から見た私でした。私は機械関係のものならなんでも大好きでした。私は自分が男の子ならよかったのにと思ったものです。……花嫁の人形は、私のもっとロマンチックな面を表していました。私はそういう部分を表には出していなかったと思いますが、母と一緒に人形の服を作るようになりました。

幸か不幸か、私の併せもつ二つの面は私の内側で「精神錯乱」的な葛藤を生み出し、それが私の作品のほとんどの原動力となっています。『キャシー』の歴史を見れば、それがじつはこの葛藤から生まれたことがわかります。


ここでギュズワイトは、典型的なアイデンティティの葛藤に触れている。彼女の中には正反対の二組の「私という人間と私が愛するもの」が存在した。彼女がこれをアイデンティティの葛藤として経験したのは、彼女の心の中ではおてんば娘のアイデンティティとしとやかな女の子のアイデンティティが共存できなかったからだ。

こうしたアイデンティティの葛藤を解消しようとしても、うまくいかないことがある。まずいやり方の一例は、一方のアイデンティティを選び、もう一つを捨て去ってしまうことだ。つまり、「おてんば娘」か「しとやかな女の子」のどちらか一方だけを選ぶのだ。まずい例をもう一つ挙げると、二つのアイデンティティの中間で妥協を目指すというやり方もよくない。たとえばギュズワイトは、おてんば娘としとやかな女の子の中間に位置する、中性的な人格を育てることもできただろう。しかしこのように半端な妥協では、対立するアイデンティティで自分が気に入っていたよい点を失ってしまうことが多い。これよりはましだが、それでもなお理想的とは言いがたいやり方としては、「私の中には多様性がある」と認めるアプローチがある。この方法では、自分の中に矛盾するたくさんの対立的なアイデンティティがあることを認めて、その状態のまま生きることになる。私たちの多くは、一方のアイデンティティを手放したり半端な妥協をしたりするよりも、複数のアイデンティティを抱えて生きることを好む。だが、これは部分的な解決策にすぎない。人は自分のアイデンティティが一貫性をもったものと感じられ、自分にとって納得できるものであることを好むからだ。[20]

人が真に望むのは、両方のアイデンティティを保ちながら、二つが対立するものだとは感じられない考え方を見出すことだ。たとえばギュズワイトが葛藤を経験せず、一〇〇パーセントのおてんば娘と一〇〇パーセントのしとやかな女の子の両方でいられる方法を見つけたらどうなるだろう。つまり、どちらか一方だけを選ぶのではなく、両方を保ち、「二兎を追って二兎とも得る」方法を見つけるということだ。ギュズワイトがプレゼントされた電車と人形を愛したのは、彼女がおてんば娘としとやかな女の子の両方のアイデンティティに向かって進むのを、二つのプレゼントが助けてくれたからだ。彼女の場合、これを実行するのに二つのアイデンティティを表す二つのプレゼントが必要だった。しかし、二つのアイデンティティがもはや対立しないような新しい考え方を示してくれる、愛するモノを一つだけ見つけていたら、どうだっただろう。そんなモノがあれば、それはうまい解決策となるだろう。

そのようなことは、実際に起きる。私はそれを「原子の愛」と呼ぶ。原子の核反応では、原子を構成するさまざまな要素のあいだの緊張が解き放たれて、莫大なエネルギーが放出される。これと同じように、「原子の愛」では、人のアイデンティティの中で対立している要素のあいだの緊張が解消することによって、莫大な情動のエネルギーが生じ、格別に強い愛が生まれる。

私がインタビューしたある女性（パムとする）は、上流階級的で古風な女性らしさを重んじるようにしつけられた。ロンドンのハイドパークの近くで育ち、「外交官の子どもたちのいる」学校に通っていた。彼女はそのころの上流社会をこう振り返った。[21]

秋になると両親はよく、女性が社交界にデビューする舞踏会に招待されていました。……両親は夜に開かれるそうした舞踏会に私を連れて行きました。……当時、ベビーシッターなど信用していなかったのです。

両親は娘の上流社会的なアイデンティティを強化し、そのライフスタイルにふさわしいプレゼントを贈った。彼女はロンドンのデビュタントボール〔上流階級の令嬢が社交界デビューする舞踏会〕に参加するような人物という一つのアイデンティティを身につけたが、やがて彼女の人生はそこから遠く離れたところへ向かっていった。私がインタビューしたとき、彼女は二〇代で、シカゴの格安だがおしゃれな地区に住み、映画音楽作家として成功を目指していた。彼女の主たるアイデンティティは、進歩的、ボヘミアン、アーティスト、インテリと言えたかもしれない。彼女は、記憶の中で生き続ける上流階級の淑女のイメージを完全に手放してしまいたくはなかった。しかし彼女は、なんらかの形で、過去の生活を現在の自分と結びつけたいと願っていた。

彼女は一九五〇年代から六〇年代に作られたルーサイト素材のハンドバッグを集めていて、それに対する愛が彼女の願いを助けた。私は彼女に会うまで、そのようなバッグについて何も知らなかった。ともあれルーサイトは登場したばかりのころ、高品質の素材として扱われ、高級ハンドバッグを作るのに使われていた。彼女のバッグコレクションの第一号は、母親から贈られたものだ。パムによれば、「母からとてもすてきなバッグをもらいました。母が父と初めてデートに行くときに買ったもので、黒く塗られたルーサイト素材のシャネルバッグでした」。それから、同じスタイルのバッグを自分で買い集めていった。それらのバッグは、アーティストを自任するボヘミアン的なアイデンティティにもぴったりだった。エレガントで、とても個性的で、慈善バザーに行けば安く買えた。驚くべきことに、これらのバッグは彼女が幼少時に身につけた上流社会の女性らしさと、長じてから身につけたアーティスト的でボヘミアン的なフェミニズムの両方を、どちらも損ねることなく完璧に表現することができる。彼女が愛したのも当然だ。

私がインタビューした別の女性シンディーは、ネブラスカ州の牧場で育った[22]。しかし彼女もシカゴへ移り、企業役員として成功した。トラクターに乗って夏を過ごした田舎の牧場育ちの自分と、都会の高層住宅で暮らす洗練された都会人である自分とのあいだで、彼女はアイデンティティの葛藤を経験していた。彼女は一家が代々受け継いできた素朴なアンティーク家具を心から愛し、牧場からシカゴまで持ってきた[*]。幸運なことに、このスタイルのアンティークは都会で暮らす友人たちのあいだでも大流行していて、個人的な結びつきがなくてもそうした家具をもっている友人がたくさんいた。シンディーがそれらの家具を愛した理由の一つは、それによって牧場出身である自分のアイデンティティが守られると同時に、洗練された都会人のアイデンティティも強化され、どちらも損なわれることがないからだった。

最後にもう一つ例を挙げよう。ロレックスなどの高級腕時計が、シンガポールをはじめとする環太平洋地域の実業家のあいだで人気を集めている。彼らはアイデンティティの葛藤に直面している。彼らのほとんどは中華系で、中国の伝統的な儒教的価値観では、勤勉で忍耐強く自己犠牲の精神に富み、将来に向けて賢明な投資をする人が立派だとされる。多くの中華系実業家は、こうした価値観を反映するアイデンティティを確立しようと努める。その一方で研究[23]によれば、集団主義文化においては、自らの成功を顕示して名声を得ることが、西洋よりもさらに重要視される。そして成功を最もわかりやすく示すのは、高価なステータスシンボルを身につけることなのだ。このことから、倹約を旨とする投資家としてのアイデンティティと、富を顕示する人物としてのアイデンティティとのあいだで緊張が生じる。成功したビジネスマンは、どうふるまえばよいのだろう。

ロレックスなどの高級腕時計は一万ドルかそれ以上（それよりはるかに高額）で販売され、シンガポールで高い人気を誇る。シンガポールは東アジアや東南アジアの典型的な国で、これらの地域は世界でずば抜けて大きな高級腕時計市場となっている。その一因は、こうした高級品がアイデンティティの葛藤に対して「二兎を追って二兎とも得る」解決策をもたらす点にある。私が人のつけているロレックスについて何か言うと、相手は必ずそれがいかにすばらしい投資なのかを語った。[24]「確かに大きな買い物でした。でも、すでに値上がりしていますよ」というのが常だった。シンガポールでは、高級腕時計は確実な投資対象だと広く考えられていた。ロレックスをつけていないことで周囲とは一線を画していた男性は、ほかの人たちからしょっちゅうロレックスを買うように言われ、それがいかによい投資かを力説されると言った。ロレックスがよい投資対象だと考えれば、自分のアイデンティティのもつ対立的な二つの面を折り合わせることができる。それならば、一万ドルの腕時計を買っても、贅沢三昧で浪費好きな快楽主義者だということにはならない。むしろ逆に、そのような買い物をする人は、適切な長期的判断のできる賢明な投資家なのだ。その一方で経済的成功を誇示し、名声を得ることもできる。

広告とアイデンティティ

私たちが目にする広告のなかには、宣伝している商品について大した情報を伝えているとは思えないものも少なくない。高級な香水の広告がそのよい例だ。香水の広告で大事なのは、それがどんな香りかという情報だろうと、もっともなことを考える人もいるかもしれない。しかし高価な香水の広告はたいてい、香りについて説明しようとさえしない。どの広告も、よく似た容貌の美しいモデルを使い、たいていはもう一人の魅惑的なモデルと激しく抱き合っていたり、あるいはパリの街を歩いていたり、熱帯雨林にたたずんでいたりする。なぜこんなことになっているのだろうか。

＊45ページで、シンディーがこの家具について語っている。

教室で議論すると、学生はよく、こんな広告が存在するのは世界が愚か者だらけである証拠だと発言する。そうした学生から見ると、この種の広告は人に「この商品を買えば、あなたも魔法の力でこのモデルみたいになれますよ」と伝えている。そして、そんなメッセージを真に受けるのは愚か者だけだ。それでも香水会社は同じような広告を作り続ける。ということは、この手の広告はたくさんの人に効果があるに違いない。つまり世界は愚か者だらけか、あるいは少なくともこのうえなくだまされやすい消費者であふれているのだ。

ただし、学生の主張には問題がある。誤った前提から出発しているのだ。広告で売り上げを増やすには、商品に美の魔法の杖が備わっていると消費者に思わせる必要はない。広告は消費者を物理的に変えようとしているという印象を与えるかもしれないが、じつはそんなことを目的としてはいない。では、真の目的は何なのか。

『ニューヨークタイムズ』紙のリン・ハーシュバーグ[25]が、才能あふれるファッションデザイナーのトム・フォードに、ファッションショーの前にはどんなことが頭をよぎるのかと質問したことがある。ハーシュバーグによれば、フォードは「ファッション関係のメディアやバイヤー、さらには消費者が、女性モデルの着ている服を見て、自分もあんな暮らしをしたいと思う」ことを望んでいたそうだ。彼の望みが、ショーを見た人に「あんな服」がほしいと思わせることでなく、「あんな暮らし」がしたいと思わせることだという点に注目してほしい。本章の初めのほうで、シャツを買うという行為の目的は、単に体に合う服を見つけるだけでなく、自分のアイデンティティに合う何かを見つけることでもあると述べた。香水の広告や、それ以外のさまざまな商品を宣伝する無数の似たような広告の目的は、ブランドと特定のタイプの人（特定のタイプのライフスタイルをもち、そのおかげで特定のアイデンティティをもつ人）を、消費者の心の中で結びつけさせることだ。広告に登場するモデルは、そのアイデンティティを表すことが期待されている。こうした広告に込められた暗黙のメッセージをわかりやすく言い表せば、次のようなものになるだろう。

消費者の皆様。この美しい人たちをご覧ください。どんな人なのか想像してみてください。どんな暮らしをしているか思い描いてみてください。当ブランドは、皆様がこの人たちと同じアイデンティティを身につけて表現するお手伝いをします。といっても、この人たちと同じように美しくなることはお約束できません。こんなにたくさんのお金を手に入れることもお約束できません。それでも、皆様なりに同じようなタイプの人になることはできますし、すでになっていらっしゃるかもしれません。それなら、当ブランドはまさに「あなた」です。

これらの広告が商品を売るには、消費者の目を商品に向けさせて、広告に登場しているタイプの人間とブランドを心の中で結びつけさせればよい。消費者は、広告を見て「自分と同じタイプの人たち

＊実態はさらに極端だ。これらの広告で使われる写真には、化粧、考え抜かれた照明、コンピューターによる修整がふんだんに用いられていて、モデルを生で見たらおそらく当人だとわからないくらいだ。つまり、消費者が商品を使っても広告に出ている人のようにはなれないだけでなく、モデルでさえ広告に出ている人のようにはなれない。モデルを美しくするのは、商品ではなくもっぱら写真の修整技術なのだ。

だ」と感じたなら、そのブランドが自分にふさわしいと思うだろう。

　このタイプの広告はとりわけ、高価な商品にありがちだ。高級ブランドが狙うのは、たくさんの人に安価な商品を買わせることではない。限られた人に高価な商品を買わせようとするのだ。そのためには、潜在的な購入者によい商品を提供するだけでは足りない。ただのよい商品なら、もっと安価なものがたくさんあるからだ。高級ブランドは、購入者に愛される何かを提供しなくてはならない。モノへの愛を生み出す要因の一つは、そのモノが自分のアイデンティティの一部だと思うことだ。そこで高級ブランドは広告を使って、そのブランドがターゲット顧客の求めるアイデンティティの一部だという認識を作り出すのである。

　本章で述べたとおり、産業革命後に社会が豊かになるにつれ、人々が自ら目指すアイデンティティの選択の幅が広がっていった。アイデンティティの選択と確立には、自らの働きかけが必要だ。それが自己実現プロジェクトとなっている。私たちは生涯のいずれかの時点で、たとえば大人になりかかっている時期などに、このプロジェクトについてたっぷり考える。しかし特に意識していないときでも、このプロジェクトは私たちのするあらゆることの背景にひそんでいる。

　本章ではまた、何かを単に外在的報酬を得るための道具と見なすならば、それを愛しているとは感じないということも指摘した。何かを愛するには、それが内在的報酬も与えてくれると思う必要があり、それはつまりそのモノとかかわるプロセスを楽しむことを意味する。内在的な楽しみがこれほど重要な意味をもつ大きな理由の一つは、内在的な楽しさはそのモノが内なる真の自己にぴったり合うことを示すシグナルだととらえられるからだ。

特定のモノを楽しむことは、それに対する愛に大きく関わる。このことから、次の疑問が浮かんでくる。モノによって楽しさの度合いが異なるのはなぜなのか？

第7章　楽しみとフロー

De gustibus non est disputandum.（蓼食《たで》う虫も好き好き）
——ラテン語の諺

伝統的な中華料理を作る人は一般に、肉料理や魚料理では動物や魚をまるごと（ときには眼球や生殖器も含めて）使うように努める（母の口癖に従えば、「無駄にするならほしがるな」ということだ）。中華料理では、西洋料理でふつう使わないような動物、たとえばサソリなどを使うこともある。アメリカと中国とのあいだの行き来があまり一般的でなかったころ、中国で指折りの有名シェフの一行がアメリカ各地を歴訪し、多数のアメリカでトップクラスのレストランで食事をした。私はそのときのインタビューを聞いたことがある。彼らのほとんどにとって、西洋料理を本格的に味わうのはそのときが初めてだった。最も私の心に残ったのは、ステーキをレアで食べることに彼らが強い嫌悪感を抱いたことだった。私が中国やアメリカの中華料理店で食べた牛肉料理を思い返すと、牛肉はふつう細かく刻まれてしっかり火が通っていた。私自身、自分以外の文化に由来する食べ物に食欲がそそられないことはよくあるくせに、非西洋人に私の好物がおぞましいと感じられると知って、無邪気にも驚いた。もっとも、これはきわめて広範な現象の一例にすぎない。自分の好きな食べ物が自分にとっておいしいのは自明なので、私たちはなぜそれが好きなのか考えたりしない。一方、他人の好みについては、あまりにも奇妙で説明不可能に感じられることがある。いずれにしても私たちは、自分やほかの人がなぜ特定の食べ物を好み特定の食べ物を嫌うのか、ほとんど理解できない。

それで「蓼食う虫も好き好き」とよく言われる。黄色が好きな人もいれば青色が好きな人もいるが、その好みの理由を問うても、その理由はばらばらで不可解なので、理解しようとしても無駄だということだ。しかし、私はそう思わない。好みを説明することこそ、私や多くの社会学者の仕事だ。本章からは、好みにはかなり普遍的なものがある一方で、個人間で大きく異なるものもあるのはなぜか、科学的な理由を説明していく。また、物や活動が人によって楽しく感じられたり不快に感じられたりする要因についても論じる。

ライフサイクルを通じた好み

好みが形成され、生涯のあいだに変化していくプロセスは、一定のパターンに従う。

◆乳幼児期――単純な快楽

猫は甘みを感知できない。猫に砂糖を与えると、怒ったようすで立ち去るはずだ。一方、脂肪の味はわかる。オイルサーディンを与えると、猫は与えてくれた人を永遠に愛し続ける。まあ、永遠というのは大げさかもしれないが、食べ終わるまでは確実に愛する。これは納得してもらえるだろう。

猫と同じように、私たちも生存や生殖の助けとなるさまざまなモノを好むように生まれついている。たとえば甘い食べ物、セックス、熟睡、寒い屋外から温かい室内に入ることなどを私たちは好む。私はこれを「単純な快楽」と呼ぶ。これらの快楽は遺伝的にプログラムされているので、私たちは生まれた日からそのほとんどに心地よさを覚える。

人が単純な快楽（たとえばチョコレートやマッサージなど）とどうかかわるかを理解するために、まずは「モノへの愛の診断テスト」（17ページ）を改めて見てみよう。そこには一三個の項目があり、それぞれが愛の異なる面に関係している。モノへの感情が「本物の愛」の基準を満たすには、一三個のほとんどで高いスコアをつける必要がある。通常、単純な快楽には「これを楽しむ自分がいる」という項目で高いスコアがつく。しかしそれ以降の項目については、単純な快楽と私たちの関係は、以下に述べる二つのパターンのいずれかをたどるのがふつうだ。

第一のパターンでは、私たちは愛するモノ候補がもたらす単純な快楽を楽しむが、「これとかかわることは、私がどんな人間かを真に示す」や「これは私の生活をより有意義なものにしてくれる」という項目では低いスコアをつける。こうした単純なモノから快楽を得ることは可能だが、「愛」と見なすには浅薄または表面的だと思うからだ。

第二のパターンでは、単純な快楽をもたらすモノが「愛するモノ」と認められる。このパターンでは、愛するモノは「これを楽しむ自分がいる」という項目や、アイデンティティや意義に関する項目で高いスコアを獲得する。たとえばある人がガールスカウトのクッキーを愛しているとしよう。その理由の一つはその味が単純な快楽をもたらすからであり、自分がガールスカウトに参加していたときの楽しい思い出がたくさんあるからでもある。こうした精神的なつながりによって、クッキーがとても意味深いものとなり、それに伴って愛に値するものとなる。

単純な快楽には、目標を達成したときやほしかったものを手に入れたときに感じる喜びもある。ごく幼い子どもにも、これを見て取ることができる。たとえばようやく歩けるようになった子どもが得意がる気持ちがそれだ。私の友人のスコット・フォスターは、映画監督のクシシュトフ・ヴァースビッキ*と話す機会を得た。ヴァースビッキは愛される映画を作る秘訣をフォスターに明かした。観客に何かを心の底からほしくてたまらないという気分にさせて……それから与えるのだそうだ。たとえばアクション映画では、冒頭からの九割で、ヒーローに悪漢を打ちのめしてほしいという観客の願いを強めていく。ロマンス映画でも、観客は二人の中心人物が彼らの関係を邪魔する障害を乗り越えて、愛に気づくことを願うように誘導される（「二人はぴったりの組み合わせなのに、なぜ本人たちは気づかないのか？」）。どちらのジャンルでも、観客の願いはエンディングの直前にようやく叶う。これらの映画の結末は、たいてい察しがつく。ということは、お決まりのクライマックスシーンに向けて観客の期待を高める独創的な方法を見つけることが、監督の腕の見せどころなのだ。

快楽をもたらすモノ（好きな映画、音楽、趣味、スポーツなど）のほとんどは、人や文化によって異なる。ただし、単純な快楽（たとえば凍てつく冬の日に屋外から温かい室内に入ること）は例外だ。それは最も基本的な形の、自然で生得的で、文化を越えて普遍的な快楽だからだ。これ以外で快楽をもたらすモノ（たとえば甘みや脂肪以外の性質で惹きつける食べ物）については、快いのは自明だと思われるので、それを好むのは自然で生得的なことだと考える（そして好まない人はどこかおかしいのではないかと思う）。しかしじつのところ、こうしたモノを好むように生まれついているわけではない。そう感じられるのは、幼少のうちにそれを好むことを学習するからにすぎない。

たとえば私の友人でシェフのアメリア・ラパポートから聞いた話だが、ある男性が娘のために盛大な結婚披露宴を開こうと、ボストンの高級ホテルを訪れた。このホテルはチョコレートケーキが有名で、男性客はそれですばらしいウェディングケーキが作れるか確かめようと試食した。ケーキはおいしいが、何かが違う気がした。そこでシェフは日を改めて、別のレシピで作ったケーキを試食してもらった。しかし残念ながら、今回も「何かが違う」という反応を示した。シェフはこの客が満足するレシピは見つからないのではないかと不安を覚え始めた。そのあとで食材の買い物をしている最中に、シェフの頭にひらめきが浮かんだ。あの客はケーキミックスで作ったケーキを食べて育ったのだ！そこで客には何も言わず、ダンカンハインズのケーキミックスを使ってケーキを作った。「完璧だ！」

＊この対談で友人は、たいていの映画は宇宙人を加えればもっとよくなるだろうという私の見解にも触れた。その場ですぐさま対談が打ち切られなかったと聞いて、私は愉快な驚きを覚えた。

と客は力を込めて言った。客が求めていたのは、まさにこれだったのだ。

この話では、幼少時にケーキミックスで作ったケーキを食べて味の好みができあがったのは、食の専門家ではなく一般男性だ。しかし子どものころに食べて育った食べ物を好む傾向は、専門家にも見られる。食品批評の専門家が数十種類のブランドのケチャップを用意して、ブランド名を伏せた試食テストを実施したというニュースを私は覚えている。最も高く評価されたのは、アメリカで最もよく売れているブランドのハインツだった。ある審査員は「これが一番ケチャップらしい味でした」と言った。それは当然だ。テストに参加した食品批評家たちは、ハインツのケチャップを食べて育った。だから大人になって試食テストに参加したときにも、ハインツのケチャップが「正しい」と感じたのだ。

幼少時に生涯続く好みが形成されるプロセスは、最も幼い時期の経験にさかのぼる。たとえば授乳中の女性が口にする食べ物は、母乳の味に影響する。生物心理学者のジュリー・メネラら[1]は、赤ん坊は母親が授乳直前に食べた食べ物（たとえばニンジン）をのちに好む傾向があることを発見した（これによって、「おふくろの味」という言葉にまったく別の意味が生じる）。メネラの研究はこの原理をさらに一歩進めて、女性が妊娠中にニンジンジュースを飲むと、胎児は子宮の中でニンジンの味に触れることを発見した。出産後に母親がニンジンジュースを飲むのをやめても、赤ん坊は数カ月後に固形物を食べ始めたときにニンジンの味を識別できる。

幼少時の好みの刷り込みは、食べ物に限らない。たとえば多くの子どもが親の好きな音楽ジャンルを好むようになるが、これは頻繁にその音楽を耳にするからだ。一部の人はこうした幼少時の音楽の好みを一生もち続けるが、そうならない人もいる。成人してから楽しむものについては、幼少時の経験は「好み」という物語の始まりにすぎず、結末ではないからだ。

◆青年期から早期成年期――新たな好みの獲得

好みが完全に遺伝子と幼少時の経験で決まるなら、私たちはテレビで幼児向け番組の『テレタビーズ』を観ながらチキンナゲットを食べて一生を過ごすことになる。しかし幸いにも、人の成長に伴って好みも成長する。

ティーンエイジに入ると、友人と過ごす時間が増え、家族と過ごす時間が減る。青年期には、さまざまな新しい音楽、映画、食べ物、ゲームなどに触れたり、愛するモノを新たに発見したりする機会を通じて、好みが広がっていく。

こうした新しいモノを試す一方で、自分を家族から区別するアイデンティティを確立しようとも努める。そのために、音楽や服、ビデオゲーム、髪型、携帯電話といった自分でコントロールできるモノに関心を注ぎ、これらを使って自分がどの社会集団に属しているか（あるいは属したいか）を示す。この時期には、多くのこうした探索が友人どうしの集団の中でおこなわれる。一緒に新しいモノを発見すれば、集団内の絆が強まる。音楽の好みについて研究している神経科学者のデイヴィッド・ローゼン(2)によると、人はこの時期に友人ととりわけ強い絆を築くことが多いが、その理由はこのプロセスから説明できるかもしれない。

実際、このような青年期の探索は、私が本書の執筆に至った経緯と大いに関係している。高校時代、地元のクラブでプロとしてジャズを演奏する、音楽に関して早熟な友人が何人かいた。私たちは集まってはこの音楽を聴いた。初めのうち、私にはジャズがまるで意味のない殴り書きのような音に聞こえた。しかしやがてランダムな音の集まりではなくなり、だんだんとそれらしく……そう、音楽らしく響くようになった。私は人が何かを好きになるプロセスに関心を抱くようになった。そして意識的に多様なモノを好きになることによって、このプロセスの実験を続けた。車、クラシック音楽、カントリーミュージック、アート、アメリカンフットボール、それからさまざまな食べ物や飲み物などがその対象となった。新しいモノに取りかかるたびに、自分の好みが時間とともにどんなふうに、そしてなぜ変化するのかに注意を向けた。

初期の実験の一つが、車を好きになることだった。それまで車には関心がなかったが、これほど多くの人が車を心から愛しているということは、自分が何かを見逃しているのではないかと考えた。そこでまず車の外観に目を向け、自分の見たものが好きかどうか判断した。すぐにこのプロセスが楽しくなり、どんな車がすてきに見えるのか、そしてそれはなぜかについて細かく考えた。しかしただ見ているだけでは、車を理解することはできない。運転しなくてはだめだ。そこで販売店に通い始めた。父親が車を買ってくれることになっていると嘘をついて、スポーツタイプの車を試乗した。最初は手ごろなブランドから始めたが、やがてBMWやポルシェへと格を上げていった。*年齢が上がると、自分の意図について販売員に嘘をつくのはよくないと思うようになったが、嘘をつく必要がまったくないことにも気づいた。販売店が混んでいないときを狙い、販売員に「買うつもりはないのですが、こういうモデルに関心があるので、運転させてもらえませんか」と言えば、こちらの運転免許証をコピーして車の鍵を渡してくれた。私は今でも車を愛している（このことは、本書で車絡みの例を説明する助けとなっている）。やがて、人はなぜ特定のモノを好むのか、私たちはどうやって好みを身につけるのかという問いに対する関心から、本書のもととなる研究が始まった。

◆中年期以降――惰性で続ける

多くの人は、二〇代に入ると成熟した好みを身につける。たとえば私の考えでは、冷たいミルクほどチョコレートケーキに合うものはないが、高級レストランでは私はおそらくコーヒーを選ぶ。ミルクというのはまさに最も子どもっぽい好みであり、洗練された大人の場にはそぐわない。

ティーンの時期に始まった探索フェーズは、三〇代か四〇代まで続くかもしれない。しかし中年へと近づくにつれて、新しいモノに対するオープンな姿勢が急激に弱まっていく。神経科学者のロバート・サポルスキー(3)によれば、新しいモノへの好みを身につけなくなるのは、ちょうどその年代あたりで起きる脳の物理的変化と関係しているらしい。一九八〇年代の後半に寿司がアメリカの食に入ってきたおかげで、サポルスキーは自説を検証するのにうってつけの環境を得た。彼の研究によると、寿司が入ってきたときに三九歳以上だった人は寿司を好きになることがほとんどなかったのに対し、三八歳以下だった人は多くが熱烈な寿司愛好家となっていた。

＊今思えば、大学生のときに高価な車に試乗できたのは、親から実際に高級車を買ってもらえる学生がたくさん集まる大学に通う白人だったことが大きい。

自分が若かったころに流行っていた音楽こそ、音楽史上最高だと信じている人がたくさんいる。その理由を考えたことはあるだろうか。サポルスキーは、生涯愛し続けることになる音楽を初めて耳にするのは、たいてい二〇歳になる前であることに気づいた。さらに、新しいスタイルの音楽を初めて聴いたときの年齢が三五歳以上だと、それを好きにならない確率が九五パーセントを超える（「こんなのは音楽ではなく、ただの騒音だ！」）。この発見は、音楽ストリーミングサイトの〈ディーザー〉による研究で立証された。新しい音楽を発見する年齢のピークは二四歳で、ほとんどの人は三〇歳あたりで新しい音楽を発見しなくなることが判明したのだ。

年配者は自分が新しい音楽を好まない理由について、とにかくそれがあまりいい音楽ではないからだと思い込んでいることが多い。若かったころの音楽がすばらしいものだったのは間違いないだろうが、私たちは今、多様なすばらしい新しいモノが過去のどんな時代よりもはるかにたくさん満ちあふれる世界で暮らしている。私は音楽を例として使っていくが、基本的な考えはほぼあらゆるタイプのアートやエンターテインメントにあてはまる。

音楽の才能を育てるには、自然（遺伝）と環境（訓練）の両方が関与する。[4]「自然」について言えば、音楽の才能には遺伝的な要素があり、驚異的な才能に恵まれる人はほんの一握りだ。人口集団における音楽の生得的才能の平均レベルは、いくらか上がっているかもしれない。というのは、音楽の才能は人の全体的なＩＱと正の相関があり、ＩＱの平均は一〇〇年以上前にＩＱの測定が始まって以来、ゆるやかに上昇し続けているからだ。ちなみに、この現象はフリン効果と呼ばれる。[5]しかしよく考えれば、音楽のＩＱは向上しておらず、おおむね変化していないとも言える。地球の人口は増加を続けていて、音楽の天才になれる遺伝的な能力をもつ人が全人口に占める割合はほぼ一定なので、生まれつき非凡な音楽の才能をもつ人の数が増えていると考えるほうが理にかなうのだ。

しかし音楽の天才になるには、遺伝（自然）だけでは足りない。訓練（環境）も必要だ。バッハやモーツァルトのような昔の音楽の天才は、生まれつき才能に恵まれていただけではない。音楽一家で育ち、音楽の英才教育を受けたのだ。コロラド大学の遺伝学者、ヒラリー・クーンとグレゴリー・ケアリーは、双子の音楽の才能について調べ、遺伝と生育環境はどちらも音楽の才能に影響するが、環境のほうが影響は大きいと結論した。

現代の環境は、人類史上のほかのいかなる社会的環境よりも、音楽の天才を生み出すのにはるかに適している。たとえば生まれつきの音楽の才能を伸ばすには、しっかりした音楽教育がきわめて重要であり、現代は正式な音楽教育が過去のどの時代よりも広く普及している。そしてそのような教育は男性だけに限られることなく、女性も受けられる。

しかしすぐれた遺伝的素質の持ち主に一流の教育を与えても、まだ十分ではない。演奏家や作曲家は、録音や楽譜で自分の作品を世に発表し、広めなくてはならないのだ。現代の世界規模の音楽業界は、政府や非営利団体から資金援助を受けて、世界中で以前よりもはるかに多数の人たちの音楽を録音し配信している。さらにありがたいことに、今では一般の人が自分でプロ並みの録音をすることもできる。これをはっきりと感じさせたのが、グラミー賞を五つ受賞したビリー・アイリッシュのアルバムだ。彼女の兄が自室でノートパソコンを使って制作したとのことだ。

天才級の音楽の才能に恵まれ、なおかつ昔よりもその才能を伸ばすのに適した環境にある人が増えていることを考えると、新たなすばらしい音楽が尽きることなく生み出される理由が納得できる。しかし音楽の好みは若年成人期《ヤングアダルト》に確立する傾向がある一方で、音楽のスタイルは絶えず変化しているので、中年以降の人には時の流れとともに音楽の質が低下しているように感じられるということは大いにあり得る。

歳を重ねても愛するモノを新たに見つけ続けることができれば、暮らしがいくらか豊かに、そして刺激的になる。さらに、生涯にわたって新しいことを学び続ければ、アルツハイマー病や認知症にかかるリスクが下がる。しかし中年以降に新たな好みを獲得するには、昔ながらのやり方のまま惰性で進む傾向に打ち勝つために、「マニュアル・オーバーライド」〔自動制御から手動制御に切り替える装置〕がいくらか必要となる。具体的に言えば、新しいモノを試したが気に入らないという場合でも、好きになり始めるまでやり続ける必要がある。親が子どもをなだめすかして、なじみのない食べ物を食べさせるのと同じことだ。若者もこのやり方で好みを広げていくが、それは社会的な場で自然に起きることが多いので、必ずしも意識的に取り組む必要はない。

あるモノを好むようになるために何回か試す必要があるというのは、人が新しいモノに反応する際によく起きるパターンの一部だ。たとえば衣服について考えてみよう。新しいスタイルを初めて見たときには、奇妙でかっこ悪く見え、そんなものを着るのはちょっと恥ずかしいと感じられることが多い。しかし何度か見るうちに好きになり、場合によっては買うことさえあるかもしれない。それから時とともに再び気持ちが変わり、そのスタイルがもう好きでなくなって、いったいどんなつもりでこんなのを買ったのかと思い始める。

ここでは「流行のサイクル」と呼ばれるものが起きている。流行のサイクルは広告の影響を受けるが、広告によって作り出されるわけではない。また、これは衣服だけに限られるわけでもない。たとえば子どもをJaxon（ジャクソン）と名づけるようにと広告で勧められたわけではないが、この名前は急に人気が出て、一九九九年にこの名前をつけられた子どもは一年間で八人ほどだったが、二〇〇九年には一年間で二〇〇〇人以上に増えた。[6] これと同じ時期、女の子のミスティーという名前は流行遅れとなって人気が急落した。一九九九年にこの名前をつけられた子どもはおよそ一七〇〇人だったが、二〇〇九年にはわずか一四人まで落ち込んだ。[7]

マーケティングがかかわらなくても流行のサイクルが生じるなら、このサイクルはどのようにして始まるのだろうか。この問いに答えるには、フローと反復的経験の性質について理解するとよい。*

楽しみ、フロー、愛の感情

第3章で、オキシトシンの作用で人に愛着を感じるのはふつうだが、モノに対して同じ感情を抱くのはさほどふつうではないと述べた。それでもモノを愛することはきわめて情動的な経験であり、この感情には、愉快な活動をしているときの強烈な楽しさと完全な没頭が伴うことが多い。心理学者のミハイ・チクセントミハイは、人生で最も心を引きつけられて楽しい経験について研究した。彼はこ

＊次節で説明する考え方は、流行のサイクルを生み出すいくつかの原因の一つにすぎない。

うした最高の経験を「フロー状態」と呼んだので、彼の説は「フロー理論」と呼ばれる。フロー状態は「至高体験」や「ゾーンに入る」とも言い表される。これらの用語はフローをまれな経験のように思わせるし、最強レベルのフローは確かにめったに起こらない。しかしほどほどのレベルでは、けっこう頻繁に起きている。このレベルのフローは、単に「楽しみ」と呼ばれる。

フローは私たちがモノを楽しむいくつかの理由の一つにすぎない。しかしモノへの愛を理解するには、これがきわめて重要だ。チクセントミハイによるフローの基本理論をもとに、多数の研究者がそれをさまざまな形で拡張して磨き上げている。私は愛するモノにこの理論を適用しているが、私もこれにいくらか手を加えている。以下は私の見解である。

次ページのフローの図を理解するために、ピアノで曲を演奏するところを想像しよう。図の縦軸は曲の難易度を表す。横軸は弾き手のスキルレベルを表す。ピアノの初心者（スキルが低い）がとても難しい曲（難易度が高い）を弾こうとすれば、何度もミスし、図の左上の「欲求不満のゾーン」に入るだろう。これに対し、卓越したピアニスト（スキルが高い）が初心者向けの曲（難易度が低い）を弾けば、右下の「退屈のゾーン」に入るはずだ。

活動が簡単すぎる場合、脳の力が少ししか使われない。余った脳の力がその活動とは無関係な思考や夢想を生み出すので、自分のしている活動から気持ちがそれたり上の空になったりする。私はピアノバーを備えたレストランで働いていたときに、これを目撃したことがある。ピアニストはピアノバーのスタンダードと呼べる簡単な曲を演奏することになっていたが、本人はもっと難しい曲を弾きたがっていた。私は彼に「バート、この曲すごくいいね」と声をかけた。するとバートは声をひそめて

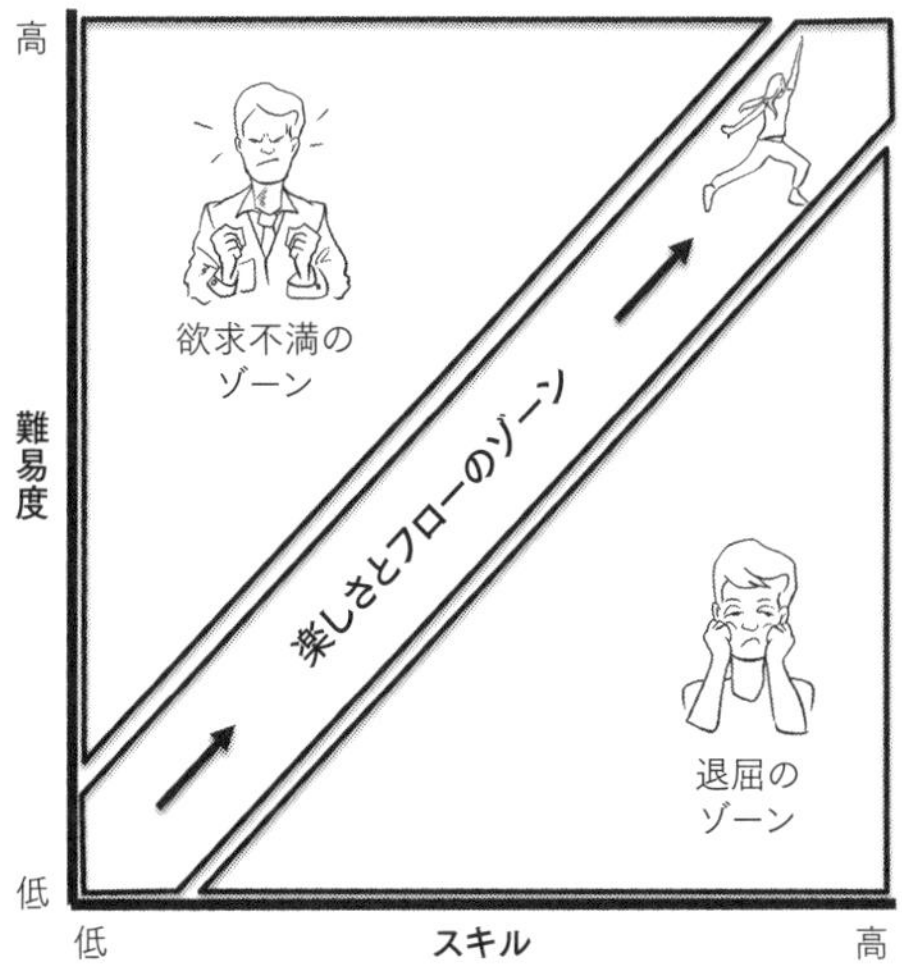

フローの図

こう言った。「そう？　僕の手は完全に無意識に動いている。声をかけられるまで、自分がどの曲を弾いているかすら意識していなかったよ」

今度は弾き手が自分のスキルレベルにぴったりな曲を弾いているとしよう。精神の集中を必要とする程度には難しいが、ちゃんと注意を払えばすばらしい演奏ができる。この場合は、図を斜めに横切る「楽しさとフローのゾーン」のどこかに入るはずだ。

フローのゾーンに入ると、単に気分がいいだけでなく、体も活動の難易度に反応し、エネルギーに満ちて覚醒しきっていると感じる。成功するには全力で集中する必要があるので、無関係な思考や心配事が頭に浮かぶことはない。脳は集中し、ふだんは時間を把握するのに使う脳の力も目の前のタスクに注ぎ込む。時間に注意を向けていないので、時間が飛ぶように過ぎると感じる。

タスクは簡単であればあるほどよいと誤解され

ることがある。しかしフロー理論によれば、自分のスキルレベルよりも簡単な活動は退屈に感じられる。ミネソタ大学の研究者、マリア・ロダスとカルロス・トレッリ[8]は、参加者を二グループに分けて新しい種類のグミキャンディーを食べさせる実験でこれを実証した。一方のグループには手で食べさせ、もう一つのグループには箸で食べさせた。箸で食べることによって難易度が少し上がり、そのためにおもしろさと楽しさが増し、おかげで箸を使った参加者は指を使った参加者よりもグミを気に入った。

二〇一九年、世界のビデオゲーム産業は、映画産業と音楽産業を合わせた額の二倍を上回る収益を上げた[9]。これほどの好調に至ったのは、ビデオゲームがフローを生み出す機械だからだ。モンスターをやっつけるとか、同じ色のタイルを並べるとか、文字を並べ替えて単語を作るといった一連のタスクをプレイヤーに課してくる。よいゲームをデザインする秘訣は、退屈しない程度に難しく、欲求不満を感じるほど難しくはないタスクを用意して、プレイヤーの脳をフローのゾーンにとどめておくことだ。ビデオゲームの大きな利点は、プレイヤーがレベルアップするとそれに応じてゲームの難易度も上がるので、常に楽しめるレベルを保てる点だ。これを適切に実現するために、ゲーム開発会社はプレイ中のプレイヤーを調べ、難易度の上昇をプレイヤーのスキルの向上とバランスよく対応させるようにする。ゲーム会社バルブ[10]はさらに進んでいて、プレイ中のプレイヤーの頭に神経活動を感知するセンサーを装着し、集中と情動的応答の度合いを測定している。本書の執筆時点では、平均的な消費者が楽しめるように、この情報を使ってゲームを微調整している。しかしプレイヤーの多くは平均的な消費者ではないので、バルブ社はセンサーを使って、プレイ中にゲーム体験をカスタマイズする方法も開発している。こちらのタイプでは、プレイヤーはセンサーを搭載したヘルメットをかぶる。ヘルメットはプレイヤーの脳の活動をモニターし、プレイ中にフローの状態を保てるように難易度を調節する。

ゲームの難易度をプレイヤーのスキルレベルに合わせるという基本的な考え方は、かなり前から存在している。たとえばトランプでは、徐々に難しいゲームに進んでいくのがふつうだ。子どもがよくやるトランプの「戦争」というゲームは単純だが、トリックテイキングゲームの基本を教えてくれる。これがつまらなくなったら、もっと複雑な「ユーカー」をすればいい。さらに「スペード」と「ハート」から「ホイスト」に進み、最後は「ブリッジ」に至る。ちょうどいい相手を選ぶか、あるいはゴルフなどではハンデを与えるなどして、ゲームの難易度を調節することもできる。とはいえこれらの手立ては、プレイヤーのスキルレベルに合わせて最適な難易度を設定できるビデオゲームには遠く及ばない。

◆たいていの仕事はなぜゲームほど楽しくないのか

仕事を愛する人は、勤務時間のかなりの部分をフロー状態で過ごすことが多い。しかし、そうでない人のほうが圧倒的に多い。仕事でもビデオゲームでも、自分のスキルを使って乗り越えるべきタスクに取り組むのに、仕事でフロー状態になることは少ない。なぜ、仕事はなかなかフローをもたらしてくれないのだろうか。

第一に、ゲームは各プレイヤーのスキルレベルに難易度を合わせるのが非常にうまい。これに対して仕事では、どうしようもなく難しいタスクや、簡単すぎてつまらないタスクを与えられることが少なくない。

第二に、フロー理論にはこれ以外にも、しばしば見過ごされる面がある。活動から楽しさが生じるのは、明確なゴールがあって、わかりやすく正確なフィードバックが迅速に与えられる場合なのだ。ゲームはゴールが明確で、パフォーマンスが正確にスコアに反映され、うまくやればすぐにスコアが上がる。これに対して仕事では、成功するためにすべきことが明確でなかったりする。パフォーマンスの評価は必ずしも正確ではなく、フィードバックがもらえないこともあるし、もらえるとしても年に一度だけだったりする。

第三に、私たちはゲームをするとき、ふだんの仕事のときよりも遊び心に満ちた「楽しさ追求」の姿勢で臨む。考えてみれば、たいていのゲームでは、同じ色のタイル三枚を一列に並べるといった、まったく無意味な行為をしなくてはならない。「くだらない。自分はそんなことはしない」と言うのは簡単だ。しかし実際には、私たちはゲームとのあいだで暗黙の取引をする。ゲームから得られる楽しさと引き換えに、ゲームの課すばかばかしいタスクに関心を向けることに同意するのだ。人によっては職場や家庭で、ゲームのときと同じ姿勢で臨めば楽しめそうなタスクが、少なくともいくつかはあるのではないだろうか。つまり、目の前のタスクにとにかく楽しみを見つけようという姿勢で臨むのだ。

◆想定外の場でフローを見出す

私が思うに、フロー理論のよいところは、読書や食べること、映画鑑賞、美術鑑賞、音楽鑑賞といったさまざまな活動から得られる楽しみを説明する助けとなる点だ。フロー状態に入るには、実行している活動が難題を与え、実行者は自らのスキルを使ってそれをクリアする必要がある。では、そうした難題を見てみよう。

ピアノを弾くときやスキーをするときに難題にぶつかった場合、うまくクリアできるかどうかはスキルレベルにかかっているということは明白だ。しかし食べることや映画鑑賞、音楽鑑賞など、私たちが楽しむことの多くは、とりたてて難しいと思えない。それを楽しめるかどうかが明らかにスキルレベルしだいだというわけでもない。しかしこれらの活動には、それぞれの難題がある。楽しめるかどうかは、こうした難題に立ち向かうのにどのくらいのスキルがあるかによって決まる。

これらの活動の中心的な難題は「把握」である。これは脳が大量の感覚刺激（におい、音、光のパターンなど）を受け取って、世界に関する首尾一貫した意味のある経験に変えるときに生じる。映画を観ている場合には、それはスクリーンに映った長方形が家だとわかるだけでなく、登場人物がどんな人かを理解して、ストーリーについていくことを意味する。音楽鑑賞では、把握とは音をただの雑音のまとまりではなく「音楽として」聴くことを意味する。

世界に関する経験とは、周囲の物理的世界を表す心的モデルである。脳がこのモデルを生み出すプロセスは、ジグソーパズルを解くのと少し似ている。脳が感覚器から受け取るすべての像、音、手触り、におい、味がパズルのピースとなり、脳はこれを集めて一貫性のある現実のモデルを組み立てる。

脳はちょっとした予測をし、それが正しいかを確かめることによって、モデルの正確さを絶えず確認する。

たとえば階段を降りるとき、脳は足が次の段に触れるタイミングを予測する。足が予測どおりのタイミングで硬いものに触れれば、脳はすべてが順調だと理解する。そして意識的な心はそんな予測がなされていることに気づきさえしない。だが、自分の行き先にあまり注意を払わずに階段を何段か降り、残りの段数を実際より少なく見積もっていたという経験はないだろうか。床に着くと思って足を下ろしたのに、じつはまだ階段が続いていた。硬い床に足が着くと脳が予測していたのに実際にはそうならないと、その瞬間に脳が警報を発し、ショックが全身を駆け抜ける。

あるいは水だと思って口に含んだものが、じつは味の強い飲み物だったという経験はないだろうか。このときに感じるショックは、その飲み物が何なのかをあらかじめ知っていた場合に経験するのとは大きく異なる。私は今でも覚えているのだが、子どものころ、母が菓子を焼いていたときにキッチンカウンターからチョコレートを一かけらくすねてかじったら、それがじつは「ベーキングチョコレート」と呼ばれるおそろしく苦い代物だった。驚愕とともに訪れた衝撃は、今でも忘れられない。このようなショックを感じることは、脳が絶えずこれから起こりそうなことを無意識のうちに予測していて、想定外のことが起きたときにのみこのプロセスが意識されるということを示している。

通りを歩くとか歯を磨くといった、ありふれた日常の活動をしている最中に起きていることを把握するのは、格別に難しくない。これらの活動がいささか退屈に感じられるのはそのためだ。娯楽（本、音楽、映画など）の基本的な役割の一つは、脳に通常の活動よりも難易度の高い刺激を与えることである。映画の筋についていくのは、少なくともほどほどに難しいので、脳はかなり活発に働く必要があり、そのおかげで退屈のゾーンを脱してフローのゾーンに入ることができる。さまざまなタイプの娯楽は、把握する際の難易度がそれぞれ異なる。たとえばありふれたプロットに沿った映画についていくのはあまり難しくないが、ジャンルの慣習から外れた映画だともっと難しい。

美術の専門家はルネサンス絵画を理解するスキルが高く、非専門家はそのスキルが低いといった考え方に私たちはなじんでいる。しかしテレビ番組などの娯楽についてては、楽しむのにスキルが必要だとはふつう考えない。しかし私は、テレビの視聴がスキルを要する活動だという事実に気づかされた。ある日の午後、二歳と四歳の息子たちが『テレタビーズ』を観ていた。四人のキャラクターが円を描きながら互いを追いかけ、しまいにぶつかり合って地面に倒れるシーンに、二人は心を奪われていた。キャラクターはこれを何度も何度も（さらに何度も）繰り返した。これだけのエピソードだった。私には退屈きわまりなかったが、これがフロー理論のすばらしい一例になると考えると、退屈がやわらいだ。就学前の子どもがもつテレビ視聴スキルは、まだとても低い。『テレタビーズ』は就学前の子どもの発達レベルに合わせて、ものすごく単純に作られている。難易度は子どものスキルに合っていて、そのおかげで子どもはフローのゾーンに入れる。明らかにこれは幼い子どもには有効だが、大人には難易度が低すぎて、退屈のゾーンに引き込まれてしまうこともよく知られている。

しかし数年後、『ロー&オーダー』を私と一緒に観ていいと子どもたちに言ったとき、立場が逆転した。これが質の高い番組かと言えば、まともな人は違うと言うかもしれない。だが、中身の濃い番組だという事実を否定できる人はいないだろう。刑事ドラマと法廷ドラマが四五分の枠に詰め込まれているのだ。『ロー&オーダー』はとてもスピーディーに展開する。プロットの細かい点はことごとく省いて、「同じような番組ならふつうはこうなる」という視聴者の知識を使って、説明不足を補わせるのだ。そのせいで、同種の番組を観たことのない人にとっては、この番組はいくらか難易度が高い。当時、うちの子どもたちは刑事ドラマをあまり観たことがなかったので、この番組の中で起きていることを理解するのに必要な背景知識をもっていなかった。番組の難易度が把握スキルをはるかに超えていたので、子どもたちは欲求不満のゾーンに陥った。困ったことに、彼らは私を質問攻めにすることでフラストレーションをやわらげようとした。質問に答えながら番組についていくというタスクは私のスキルレベルを超えていたので、私も欲求不満のゾーンに陥ってしまった。

フロー理論は、やりたいことがときによって変わる理由を理解する助けにもなる。テレビや音楽などの娯楽を楽しむスキルは、変動することがある。たとえば、疲れていればスキルが下がる。疲れのたまった夜に、高度な集中を要するシリアスなドラマよりも、頭を使わずに楽しめる軽い番組を観たくなるのはこのためだ。アルコールもスキルを下げる。トランプのユーカーはブリッジを簡単にしたようなゲームで、「子どものブリッジ」と呼ばれることもある。しかし大学のキャンパスで酔って深夜にやるゲームとして人気があるので、「酔っぱらいのブリッジ」と呼んでもいいかもしれない。

別の例として、シンフォニーホールで音楽を聴く経験と、クラブで音楽を聴く経験を比較してみよう。シンフォニーホールは、難易度の高い音楽についていく聴衆のスキルを最大限に引き出すように設計されている。すべての聴衆が演奏家のほうを向いて着席し、歩き回る人や近くの人に話しかける人といった気を散らす存在に邪魔されることがない。これに対し、クラブは音楽を聴く人のスキルを押し下げる。話し声、いちゃつき、ダンス、ほかの人の品定めなどに気を散らされる。夜更けになれば、たとえカフェインで刺激を補給していても脳は疲れているかもしれない。さらに、アルコールやドラッグで心地よくボーッとしているかもしれない。これらの要因が合わさって、クラブでは音楽を把握するスキルが一時的に下がる。そのため、比較的単純で反復的な音楽が好まれる。単純さと反復性は、クラブの音楽を悪いものにするわけではない。むしろクラブで楽しむのに適したものにしてくれるのだ。

◆難易度を上げる要因

モノや活動の難易度を上げる（または下げる）ために手を加えたいとする。具体的には何を変えたらよいだろうか。たとえばマラソンのレースに手を加える場合、平坦なコースよりもアップダウンのあるコースのほうが難しいのは明らかだ。一方、どうしたらよいか明らかでないモノや活動もたくさんある。とりわけ難易度の大部分が「把握」にかかっているさまざまな娯楽ではわかりにくい。私の見たところ、難易度は通常、四つの要因から生じる。それは、複雑さ、微妙さ、刺激の強さ、そして楽しむのに専門知識を要する度合いである。

・複雑さ

『テレタビーズ』が『ロー&オーダー』より難易度が低くて理解しやすい理由の一つは、『テレタビーズ』のほうが複雑でないことである。たくさんの楽器が同時に異なるパートを演奏する音楽と同じように、多数のキャラクターが登場して複数のプロットからなる番組は複雑になる。たとえばおいしいチーズについて私が愛する点の一つは、その複雑さだ。通常、一つの料理にさまざまな風味をもたせるには、たくさんの材料を組み合わせる必要がある。ところがおいしいチーズは、一つでいくつもの風味を併せもつことができる。モノが複雑であればあるほど、脳はそれを理解するのに苦労する。つまり、堪能するのが難しくなるのだ。

複雑さによって、モノは理解しにくくなる。このためマーケターは通常、細心の注意を払っていない人でも理解できるように、広告の複雑さを抑える。その一方で、単純すぎて退屈だと思われる広告を作るのは避けたいとも考える。私は、企業から依頼を受けたコンサルタントが多数のテレビコマーシャルの複雑さを調べた調査を見たことがある。コンサルタントはまず、コマーシャルを理解する際の難易度に影響する要素、たとえばシーンの切り替え回数、色彩の鮮やかさ、音楽の目立つ度合い、語りの明瞭さなどを検討した。それから、消費者がコマーシャルを理解し記憶するかどうかと、これらの要素との関係を検討した。その結果、おもしろいと感じられる程度に複雑だが、混乱を招くほどに複雑ではないコマーシャルを制作するための「レシピ」ができあがった。

・**微妙さ**

複雑さに加えて、楽しむのに微妙な区別が求められると難易度が上がる。たとえばそれぞれの登場人物の気持ちがはっきりと語られる小説（「ジェーンはサラの子どもを迎えに行かなくてはならないことに腹を立てていた」）は、登場人物の話し方からその感情を推測することが求められる小説（「あなたの子どもたちに会うのはいつだって歓迎よ、でもちょっと知らせてくれたら助かるわね」とジェーンは言った）よりも難易度が低い。

チーズは複雑さについて語るのにぴったりな例であるだけでなく、微妙な区別の好例にもなる。ウェブサイト〈チーズ・サイエンス・ツールキット〉は、チーズの世界でよくある四七種類の風味を明らかにしている。チーズのテイスティングについて学び始めると、まずは「フルーティー」「フローラル」「イースト」そして「厩肥《きゅうひ》」（チーズとはそういうものだ）といった一般的なカテゴリーに風味を分類できるようになるかもしれない。それから知識が増えるにつれて、微妙な区別がわかるようになっていく。単に「フローラル」と表現するのではなく、どの花の香りかまで区別できるようになるかもしれない。これほど食欲をそそらない例を挙げれば、厩舎、汗くさい靴下、猫の尿（いずれも実際の厩舎や汗くさい靴下や猫とは無関係なのでご安心を）といった、バックグラウンドの微妙な風味の違いもわかるようになる。

・刺激の強さ

ハバネロ、ホラー映画、超高速ジェットコースターなど、とりわけ強い刺激をもたらすモノがある。通常、これらの経験は幼児には刺激が強すぎる。しかし時とともに私たちが成熟していくと、強烈な風味や高速のジェットコースターといった強い刺激を楽しむようになる。

刺激の強さと微妙さは反対の性質のように思われるかもしれないが、じつはしばしば共存する。たとえばグルメ向けレストランの食事では、強烈な風味と微妙な風味が複雑に組み合わされている。このように微妙さと強烈さが組み合わされることで、料理を存分に堪能するための難易度が上がる。

刺激が弱すぎるとあまり楽しくないが、刺激が強すぎれば不快で、場合によっては苦痛にもなる。心地よいと感じるのにぴったりな刺激のレベルがどのくらいかは人によってまちまちで、この違いには遺伝的な要因が大きく関与する。刺激への欲求が遺伝的に強い人は、多様性を好み新しいモノを求める「外向型」であることが多い。一方、刺激への欲求が生まれつき弱い人は、「よいモノを見分ける目」があるので、多様なモノをさほど求めない「内向型」であることが多い傾向がある。また、刺激への欲求の強い人は薬物絡みの問題を抱えるリスクが高く、ＡＤＨＤを有する確率が平均よりも高い。


異常に強烈な経験が喜ばれているように見えても、その印象がじつは間違っていることもあり得る。たとえば平均すると、男性は女性よりも大音量の音楽を好む[11]。こう言われると、多くの人は男性のほうが女性よりも大音量の音楽を聴くという主観的な経験を楽しむのだと考える。ところが平均すると、男性のほうが女性よりも聴覚の感度が低いのだ。このせいで、男性は主観的に女性と同じ経験をするためには、音量を上げる必要があるのかもしれない。私と妻のあいだでも、食べ物をめぐる違いの根底に、この基本原理が存在する。妻は私よりも味覚の感度が高く、私はそれをうらやましく思っている。私は味覚の感度が比較的低いせいで、風味の強い食べ物を好む。しかし、これは私が味覚に関して妻よりも強烈な刺激を求めているからではない。妻と同じ経験をするには、私のほうがスパイスの効いた料理を必要とするからだ。

馴化《じゅんか》も、求める刺激の強さに影響する。馴化とは、時間とともに何かに慣れるということだ。そうなると、さらに量を増やさなければ、望みどおりの効果が得られなくなってしまう。依存性薬物は、使い続けるうちに慣れてしまい、効果を得るのに必要な量が増えていくと聞いたことのある人もいるかもしれないが、じつはこのような馴化が起きるモノは多岐にわたる。たとえば新しい携帯電話を買った直後には、その電話の着信音がやたらとはっきり聞こえるが、やがてだんだんと耳につかなくなっていく。[12] 香水やコロンをつけている人は、その香りが時とともに弱まっていくと感じるが、ほかの人は強烈だと感じている場合もある。

私は友人のデイヴィッド・オブストフェルドとともにラスベガスに行ったとき、驚くべき（そしていささか悲惨な）馴化の例に遭遇した。デイヴィッドは、見知らぬ人と立ち入った話をするのに常人離れした才能をもっている。私たちがウーバーの車に乗っていたとき、彼は運転手と話し始めた。運転手は、アメリカが参戦した最近の戦争の一つで数々の戦闘を目撃したと語った。やがて戦場での経験の強烈さに慣れ、感情が鈍磨してしまったため、もはやパラシュートなしでスカイダイビングをする以外に「何かを感じる」ことができなくなったという。彼自身と同じく熟練したスカイダイバーである昔の戦友とともに、飛行機で上空へ向かう。彼がパラシュートをつけずに飛行機から飛び降りると、少し遅れて友人も飛び降りて彼を追う。ウーバーの運転手は、体の角度をコントロールすることで下降の速度を抑える。友人は彼に追いつき、彼が地面に叩きつけられる前にレスキューしなくてはならない。彼はこれを半年に一回くらい、「ただ、生きていると感じるため」にやるのだそうだ。

もっと典型的な例として、砂糖を摂取すればするほど味覚が鈍磨し、食べ物に加える砂糖の量を増やさなくては十分な甘みが感じられなくなる。私は自分の味覚が本来の感度を取り戻せるように、甘味料をいっさい使わずに一カ月を過ごしたことがある。すると、果物は以前よりもはるかに甘く感じられ、加工食品やレストランの料理は甘みが強すぎて嫌悪を覚えるほどになった。私は食べ物本来の自然な甘みを存分に堪能する一方で、周囲にあるのは甘ったるい食べ物だらけで、そうした食べ物を避け続けるのは大変だった。ほどなくして、私の味覚は以前の鈍磨した状態に戻ってしまった。

甘みに対する馴化は、まさに私たちの命を奪いつつある。レストランや加工食品メーカーは、自社の食品がライバル社の食品より少しでも甘ければ、消費者に気に入ってもらえることを知っている。そのせいで、企業がライバルに「甘みで勝る」ことを目指して食品に加える砂糖の量は増える一方だ。その結果、栄養学研究者のエリース・パウエルによると、二〇一〇年のアメリカ人成人の砂糖摂取量は、一九七七年と比べて平均で三〇パーセント増えていた[13]。これは主に、菓子だと思われていない食品に砂糖が添加されるようになったためである。次の例を読む際には、自分が手に五ccの小さじを持ち、袋から砂糖をすくい取って、以下の食品に加えているところを想像してほしい。缶詰のベイクドビーンズ一カップには、小さじ五杯ほどの砂糖が含まれている。グラノーラ一カップには、およそ小さじ七杯。フレーバーつきの低脂肪ヨーグルト一カップには、小さじ一二杯ほどの砂糖が含まれている場合がある。パンよりケーキに高い税率を課すアイルランド政府が、サブウェイのパンは砂糖の含有量が多いので売上税率の区分でケーキに該当すると判断したとき、食品に大量の砂糖が添加されているという問題が大きく報じられた。私はこれを初めて聞いたとき、「本当か？　サブウェイのパンを食べたことはあるが、そんなに甘くは感じない」と思った。しかし改めて考えてみると、まさにそれが問題なのだと思い至った。

このように添加された砂糖は、食の楽しみにはほとんど貢献していない。というのは、私たちの味覚が鈍磨してしまっているからだ。その一方で、ジョンズ・ホプキンズ大学医学部の心臓病専門医テイアディ・E・ンドゥメレによれば、こうした砂糖の添加は「体重増加の大きな一因」[14]であり、ユタ大学の研究によれば、糖尿病の有病率を押し上げる主因でもある。[15]自社の製品をライバル社より少しでも甘くしようとする食品メーカー間の競争のせいで、一部の人が命を奪われ、多くの人が健康を損ね、あらゆる人の医療費が膨れ上がっている。

・専門知識を要する

複雑さと微妙さに加えて、何かを余すことなく堪能するのに専門知識が必要な場合には、難易度が高くなる可能性がある。数年前、私は野球を「地上のチェス」と呼んで、野球を愛する友人をからかった。すると驚いたことに友人は反論せず、自分が野球を愛するのはチェスに似た戦略が必要だからなのだと説明した。多くの野球ファンは、チームがどんな戦略を選ぶかを考えて楽しむ。私がインタビューしたある女性は、野球を愛するようになった経緯を聞かせてくれた。[16]マイナーリーグの選手と付き合い始めたとき、彼に連れられてカブスの試合を見に行った。スタンドで彼は、二塁に走者がいて、投手が右投げで次の打者が左打ちなので、次の打者が打席に向かったら、野手全員がさまざまな方向へ一メートルほど守備位置をずらすはずだと説明した。彼女はそれを信じなかった。しかし驚くなかれ、打者が打席に向かうと、すべての野手が彼の予想したとおりに守備位置を変えたのだ。彼女は野球にはまだ自分の知らないことが思いのほかたくさんあると気づき、もっと知りたいと思った。

その後、野球の専門知識が増えていき、やがて観戦スキルが野球の複雑さに追いつき、試合で起きていることが理解できるようになった。このときようやく、彼女は心から野球を愛するようになった。野球に疎《うと》い私のような人間が、野球をひどく退屈だと思うのはこのためだ。しかし野球に関する知識が増えていくと、やがてフローの段階に到達し、野球に心を奪われるようになる（と私は聞いている）。

野球と同じように、ワインを最大限に楽しむにも、やはり専門知識が必要だ。あるとき私が行きつけのワインショップに行くと、店主が熱心に一本二〇ドルのフランス産の赤ワインを勧めてきた。ふだん買うのより高かったが、とても強く勧められたので、「いいものなんだろう」と思った。実際に悪くはなかったが、店主があれほど大騒ぎした理由は理解できなかった。次にその店へ行ったとき、このあいだのワインが「それほどでもなかった」と店主に感想を伝えた。すると彼は、あれはフランスのある特別な地方で作られたもので、そこで生産されるワインには特有の風味があると説明した。その地方のワインはよいものならふつう五〇ドルは下らないのだが、私が買ったのはそうしたよいワインでありながら、わずか二〇ドルだった。あらかじめ教えてくれていたらよかったのに。あのワインをしっかりと堪能するには、その地方のことを知っている必要があった。つまり、あのワインの背景を知っておくべきだったのだ。

「ワインを味わう前に情報が必要だというのは、実際にはおいしさがわからないのに、ただ高級な人間だと思われたくて味がわかるふりをするためではないか」と思う人もいるかもしれない。この言い分は、美学的な「形式主義《フォーマリズム》」の一例である。形式主義とは、何かをよいものとする要素は、それ自体の中だけに存在するという考え方だ。たとえば形式主義者は、絵画を傑作にする要素はキャンバスに描かれているものだけであり、画家や作品の歴史的背景に関する情報は無関係だと主張する。私は彼らの言いたいことが理解できる。というのは、私もかつてはこの立場に与《くみ》していたからだ。

しかし現実の生活の中で人がモノを楽しむときにどんなことが起きているかを知り、私は形式主義を捨てた。たとえばスポーツを愛する人は、フィールド外の生活も含めて、選手のことを熟知していることが多い。試合中に起きることだけが大事だと考える形式主義者なら、これを無意味なゴシップと見なすだろう。しかしそれは無意味なゴシップではなく、意味のあるゴシップなのだ。選手を人として知れば、ファンはフィールドで起きていることについて、複雑で微妙な部分まで理解できる。チームに対して〈人―モノ―人〉（この場合〈ファン―チーム―選手〉）の結びつきが強まり、観戦が意義深い経験となる。ファンが選手について知れば試合の楽しさが増すはずなのに、そんなことは知るべきでないと言うのはイデオロギー的で、柔軟性に欠ける。同様に、熱心な美術愛好家がある特定の絵画を愛する理由を私に語るときには必ず、キャンバス上で起きていることと、画家の生活や作品が描かれた当時の社会で起きていたことを結びつけて説明する。純然たる形式主義的なアプローチをとって、創作過程の背後にある物語を無視すれば、人が美術を愛する要因の多くが奪い取られてしまう。そんなところにいったいどんな楽しみがあるだろうか。

＊これは、自宅のリビングに飾られた絵画について私に説明する非専門家とは違う。彼らは画家と個人的なつながりがある場合のみ、画家について語る。

◆反復、スキル、楽しみ

私はフローについて論じ始めたとき、新しいスタイルが流行してやがて廃れるという典型的な流行のサイクルを引き合いに出した。次の図は、この現象を説明するのに役立つ。

本章の初めのほうで、とても難しい曲（高難易度）をピアノで弾こうとする初心者（低スキル）の例を用いて、こんなことをしたらもろに欲求不満のゾーンに陥ると述べた。ここでフラストレーションをやわらげられる方法が二つある。難易度の低い曲に替えるか、スキルを上げるかのいずれかだ。次ページの図は、このフラストレーションに陥った弾き手が二つの方法を併用した場合に起きることを示している。エキスパートレベルのショパンのエチュードをやめて、もっと難易度の低い曲を選ぶ。このため、図を横切って並ぶ顔の絵が低難易度と高難易度の中間に描かれている。弾き手はスキルを高める必要もある。これは難易度の低い曲を何度も弾くことで実現できるはずだ。

図の顔の絵からわかるとおり、新しい曲を初めて弾くときには、この曲はまだスキルレベルに対して難易度が高く、弾き手は欲求不満のゾーンにいる。しかしさらに何度も弾くうちにスキルが向上し、フローのゾーンに入る。この曲をマスターしてからもさらに繰り返し弾き続ければスキルの向上が続くので、やがて退屈のゾーンに入る。流行のサイクルでも、同じ基本パターンが起きる。初めのうちは経験するたびに好きになっていくが、やがてピークに達すると、あとは繰り返すたびに好きな気持ちが弱まっていく。

ピアノで同じ曲を練習するたびに、弾き手のスキルが向上していくのは容易に見て取れる。だが、

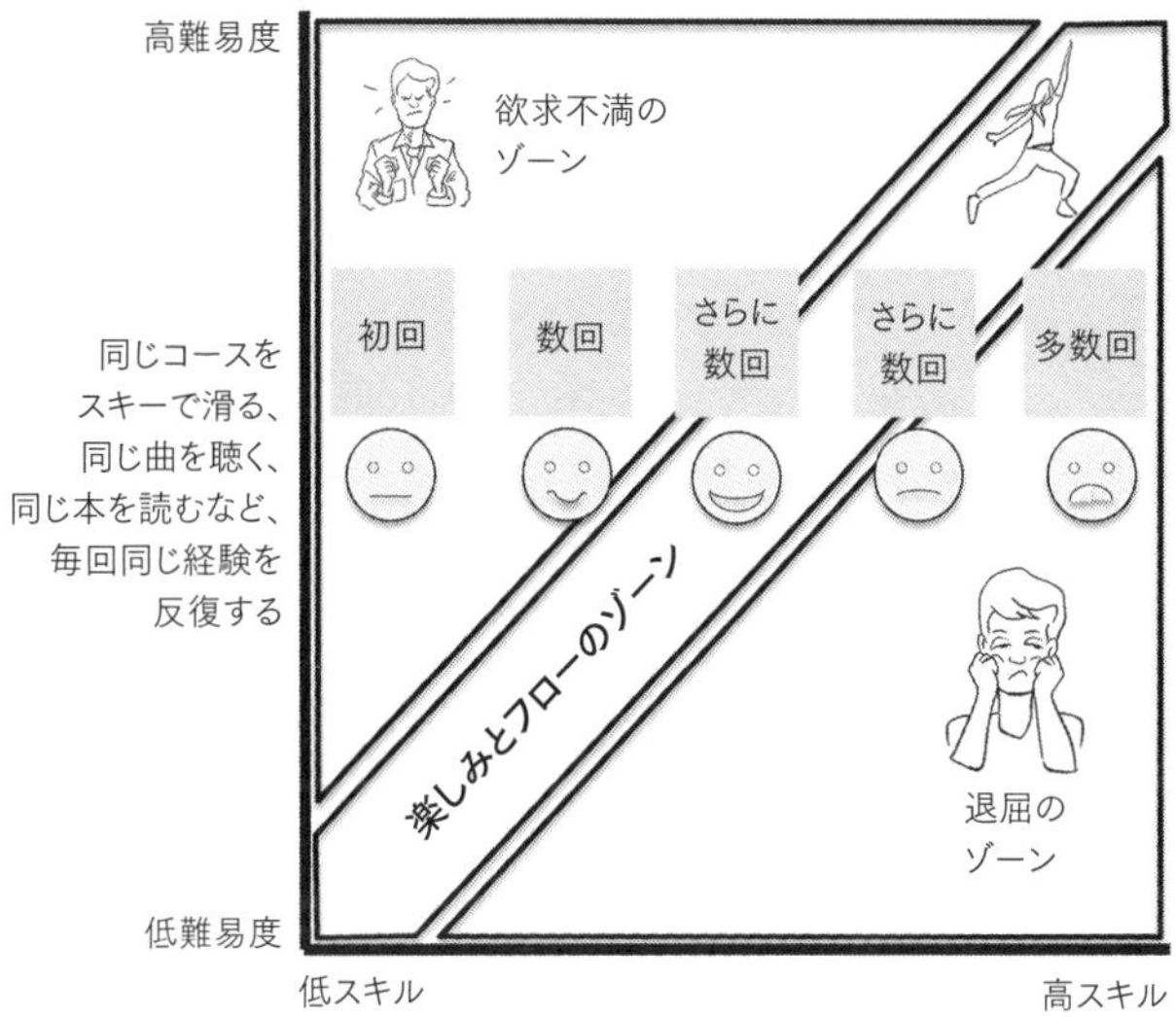

フローと反復的経験の図

同じ歌を聴いたり同じ映画を観たりするときにも同じことが起きているのには、気づかないことが多い。ピアノで新しい曲を弾き続け、練習によってスキルが向上するにつれて、楽しさが初めは強まるがやがて弱まるのと同じように、曲を聴く楽しさも、曲を把握する脳のスキルが練習とともに向上するのに伴って、初めは強まるがやがて弱まる。

この基本的なプロセスは、本や映画、テレビ番組、演劇、ジョークなどで物語を聞くときに起きることの説明にもなる。たいていの物語は、同じ人が二度以上聞くことはないという前提で書かれているので、書き手は一度聞いただけでフローのゾーンに入れそうなレベルに難易度を設定しようとする。私たちが物語を読むときに概して難しいのは、登場人物が次にどんな行動に出るかを予想することだ。すでに一度読んでいる場合、二度目に読むときにはこの難易度が著しく下がるので、あえて二度読む可能性は低い。ただし、常にそうというわけではない。偉大な文学作品が偉大である所以《ゆえん》の一つは、微妙さや複雑さに富んでいることだ。結末を知っていてもなお、繰り返して読めばまた新たな発見が得られるので、楽しむことができる。

これまでのところ、しばらく経つと飽きるという、ふつうの状況を取り上げてきた。だが、好きなテレビ番組を何十回も観る人はどうなっているのか。なぜ飽きることなく観続けるのか。フローは私たちがモノから快楽を得る要因の一つだが、そのような要因はこれだけではない。私たちは、心地よい情動的記憶を引き起こすモノも楽しむ。たとえば私がインタビューしたある男性は、ピザを愛する理由についてこんなふうに語っている。(17)

ピザは大事です。僕は昔からピザが大好きで、幼い子どものころからずっと愛してきました。……子どものころ、四歳で初めてピザを食べて『キングコング』を観たのを覚えています。ものすごく鮮やかな記憶で、それ以来、とても大切な記憶になりました。

昔好きだったものは私たちに過去の経験を思い出させ、幸せな情動的記憶を味わわせてくれる。人によっては、こうした記憶を呼び覚ますときの喜びは、昔のお気に入りを再び経験することに伴う退屈を補ってもなお余りがある。

音楽を聴いているときに心に浮かぶポジティブな連想について言えば、私は最近、二兎を追って二兎とも得る方法を発見した。それは、自分の好きな古い歌を斬新に歌い直したカバー曲を探し出すことだ。たとえば、k・d・ラングは、私の好きなニール・ヤングの「アフター・ザ・ゴールド・ラッシュ」を見事にカバーしている。私は高校生のときにヤングによるオリジナル版が大好きになり、この曲と結びついた数々のよい思い出がある。それから何年も経ち、k・d・ラングの歌うカバーを聴くと、そうしたポジティブな連想が呼び覚まされる。しかしラングのアレンジはオリジナルとはとても違うので、繰り返し聞いても飽きることがない。

ポジティブな情動的記憶は非常に強力なので、その記憶がなければおそらく不快に感じるモノでも、人はそれを愛してしまう。たとえば私は最近、新しいタールのにおいを愛するという男性から、その理由を聞いた。友人たちと一緒にローラーブレードに興じた、タールが敷かれたばかりの道路を思い出すからだそうだ。「特に路面が沸き立ちそうなくらい強烈な陽射しが照りつけると、タールのにおいがしたものです」[18]。においは情動的記憶を呼び覚ます力がとりわけ強いが、その理由は、においを処理する脳領域は大脳辺縁系で、この部位は情動にも大きくかかわるからである。嗅覚研究者のパメラ・ドルトンによれば、においは「情動記憶系」を活性化させるので「においで記憶が呼び覚まされると……自分が過去に引き戻されたかのように感じる」[19]のだ。

私たちがポジティブな情動的記憶を呼び覚ますモノを好むという事実は、好きな色などの好みに影響する。心理学者のスティーヴン・パーマーとカレン・シュロスのおこなった研究[20]によると、さまざまな色に対する私たちの好みは、脳によってその色と関連づけられるモノを好む度合いに大きく依存するそうだ。たとえばミシガン大学とオハイオ州立大学のアメリカンフットボールチームは激しいライバル関係にあるので、オハイオのファンが赤色（オハイオのチームカラー）を愛して青色（ミシガンのチームカラー）を嫌い、ミシガンのファンが青色を愛して赤色を嫌うのは驚くに値しない。しかし驚くべきことに、もっとあいまいな日常的な状況にも、この原理は広くあてはまる。たとえばある発見によると、黄色を好む度合いとバナナを好む度合いには関連があるという。

本章では、個人レベルで作用するフローについて見てきた。個人レベルで作用するということは、ほかの人と一緒かそれとも一人かにかかわらず、同じように作用することを意味する。次章でも、人が特定のモノを愛する理由を探っていくが、人の集団どうしの交わりがモノへの愛を形づくる仕組みに焦点を当てる。

第8章　愛するモノがそれを愛する人について語ること

人民とは、愛する対象に関する共通の合意によって結びついた、合理的な人々の集団である。

——アウグスティヌス『神の国』第一九巻二四

人の愛するモノは、その人の性格の本質をとらえる手がかりとなることがある。たとえば心理学教授のオムリ・ギラートら(1)は、人の履いている靴からその人がどんな人物だと判断されるかについて調べた。その結果、先のとがった靴を履いている人は、そのような靴を履かない人と比べて、概して若干不親切で人あたりがよくない（性格特性の「協調性」が低い）と見なされており、実際にその判断は正しいことがわかった。また、政治的にリベラルな大学生は「ヒッピー」というステレオタイプで見られていたが、実際にもその固定観念どおり、ほかの学生からはかっこ悪いと思われる靴を履いている割合が高いということもわかった（リベラルな学生たち自身に尋ねたら、履き心地がいいと表現したかもしれないと私は思うが）。

靴からは、幼少時の親子関係を知る手がかりが得られることもある。子どものころに親と強い絆を築かなかった人は、ほかの人から拒絶されることを絶えず恐れる「愛着不安」をもつ場合がある。こういう人は、ほかの人から悪印象をもたれることを恐れて、すり減った靴や傷んだ靴を避ける。この研究から、私はかつてインタビューしたある女性を思い出す。彼女は身につけているもので人を判断するのは不当だと言ったが、それから「靴は別です、もちろん」と付け加えた。[2] そして私があれこれ促すまでもなく、「すり減った靴は、モラルの低さを示す確かなしるしだ」という母親譲りの考えを述べた。私はこのときいつもの靴を履いておらず、インタビュー向けに「きちんとした」格好をしていてよかったと安堵した。

同類の集まり

私たちが所有したり実践したりするモノは、マーケティングで「ライフスタイル集団*」と呼ばれるものへの帰属を表す目印となる。ライフスタイル集団は、高校で「グループ」と呼ばれていたもの、たとえば体育会系、不良、オタクなどの集団がはるかに大きくなったものだ。つまり、集団に属する人々のなかで、好みや考えが似ているという理由で集まった仲間からなる小集団である。「ヤッピー」や「サッカーマム」などの呼称は、もとはライフスタイル集団を表すマーケティング用語だった。ライフスタイル集団を区分する枠組みとして広く用いられている〈モザイク〉は、アメリカ人をライフスタイルに応じて七一個の集団に区分し、「ヤング・シティー・ソロ」（都市部でアクティブでエネルギッシュなライフスタイルを送る若年および中年の単身者）や、「富裕ファミリー」（高所得できわめて快適かつアクティブなライフスタイルを送る富裕な中年の家族および夫婦）などの名称をつけている。(3)

私たちのほとんどはこれらの集団を表す名称になじみがないが、そこに属する人がどんな人かはたいていわかる。プリウスに乗っている人とか、ピックアップトラックを運転する人など、象徴的な製品と結びつくライフスタイル集団は、とりわけわかりやすい。もちろん、こうした製品を使っていながらステレオタイプにはあてはまらない人もたくさんいる。それでもマーケターが何億ドルも費やしてライフスタイル集団について調べるのは、統計的に言って各集団に属する人たちの根底には類似点があり、彼らの買いそうな商品をこの類似点から推測できるからだ。

七一種類のライフスタイル集団で構成される〈モザイク〉のようなシステムは、マーケターの役に立つ。しかしたいていの人にとっては、七一個の集団を調べることなどややこしくて途方に暮れてしまう。本章では、もっと深い理解をもたらしてくれそうなアプローチをとる。いろいろなタイプの人を挙げた出来合いのリストを示すのではなく、そもそもライフスタイル集団を生み出す最も重要な原理をいくつか説明するつもりだ。同じライフスタイル集団に属する人は、同じモノを愛する傾向がある。したがって、これらの集団が生まれる背景にある、人々のさまざまな違いを理解すれば、人が特定のモノを愛する理由について多くの洞察が得られるだろう。具体的に言うと、本章では人々のあい

＊「ライフスタイル区分《セグメント》」とも呼ばれる。

だに存在する最も重要な二つの差異――「経済資本」と「文化資本」にまつわるレベルの差――を扱う。これらのレベルに応じて、人は特定のライフスタイル集団に属し、集団内で同じモノを愛するようになるからだ。

経済資本と文化資本について理解すると、本書で扱う主要テーマの二つを一つにまとめることができる。テーマの一つ目は、私たちの好みは不可解で説明不可能に感じられることもあるが、私たちが特定のモノを愛することについては予想可能な理由があるということだ。二つ目は、私たちの好みは生まれつきで人によって異なる一方で、ほかの人からも強く影響を受けているということである。

社会的地位――資本の力

私はときどきすり減った靴を履くだけでなく、車は壊れ始めるまで乗り続けるべきという古めかしい考えをもっている。この姿勢にふさわしく、走行距離が三六万キロメートルを超えた一五年ものの車に乗っていたこともある。このおんぼろ車がいっこうに壊れなかったからだ。厄介なことに、本格的に壊れたところはなかったが、見た目はそれなりに古く見えた。じつのところ、自分でもちょっと恥ずかしく思うときがあった。

あるとき、ステータスシンボルについての講義で、私は自分の車を例として使うという過ちを犯した。大学の駐車場に入って、どの学生も自分よりいい車に乗っているのを見せつけられるといやな気分になることがあると、自虐的なユーモアのつもりで学生に明かしたのだ。私は長らく教師をやってきたが、これほどあきれた学生の顔を見たのは、このときが初めて（そして最後）だった。私がこんなに俗っぽく消費者のステータスを気にしているのを堂々と認めたことに学生は愕然とし、信じがたいという思いをあらわにしていた。

学生の反応を見て私の頭に浮かんだのは、赤ん坊のいる親が食卓でうっかり最近の「おむつ交換エピソード」を生々しく語ってしまった場面だった。このような親にとっておむつ交換はごく当たり前のことなので、食事の席ではあまり歓迎されない話題だということをつい忘れてしまう。この親と同じように、私は「社会的地位へのこだわり」という問題に長らく取り組んできたので、とりわけ高学歴の人のいる場で、自らの社会的地位に関する懸念を認めるのは「あけすけに過ぎる」ということをときどき失念してしまう。しかしじつのところ、多くの人は自分が社会的地位を気にしていると認めたがらないが、自分が人からどう思われているかを非常に気にするのは正常な人間の心理だ。これから説明していくが、人から承認され尊敬されたいという欲求は、何を愛するかに影響する。

社会学者が社会的地位について論じる場合、社会学において「資本」と呼ばれるものがしばしば説明の中心となる。「資本」という言葉は、お金を意味するものとして使われることが多い。しかし社会学者[4]、特にフランスの社会学者の故ピエール・ブルデュー[5]は、人が必要に応じて頼れるあらゆる資源を指すのに「資本」という言葉を使い、そこには評判や友人なども含まれる。資本にはさまざまな種類があるが、私は経済資本（お金）と文化資本（知性、教養、美徳によって他者に感銘を与えること）にフォーカスしていく。この見方では、人生とはおおむね行動や発言や所有物によって経済資本や文化資本のスコアを競うステータスゲームとなる。

愛されているモノは、それを愛する人について語る。たとえば経済資本や文化資本のレベルを明らかにする。高価なモノを所有したり、高給の職に就いたり、豪華なパーティーを開いたり、慈善団体に高額な寄付をしたりすれば、経済資本のスコアが獲得できる。このスコアをもたらす手立てのリストは長らくほぼ不変だったが、最近では重大な変化が少なくとも一つ起きている。富が世襲制の貴族の称号と結びついていた時代、あるいは少なくとも名門の地主一族の一員であることと結びついていた時代には、富裕者は自分にどれほどたくさんの余暇があるかを誇示することによって、自らの経済資本の豊かさを示した。このため、彼らは一試合に三日から五日もかかるクリケットなどのゲームを考案した。今日では、莫大な富を生み出すのはふつう、ビジネスの成功や芸能人やアスリートなどの才能なので、お金をたくさんもっている人ほどたいてい忙しい。そのせいで、最近では裕福な人が忙しさを嘆くのをよく耳にするが、これはつまり自分がいかに必要とされているかを伝えているのだ。

文化資本は、経済資本と比べてはるかに複雑だ。映画『タイタニック』で、ジャック・ドーソン（レオナルド・ディカプリオが演じた役）は金持ちのアメリカ人、モリー・ブラウン（キャシー・ベイツ）と親しくなる。モリー・ブラウンは、彼女と同じくタイタニック号の一等船室に宿泊する「名門資産家《オールドマネー》」の貴族たちとは対照的に、「にわか成金《ニューマネー》」と思われている。モリーはこの貴族たちについて「覚えておいて。あの人たちはお金を愛しているのよ。だから金鉱をもっているふりでもすれば、あの人たちの仲間になれるわよ」と言う。しかし、モリーはこの点で大きな勘違いをしている。彼女は財産をもっているが、名門資産家の貴族は誰一人として彼女を仲間だと思っていない。声の届かないところで彼女を「あの卑しいブラウンとかいう女」と呼び、彼女を極力避けようとする。

モリー・ブラウンが「仲間」になれない理由の一つは、彼女に文化資本が欠けているからだ。文化資本には、モリー・ブラウンのようなにわか成金には理解できないさまざまなものが含まれる。彼女は上流階級の暗黙のしきたりや作法を理解できず、そのせいでじつは上流階級に所属していないという印象を与えてしまう。一九一二年の貴族にとって、にわか成金の人間が文化資本を欠いていると見なされる理由は、彼らが正しいアクセントで話さず、正式なマナーのこまごました決まりごとをわきまえず、適切な言葉を使わず、場にそぐわない話題を取り上げ、装いが不適切で、正しい姿勢を保たず、恥ずべきことを恥じず、オペラを楽しまず、ちゃんとダンスもできず、読むべき書物を読まず、しかるべき意見をもたないから——といった具合に、いくらでも挙げられた。文化資本には、趣味のよさを表す美術品など、適切なモノを所有することや、名門大学の学位など、信用に値する経歴をもつことも含まれる。

どんなものを文化資本と見なすかは、一九一二年から大きく変化している。今日の文化資本にはどんなものが含まれるかをひととおり理解するために、次ページの「文化資本の診断テスト」をやってみてほしい。これは学生がこのトピックについて理解するのを助けるために、私が作成したものだ。「モノへの愛の診断テスト」（17ページ）とは違い、こちらのテストについては、科学的妥当性が証明されていない。それでも私の考えでは、これは二〇二二年のアメリカにきちんとあてはまる。自分にあてはまる答え（「はい」または「いいえ」）を選んでほしい。「はい」を選んだ場合、各項目につき一点を加算する。

文化資本の診断テスト		
1.	私が特に好きなモノは、「マニアック」な人には人気があるが、一般の人には人気がない。	はい　いいえ
2.	大人気のモノ（最も売れているビール、ナンバーワンの衣料ブランド、最も人気のあるテレビ番組など）はたいてい凡庸である。	はい　いいえ
3.	目立つデザイナーのロゴのついた服は買わない。	はい　いいえ
4.	新しい車を買うとして、ベンツ、ジャガー、キャデラックのような高級車を買えるとしても、高級車の購入に伴う問題点の1つは、そのような車を所有することに少なくともいくらか「気恥ずかしさ」を感じることである。	はい　いいえ
5.	(a) 平均的な知能をもつふつうの人と言われるか (b) 頭はいいが変人と言われるか、いずれかの選択を迫られたら (b) を選ぶ。	はい　いいえ
6.	テレビ番組、映画、音楽、本、アートのいずれかを分析するのが好きである。	はい　いいえ
7.	『ニューヨークタイムズ』紙を読む、公共放送のラジオかそのポッドキャストを聴く、公共放送のテレビ番組を視聴する、フィクションの本を読む、のいずれかの習慣がある。	はい　いいえ
8.	クルーズ旅行か大型リゾートに行くよりも、自然に親しむ休暇（ハイキングやカヌーなど）か、文化的な休暇（博物館や史跡の見学など）を強く望む。	はい　いいえ
9.	投票には、たとえ地味な地方選挙であっても、必ず（またはほぼ必ず）行く。	はい　いいえ
10.	少なくとも部分的には政治的、倫理的、または環境保護的な理由から、食習慣を変えたことがある、または変えようとしている（肉を食べるのをやめた、有機栽培の野菜しか買わないなど）。	はい　いいえ
11.	四年制大学の学士課程を修了した（または在籍中）。	はい　いいえ
12.	四年制大学の学士課程を修了し（または在籍中）、人文学、社会学、芸術のいずれかを専攻した。	はい　いいえ
13.	私立大学か州内最難関の公立大学で四年制の学士課程を修了した（または在学している）。	はい　いいえ
14.	大学院を修了した（または在籍中）。	はい　いいえ
	「はい」の個数を記入	

判定

0～2点＝文化資本が少ない
3～7点＝文化資本が中程度
8～14点＝文化資本が多い

文化資本と富

文化資本と富とのあいだには、複雑な関係がある。一般に、文化資本と経済資本は相関する。上流階級の人はどちらの資本も豊富であるのに対し、労働者階級の人はどちらも貧弱であることが多い。その一因は、裕福な親に育てられる子どもは、成人したときに経済資本と文化資本を与えてくれるスキル、習慣、態度を徹底的に教え込まれるからだ。これほど恵まれていない出自の人が大学に進学して社会の上層を目指すと、進学しなかった場合よりも収入を得る力と文化資本の両方が教育のおかげで増大する。

しかし社会全体を見るのではなく、大学教育を受けた人だけに目を向けると、そのような人は文化資本の追求と経済資本の追求とのトレードオフに直面することがわかる。経営学や工学といった領域のキャリアを選べば、高収入は得られるが、文化資本は中程度にとどまる。一方、教育や芸術、ジャーナリズムなどの領域のキャリアを追求すれば、高いレベルの文化資本が得られるが、収入は中程度となる。

非常に高レベルの文化資本をもたらす領域の多くでは、低レベルから中レベルの収入しか得られないが、これは偶然ではない。昔、文学や芸術といった金儲けに直接結びつかないものを学ぶ時間や嗜好をもてたのは、もっぱら裕福な貴族だった。これに対して中流階級の人は、法曹、医療、工学などの専門職に就いた。貴族が文化にかかわる権力を使い、「労働とは無関係な芸術や文学といった高尚な文化の専門知識のほうが、労働に関係する専門知識よりも文化資本のスコアが高い」という「ルール」を定めたのも道理である。このルールの名残は今でも存在する。[*]

まがい物でも真の愛

あるモノに経済資本または文化資本のステータスがあることを示す確実なサインは、それをもっているふりをする人がいることだ。たとえば経済資本をもっているふりをしようと、高級品の偽物を買う人はたくさんいる。ある研究[6]で、イギリスでは消費者の四四パーセントが本物ではないと知りながらデザイナーブランドの靴や服の偽物を購入していることが判明した。この数字には、ハンドバッグや腕時計といった、偽物が数多く作られている品目は含まれていない。プライベートジェットの機内のように見える動画撮影用セットをレンタルする人もいる。プライベートジェットに乗っているように見える自撮り動画を撮るためだ。

人は高価なモノを所有していることのふりをすることによって、経済資本をもっているように見せかける。文化資本については、好きでないモノを楽しんでいるふりをすることによって、資本をもっているふうに装う。たとえば交響楽などつまらないと思っていても、演奏会に足を運ぶかもしれない。そして演奏会に行くと、曲が終わったとたん、一部の聴衆がオリンピックで号砲とともに飛び出す短距離走の選手さながらの勢いで立ち上がり、異常なほど激しく猛然とスタンディングオベーションをするのを見たことがないだろうか。自分の研究のせいでシニカルになっているのかもしれないが、私はこのような聴衆が本当にそこまで演奏会を気に入ったのか、それともいかに楽しんでいるかを大げさに表現して文化資本をいくらか稼ごうとしているのか、いったいどちらなのだろうと考えることがある。

個人主義にはいいところも悪いところもあるが、アメリカで個人主義が拡大していることに伴うメリットの一つは、高尚な文化がじつは好きでなくても好きなふりをするように迫る社会的圧力が著しく弱まっていることだ。たとえば高価なカベルネ・ソーヴィニヨンは世界最高の赤ワインの一つと評されるが、これはすぐれたカベルネがワイン通の好む特徴を備えているからだ。複雑で強烈で、微妙に異なるさまざまな風味が混ざり合っている。だからといって、素人がこれを好むとは限らない。それでもワイン通が称賛するので、カベルネ・ソーヴィニヨンは長年にわたりアメリカで赤ワインのベストセラーとして君臨してきた。そして一般人はワインを買うときに、これこそ「正しい」ワインだと信じていた。幸いにも一九九〇年代の終盤には、一般のワイン購入者はついに勇気を奮い、カベルネからメルローに切り替えた。こちらのほうが、好みや予算に合っていたからだ。すぐにメルローはアメリカで最もよく売れる赤ワインとなった。そして人々が自分の最も気に入ったワインを飲むにつれて、ワイン全体の売り上げが伸びていった。

＊しかし最近では、このパターンにわずかながら変化が見られるようになってきた。テクノロジー業界や、グーグルやアップルなどの企業が急成長を遂げたことにより、テクノロジー分野の専門知識が「かっこいい」オーラをもつようになった。テクノロジーに精通していれば、とりわけ最先端で活動しているスタートアップ企業で働いていれば、文化資本のスコアが大量に獲得できる。しかしこれが永続的な変化となるかどうかを判断するには、まだ動向を見守る必要がある。

経済資本と文化資本は、愛するモノにどう影響するのか

私たちの愛するモノが持ち主の経済資本や文化資本のレベルを「反映」するのは、そうしたモノがある程度、持ち主の経済資本や文化資本のレベルに「影響」されるからだ。

経済資本は、主に二つの仕組みで私たちの愛するモノに影響を及ぼす。第一に、人は自分の手の届かないさまざまなものを「求める」。しかし求めることと愛することは違うし、人は自分の日常生活の一部をなすモノを愛する傾向がある。遠くからモノを愛する人もいないわけではない。フェラーリに乗ったことがなくてもフェラーリを愛することはあるかもしれない。しかし自分で所有していない車を愛する人よりも、自分の所有する車を愛する人のほうがはるかに多い。手に入れられるモノは経済資本のレベルによって決まるので、この資本のレベルは人がどんなモノを愛するかに影響する。

二つ目の仕組みは、もう少し複雑だ。収入が高ければ高いほど、人のアイデンティティは個人主義的になる。そしてそれが、どんなモノを愛するかに影響を及ぼす。第6章で、歴史的に見て文化は豊かになるにつれて少しずつ個人主義的になると説明した。これはどんな時代の社会にもあてはまる。人はお金をたくさんもつようになればなるほど、個人主義的になりやすいのだ(7)。

個人主義と集団主義とのあいだに見られる最大の違いの一つは、アイデンティティの定義の仕方だ(8)。個人主義的な人が自分のアイデンティティを定義するときに重視するのは、自分を他者とは違う存在にしてくれるモノだ。それに対し集団主義的な人は、自分をほかの人と結びつける要素を重視する。

裕福な人は個人主義であることが多いので、自分をほかの人から差別化するのに役立つ個人的な嗜好や功績（「私は○○のエキスパートだ」）にもとづいて、自分のアイデンティティを定義する傾向がある。(9) 中低所得層の人は、国籍や居住地域、応援するスポーツチームなど、ほかの人と共通する、集団主義的なアイデンティティの要素をもっと重視する。このことは、たとえば愛するレストランにもあてはまる。高所得の人はまだほかの人があまり試していない新しく個性的なレストランを好む傾向があるのに対し、低所得の人は地域や友人と自分を結びつけてくれそうな、限られたお気に入りのレストランに通い詰める傾向がある。

愛するモノへの影響という点では、文化資本は経済資本よりもさらに強い力をもつ。今日の文化資本に含まれるもののうち、とりわけ重要なのが創造力だ。高い文化資本をもつ者から見ると、すぐれた人間とは創造力の豊かな人間であり、創造力の豊かな人間は変わり者であることが多い。ということは、いくらか奇妙で型破りであることが、文化資本の多い人にとっては誇りとなる。彼らにとって、「ノーマル」は「凡庸」と同義だからだ。これに対し、文化資本が中程度か少ない人にとっては、ノーマルであることは健全であることを意味し、（彼らの考える）奇妙であることは望ましくない。この考え方は、それぞれの愛するモノにも適用される。文化資本の豊かな人は、創造的で芸術的でユニーク（まさに彼ら自身のように）と思えるモノを愛する。文化資本が中くらいか少ない人も創造性の価値を認めるが、彼らの場合はほんの少しの創造性でも大いに効果がある。そのため、創造性の度が過ぎて奇妙に思われるモノは好まない。

文化資本を獲得する主な方法の一つは、自分がいかに「センスがよい」かを示すことだ。* といっても、「センスのよさ」は誰が決めるのか。特定分野の「センスのよさ」を定義する権限があると世間から認められているのは、その分野で最多の支持者と最大の専門知識をもつ人物だ。たとえばファッションに関するセンスは、ファッションライター、デザイナー、ネット上のインフルエンサー、小売業者、そしてファッションマニアの消費者といった「流行の仕掛人」が決める。彼らに共通するのは、ファッションのエキスパートであることだ。第7章で、人が楽しむモノは専門知識のレベルと密接に関係すると述べた。専門知識があればあるほど、難易度の高いモノを楽しめる（たとえばクロスワードのエキスパートは難易度の高いクロスワードを楽しめる）。第7章ではまた、食べ物、ゲーム、アート、本、映画、音楽の難易度が高くなるのは、（1）複雑である、（2）強い刺激をもたらす、（3）微妙な識別力を要する、（4）理解するのに専門知識を要する、という場合だと述べた。したがって、高レベルの文化資本を求める人は、自分が関心をもつモノのエキスパートを目指せば、複雑で刺激的で微妙で、ある程度難解なモノを楽しめるようになる。

その好例として、キャシー・ホリンが『ニューヨークタイムズ』紙に寄せたファッションショーのレビューを紹介しよう。それは、ステファノ・ピラーティがデザインした、イヴ・サンローランの既製服コレクションのショーだった。つまりファッションショーでよく見かける風変わりなオートクチュールの衣装ではなく、ショッピングモールで売っているような服のショーだ。ホリンが何と書いているか見てみよう。ショーに登場した服は「率直に言って、いささかつまらない[10]」ものだったそうだ。これは当然だろう。ホリンは高い専門知識を備えたプロのファッションライターなので、彼女の脳が好むのは、見るからに複雑で、強烈な反応を引き出し、興味深い微妙さを帯び、理解するにはファッションに関する膨大な背景知識を要する、ユニークで斬新な服なのだ。既製服は平均的な消費者に好まれるようにデザインされていて、平均的な消費者の好む服はたいていエキスパートにとってはつまらない。逆に、ホリンの好むような奇妙でアヴァンギャルドなファッションを平均的な消費者が見たら、あたかも四角い杭を丸い穴にはめようとするかのごとく、その奇妙な服を自分の理解している服の範疇に収めようとして、脳を振り絞ることになる。その結果、フラストレーションが生じ、場合によってはアヴァンギャルドなファッションは一般人をカモにしてだまそうとするインチキな代物だと腹立たしく感じることになる。

このことは「イージーリスニング」というぴったりな名称をつけられた音楽が、多くの音楽ファンに悪く言われている理由の説明にもなる。イージーリスニングは、音楽としての難易度がきわめて低くなるように意図的に作られている。そのおかげで、これがBGMにぴったりだと感じる人もいる。何をしていても、気を散らされることなく脳が処理してくれるからだ。反対に、音楽ライターのカール・ウィルソン[11]は、音楽のエキスパートの好む音楽を「ディフィカルトリスニング」と呼んでいる。エキスパート（および多くの音楽ファン）にとって、イージーリスニングには難しいところがまったくないので、反感を覚えるのだ。

＊「センスがよい」にカギカッコをつけたのは、ある人のセンスが客観的に見てほかの人のセンスよりすぐれているということはないという私の考えを示すためである。とはいえ、「センスがよい」という考え方は、文化資本を豊富にもつ人が特定のモノを愛する理由や、本当は愛していないモノを場合によっては愛しているふりをする理由を理解するうえで重要である。

要するに、愛するモノによって文化資本のスコアが異なる理由には、根拠の不明なしきたりが多いと思われるかもしれない。だが、一見むちゃくちゃなようでも、そこには合理性もある。何を文化資本と見なすべきかは、しばしばエキスパートが決定する。脳がたとえば本を楽しい読書経験に変えるように、エキスパートは通常、比較的複雑で刺激的かつ微妙で、誰もがもつわけではない背景知識を必要とするモノを楽しむ。アートや娯楽がこうしたエキスパートを喜ばせる性質を欠いていれば、センスが悪いと見なされる可能性が高い。そのため、それを楽しんでも文化資本はあまり得られないし、場合によってはマイナスになってしまうことさえある。

大いなる論争

クラシック音楽のエキスパートは、ラップ音楽のエキスパートよりも文化資本のスコアをたくさん与えられるべきだろうか。保守的な知識人なら「イエス」と言うかもしれないが、それ以外の多くの人は反対するだろう。この「文化戦争」〔伝統主義者・保守派と進歩主義者・リベラル派とのあいだの価値観の衝突〕の前哨戦となったのが、大学で起こった「伝統的な権威ある作品（シェイクスピアやホメロスなどの古典的作家の作品）を学ぶことは大学教育において重要か」という論争だった。この論争は、じつはどんな知識を文化資本と見なすべきかを問うものでもあった。これは、多岐にわたる論争の一つにすぎない。こうした論争では「文化資本」という言葉はめったに使われないものの、暗黙のうちに、あるモノをほかのモノより好むことで得られる文化資本の大きさや、文化資本と経済資本を比較した場合の相対的な重要性について意見を戦わせているのだ。そしてこれから見ていくように、これらの論争は文化戦争に直接関係している。

◆一般的な文化資本とローカルな文化資本

文化資本をめぐる議論によって、一般的な文化資本とローカルな文化資本との違いが明らかになることが多い。一般的に「文化資本」とは、社会全体から「文化資本のスコアが得られる」と広く認められているもののことである。一方、「ローカルな文化資本」とは、下位文化集団か小さなコミュニティーの中でスコアを獲得できるものを指す。たとえば切手収集家のあいだでは、稀少な切手に関する知識が豊富な人は、ローカルな文化資本のスコアがたくさん獲得できる。宗教のコミュニティーでは、際立って敬虔な人がローカルな文化資本を得られる。しかしもっと大きな社会では、切手のエキスパートであっても、信仰心が篤くても、文化資本はあまり得られない。そのせいで、「社会全体にとっての文化資本と見なされるべきもの」なのか「小さな仲間内だけで影響力が得られる程度のもの」なのかをめぐって集団が議論する際に、しばしば対立が生じる。

ローカルな文化資本は、コミュニティーの外で高い地位を獲得する助けにはならないかもしれないが、人の愛するモノに莫大な影響を及ぼす可能性がある。たとえば、ロサンゼルスのメキシコ系アメリカ人コミュニティーから生まれた、ローライダーの改造車文化について考えてみよう（ローライダーとは、車高を極端に低くして派手な装飾を施した改造車だ）。エリート社会で見事なローライダーを作っても、文化資本のスコアをたくさん稼ぐことはできないだろう。しかし私たちの脳は周囲の人から尊敬を得るのに何が必要かを察知するよう、自動的にチューニングされている。ローライダーを作る人が広く称賛される地域で育った人なら、脳がそれを察知するだろう。その結果、別の地域で育った人と比べて、ローライダーに対して直感的にもっと魅力を感じるようになる。必ずしもローライダーを愛するようになるわけではないが、その方向へ後押しされることにはなる。

　文化資本を豊富にもつ人が属する社会の外で育った人が、自分のコミュニティーの中でローカルな文化資本を獲得できるモノ（たとえばイカしたローライダーを所有すること）が自分の社会以外では大きな文化資本とは見なされないことに気づくと、自分のコミュニティー全体が軽侮されているように感じるかもしれない。そのせいで、多くの人は文化資本をたくさんもつエリートに敵意を覚え、これが文化戦争の火に油を注ぐことになる。しかしおもしろいことに、非常に大量の文化資本をもつ人は、かつて文化的エリートの特徴だった俗物《スノッブ》的な態度を捨て去ろうと努力している（しかし必ずしも実行できていない）。

◆保守的な価値観からリベラルな価値観への移行

　一般的な文化資本に関して言えば、社会的地位の根拠となる価値観は、保守的なものからリベラルなものへと徐々に変化している。二〇世紀の中盤まで、文化資本をたくさんもつことは貴族であることを意味した（二〇世紀初頭のイギリスを舞台としたテレビドラマ『ダウントン・アビー』を思い出そう）。昨今では「リムジン・リベラル」〔平等や正義を主張しながら、実際は上層階級的な生活を送る偽善的なリベラルのこと〕が揶揄《やゆ》されているが、旧弊な貴族は骨の髄まで保守主義者だった。研究[12]で、保守主義の中核的な特徴が二つ明らかにされている。(1)伝統的な価値観、慣例、制度を支持し、(2)社会の不平等を容認する、という二点である。貴族がおおむね保守的だったのは、世襲の貴族にとって、伝統的な社会秩序を維持し、不平等を正当化することが、自らの存在のよりどころだったからだ。王から授かった世襲の称号をもっていなくても、その社会的地位は、一族が上流社会の一員として存続してきた世代の数と結びついていた。フランスでは、一族がブルジョワに属してきた期間の長さを表す特別な言葉さえあった。*「中ブルジョワジー(moyenne bourgeoisie)」はその一族が三世代ほど、「大ブルジョワジー(grande bourgeoisie)」は五世代ほど、「上層ブルジョワジー(haute bourgeoisie)」はフランス革命の時代からずっと高い地位にいたことを表す。

ある集団が、社会の中で文化資本と見なされるものを決める権力をもっているとき、彼らはその力を利用して、自分たちの価値観を反映する人々に社会的地位を与える。たとえばある文化で聖職者が強い影響力をもつなら、人々は信心深くふるまうことで社会的地位のスコアを稼ぐだろう。一方、アーティストがそのような影響力をもつなら、創造力を発揮する人に社会的地位が与えられる。二〇世紀中盤までは、非公式ではあるが、文化資本を定める力をもっていたのは貴族だった。そのため、文化資本は貴族的な価値観を反映していた。芸術に精通することが求められ、庶民の低俗な娯楽は軽侮すべきとされた。門外漢には理解しがたいフォーマルなマナーを守ることも、とても大事だった。

---

*フランス語の bourgeoisie は、今では中産階級を指す(歴史的には町や都市に居住して肉体労働をする必要のない人を指した)が、アメリカでは上流階級だと見なせる多数の人々のことも指す。

たとえばアスパラガスのルール（これは私のお気に入りだ）という根拠の不明なしきたりがあって、フォーマルな夕食会でもアスパラガスは指で食べてよいとされた。(13)

一九世紀から二〇世紀初頭にかけて、リベラルな知識人はしばしば「ボヘミアン」*の小さな下位文化集団に属していた。彼らは独自のローカルな文化資本をもっていたが、主流の社会からはうさん臭く思われていた。二〇世紀に入り、高い教養をもつリベラルが徐々に学術、教育、芸術、メディアといった文化的権力の中枢を牛耳るようになったが、それでも彼らはボヘミアン的価値観の多くをもち続けた。このような文化的権力を握った教養のあるリベラルは、文化資本を彼ら自身のイメージするものに定義し直すことができた。つまり、知的で、洗練され、創造的で、進歩的であることで文化資本が得られるようになったのだ。今日では、こうした性質を示すモノ、たとえば服の着こなしや政治的見解、才能、出身大学、自宅の装飾、愛するモノは、いずれも文化資本を増大させる。

今では進歩的な政治的見解をもつことも文化資本に含まれるので、「文化資本を豊富にもつ人」は、かつてのスノッブから「文化的雑食《オムニボア》」〔ハイカルチャーだけでなく大衆文化にも通じている人〕へと変化している。(14)かつて豊富な文化資本をもつ人は、庶民の娯楽を自分たちより下等なくだらないものだと思っていた。彼らが関心をもつのは、たとえばオペラといった高尚な芸術だけだった。しかし今では、文化資本をたくさんもつことは、平等主義や文化的多様性といった進歩的な社会的価値観を支持することを意味する。高尚な好み（クラシック音楽や前衛映画など）のほうが庶民的な好み（音楽のトップ40やテレビのリアリティー番組など）より「すぐれている」とする考え方には、エリート意識が感じられる。

このことから、文化資本が豊富な人は「スノッブだと思われず、人より高級な好みが実際に存在するという考えを認めていると思われもせずに、じつは高級な好みをもっていることを示すにはどうしたらよいか」というジレンマに陥る。[15] このジレンマを解消する一つの方法は、高尚な文化を愛し（自らの洗練を示すため）、なおかつ大衆文化も愛する（自分がスノッブでないことを示すため）ことだ。そんなわけで昨今では、文化資本をたくさんもつ人は、公共放送のテレビ番組『マスターピース』やケーブルテレビ局ブラボーの『リアル・ハウスワイフ』シリーズなど、あらゆる作品を消費する文化的雑食者となっている。しかしこうした豊富な文化資本をもつ文化的雑食者は、たとえばリアリティー番組を観る場合でも、高い教養を見せつけながら番組について語ることで、自らの文化資本を示す。[16] つまり、大学のゼミにふさわしいような、番組の詳細な文化的分析をしばしばやってみせるのだ。

◆ヒエラルキーは下から見るほうがわかりやすい

たいていのヒエラルキーは、頂点に立つ人よりも底辺にいる人にはっきりと見える。たとえば女性は男性よりも性差別に気づきやすく、有色人種の人は白人よりも人種差別に気づきやすい。底辺の人のほうがヒエラルキーに気づきやすいというこの傾向は、文化資本の研究史において重要な役割を果たしている。この研究に最も強く結びついているのが、フランスの社会学者ピエール・ブルデューだ。

＊「ボヘミアン」（Bohémien）は、主流の社会においてはよそ者だったロマの人々を指すのに使われたフランス語である。このよそ者という立場から、この言葉はあらゆるアーティストや知識人の下位文化集団を指すようになった。

彼は労働者階級の家庭で育ったが、のちにフランスの学術界の頂点まで上り詰めた。彼は文化資本の貧弱な出自の人間として、教養の高い家庭の出身者が大半を占める同業の研究者たちが、自らの地位を上げる手段として文化資本を利用するのを容易に見て取ることができた。彼の著作の行間を読むと、私には彼が仲間の知識人たちに向かってこう言う声が聞こえる。「君たちは資本家が経済資本を使って階級のヒエラルキーを築いているといって批判する。その批判は的を射ているが、君たちも文化資本を使って同じことをしているではないか」

　同様に、アメリカでは総じて「リベラルまたは進歩的な価値観をもつこと」が文化資本に含まれるが、そうした価値観を共有する人々の一部（全部ではない）は、そのことに気づいていない。しかしこの事実は、しばしば多くの保守主義者のいらだちの種となる。たとえば『ニューヨークタイムズ』のポッドキャスト〈ジ・アーギュメント〉[17]で、ホストのジェーン・コーストンは「アメリカではリベラルが文化的権力をもちますが政治的権力はもちません。アメリカで政治的権力を振るうのは保守派ですが、彼らには文化的権力がありません。そのせいで、誰もが不幸せなのです」とコメントしている。ゲストとして招かれた共和党のミシェル・コトルはこれをさらに掘り下げ、「私は筋金入りの共和党の家庭出身です。……メディアの話を始終聞かされています。……父はメディアが彼や保守派の友人たちを叩こうと狙っているのを感じているので。迫害されているという感じや、鬱積《うっせき》した恨み、あるいは見下されているという感じが確かにあるのだと思います。そして……父はとても裕福で高学歴の共和党員です」と語った。つまり彼女の父親は経済資本と教養をたっぷり備えているが、保守派であることによって文化資本が減じられ、そのせいで文化的ヒエラルキーの頂点に立つ人たちから見下されているのを感じているというのだ。

アメリカ文化の中心から追い出されていると感じる保守派は、それに対処するために自分たち自身のローカルな文化資本を使って対抗する文化を構築しようと尽力している。たとえばFOXニュース〔保守系のニュース専門放送局〕がよい例だ。また、保守派がこの戦略に走るよりもずっと以前から、有色人種やLGBTQ＋の人たちなど、社会の周縁に追いやられている人たちは、独自のファッションや音楽、そして彼ら独自のローカルな文化資本の定義を生み出した。こうした下位文化集団の中でイノベーティブな才能を発揮する人は、ローカルな文化資本のスコアが高くなる。しかしローカルで高い地位にあっても、彼らの外側に広がるもっと大きな文化集団からはしばしば軽くあしらわれる。人は自分の属する文化よりも大きな文化と交わる必要があるので、この問題はまだ決着していない。

◆経済資本と文化資本、どちらのほうが重要か

どんなものを文化資本と見なすべきかという議論とともに、経済資本と文化資本のどちらのほうが重要かという問題も議論されている。この議論で最も声高な主張をしているのは、「主流派エリート」と「文化的クリエイティブ」という二つの対立する集団だ（次ページの図を参照）。主流派エリートの集団は富裕な知的職業人からなり、ほとんどはビジネス界で働く人だが、医師やエンジニア、弁護士なども含まれる。彼らの受けた実学教育は多額の収入を生み出すが、文化資本はほどほどしか得られない。当然ながら、彼らは経済資本こそ人の社会的地位に最大の影響をもたらすべきだと考える傾向がある。そしてお金をもつことは善であり、職業での成功はその人物が聡明で勤勉で社会に対

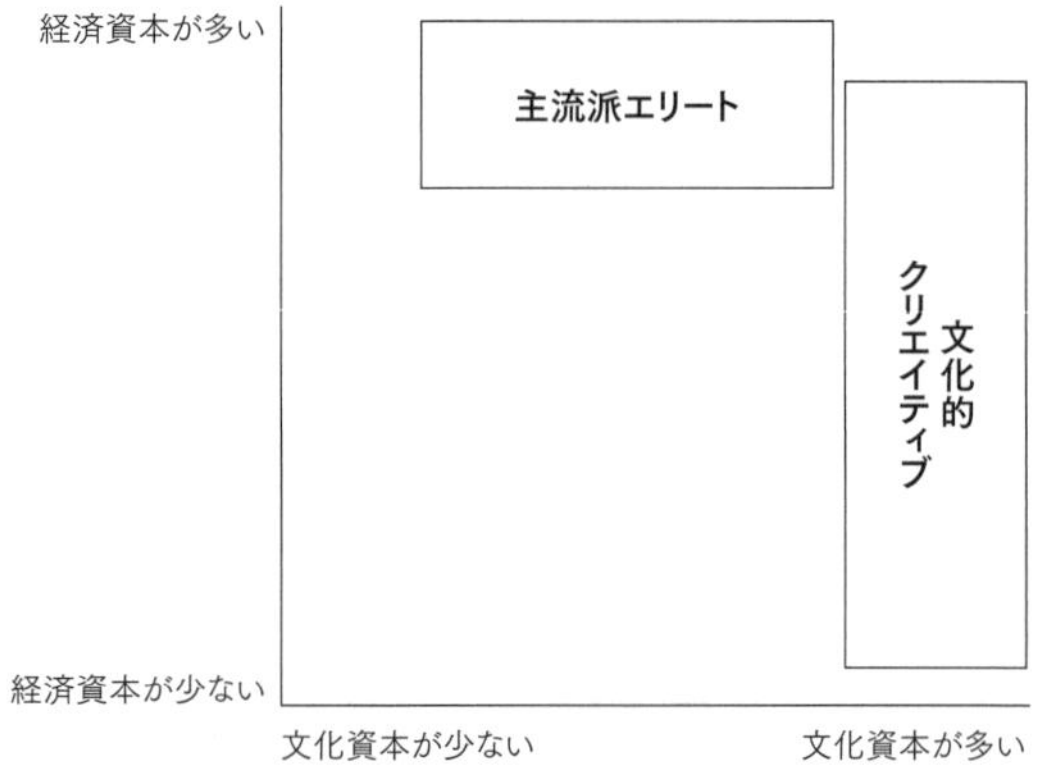

して大いに貢献していることを示す正当な証だと主張する。私は以前、あるリバタリアンがそう論じるのを聞いたことがある。彼によれば、資本主義経済では、人は相手が自分に役立つものを提供してくれると思うときにだけ、給料を支払ったり商品を購入したりするのだという。つまり資本主義とは、他者を助けることでスコアを獲得し（すなわちお金を稼ぎ）、他者に最大の助けをもたらした人が勝つゲームなのだ。主流派エリートは経済資本の重要性を擁護するのに加えて、しばしば文化資本などデザートのようなものだと言ってその価値を貶める。文化資本はすてきなオプションではあるが、結局のところ重要性では経済資本より劣るというのだ。さらに文化的クリエイティブのことを、自らのもつ奇妙な好みを共有しない人をことごとく見下すスノッブだと批判したりもする。

一方、その呼称が示すとおり、文化的クリエイティブ[18]は、メディア、エンターテインメント、マーケティング、教育、ジャーナリズム、アート、社会活動などの文化業界で働いていることが多い。文化的クリエイティブは、聡明さ、洗練、創造性、社会的関心こそ善なる人を定義する性格特性であり、それゆえ収入よりも文化資本によって人の評価を決めるべきだと主張する。

　文化的クリエイティブの収入レベルはさまざまだが、誰もがたいてい、お金をたくさんもっているという理由で高い社会的地位が得られるのは俗悪で拝金主義的であり、お金をさほどもっていない人に対して不公平だという考えに同意する。しかしおそらく当然ながら、経済資本に対する批判の激しさは、本人がどれだけお金をもっているかと関係している。文化的クリエイティブのなかには、かつてのヒッピーと同じように収入の少ないヒップスター・ボヘミアンがいる。こうした進歩主義的なボヘミアンの多くは富と強欲を同一視し、人は他者を利用し環境に害を与えることで裕福になると主張する。したがって、彼らは経済資本を軽侮し、できることなら経済的地位のスコアをマイナスにしたがりさえする。これに対し、富裕な文化的クリエイティブは経済資本をたくさん所有しているので、お金をもつこと自体が劣った人格のしるしだという見方には（特に、他者を助けるために自分のお金を使う場合には）同意しない。

　こうした「文化資本」対「経済資本」の議論でどの立場をとるかは、その人のアイデンティティの一部となる。人の愛するモノはその人のアイデンティティを表すので、文化資本をたくさんもつ人は、自分の文化的洗練を際立たせるモノを心から愛する傾向がある。そして文化的クリエイティブの収入レベルの幅は広いので、それぞれが自分の予算の範囲内で高度な知識を披露する方法を見つけ出している。たとえばアメリカのワイン市場の成長を支えているのは、おおむね高所得の文化的クリエイティブであるのに対し、低所得のボヘミアンは、ワインと同じほど複雑でありながらもっと手ごろな地ビールのエキスパートになることのほうが多い。

同様に、金銭的に成功している人はたいてい、自分のなし遂げた成果を誇りに思い、その成功を象徴するトロフィーとなるモノを心から愛する。富裕な自動車コレクターが最も愛する車は、彼らのコレクションの中で最も高価なものではないというパターンに私は気づいた。彼らは自分が手に入れた最初の高価な車を最も気に入っているのだ。なぜなら、その車は彼らの心の中で成功意識や達成感と最も強く結びついているからだ。どちらの資本もたくさんもつ幸運な人は、二つを併せもつモノを愛する傾向を示し、たとえば前衛的なアートを収集したりする。

主流派エリートと文化的クリエイティブとのあいだのこうした違いは、高価な商品に関する考え方にはっきりと現れる。主流派エリートは、品質は値段に相応するという考えなので、高価なモノにはその値段に見合った価値があると考える。彼らにとって、この考え方は理にかなっている。なぜなら、「裕福であることは大事だ（裕福でなければ、一流品しか買えないではないか）」という彼らの信念を正当化する助けになるからだ。これに対し文化的クリエイティブは、よいモノを買うのに役立つのは財布ではなく頭だ、と考える。聡明で十分な情報をもっていれば、高価なブランドと同程度かそれ以上にすぐれた中価格帯の品物を見つけられる。したがって高価なブランドは、だまされやすい主流の消費者を手玉に取り、彼らが自分の地位に抱く不安につけこむぼったくりだ、というのである。文化的クリエイティブがこのような考え方をするのはもっともだ。なぜならこの考えは、成功した消費者となるための土台として、経済資本の価値を貶め、文化資本（聡明で情報を十分にもつこと）の価値を高めるからである。

手に入れたら見せびらかすか

経済資本と文化資本のどちらのほうが重要かについてはさまざまな意見があるが、人から尊敬され、さらには称賛されたいという気持ちはすべての人に共通している。経済資本にせよ文化資本にせよ、もっていることを伝えなくては尊敬や称賛を得ることはできない。そこで私たちはみな、苦労して獲得した資本を人に示す必要がある。そうは言っても、ライフスタイル集団のあいだで一致しない最大の点の一つは、これをどのように実現するかである。

中低所得者にとって、裕福な人はみな金満ぶりを見せびらかしているように感じられる。私は名門資産家の男性と話したことがある。彼は一二万五〇〇〇ドルのベンツを買ったら見せびらかしていると思われてしまうから、それはやめて代わりに五万ドルのベンツに乗っていると言った。しかし彼ほどお金をもっていない人からすれば、どんなベンツでも見せびらかしであることに変わりはない。そんなわけで、中低所得者はお金を見せびらかす行為を、裕福な人の通常のふるまいと見なす。

しかし、このふるまいに対する低所得者の反応は、文化資本のレベルによって異なる。収入は少ないが文化資本は豊富な大学の非常勤講師などは、「お金を見せびらかすなんて最低だ。このこともまた、文化資本が真の尊敬に値する理由の一つだ」といった反応を示すことが多い。しかし低所得者が文化資本も少ないというもっと一般的な状況では、富の代わりに文化資本をあがめたところで何の足しにもならない。そこで、こうした低所得者がいつか裕福になる幸運に恵まれたら、彼らは当然あらゆる人にそのことを伝えるべきだと感じる。五〇〇〇ドルのシャネルのハンドバッグをもっていてそれを愛する女性は、こんなふうに話してくれた。(19)

高価なバッグだということが、私にはとても大事なのです。私はお金を稼ぐために、一生懸命働いてきました。そして今、そのご褒美がほしいのです。高価なバッグを使って、私がどれほどお金をもっているかみんなに知らせたい。このバッグのどこが気に入っていると思いますか？　これです［正面についたロゴ入りの大きな留め金を指さす］。

こういう言動に対する私自身の反応は、愛するモノについてのインタビューを始めてから大きく変わった。私はお金を見せびらかすことを嫌悪するように育てられた。しかし研究の中で、今引き合いに出した女性のように、低所得の家庭に生まれたが今ではベンツやロレックスやルイ・ヴィトンといったステータスシンボルを所有して大切にしているたくさんの人と世界各地で話す機会を得てきた。愛するモノの話をするとき、彼らは必ずそれを買う何十年も前の話から始める。子どものころに家庭がどれほど貧しかったか、そして貧困に耐えて医学部で苦学した話や、有り金をすべて家業に注ぎ込んだ話などを語る。やがてもうお金の心配は要らなくなったと感じると、今度は見せびらかすための大きな買い物をする。そして、ずっとほしかったものをようやく手に入れた自分の姿を見たすべての人に、自分のなし遂げた成果を知ってほしいのだ、と熱のこもった口ぶりで語る。調査のためのインタビューでは、研究者が個人的な反応を表に出さないことが大事で、私はそれを守っている。しかしこの手の話を聞くといつも、相手のあからさまな物質主義をひそかに嫌悪するのではなく、熱心に応援してしまう。高級品が彼らにとってこれほど大きな意味をもつ理由は、容易に理解できる。

私の考えはさておき、現代では、この「手に入れたら見せびらかす」という姿勢は、豊かな文化資本をもつ人たちの理想とはまったく相いれない。彼らにとって大切なのは、センスのよさだからだ。しかし、彼らがいつの時代にも見せびらかしを軽侮していたというわけではない。金メッキで飾られた壮麗なヴェルサイユ宮殿が、現代に建造中だとしよう。文化資本の豊かな人は、これを滑稽なほど過剰だと感じるだろう。* だが、ヴェルサイユを建てたのは、にわか成金ではない。名門中の名門が建てたのだ。では、これを建てた人々は、なぜこれが悪趣味だと思われることを懸念しなかったのだろうか。

一七世紀のヨーロッパでは、貴族が経済資本と文化資本の両方をほぼ独占していた。つまり、貴族は文化資本と経済資本のいずれをめぐる競争においても、ほかの階級に勝てる状況にあったわけだ。特に富についてはいかなる競争でも勝てると確信していたので、勝者が自ら勝ち取った戦利品（大邸宅をはじめとする一七世紀の豪奢《ごうしゃ》な品々）を見せびらかすのはいっこうにかまわないと思っていた。しかし彼らが勝利を確信できなくなったとき、その姿勢に変化が起きた。

一八世紀に入ると貿易が盛んになり、一九世紀には産業革命が起きた。そのおかげで資本家は豊か

* これはただの空想ではない。ドナルド・トランプの住まいには、ヴェルサイユを彷彿させる部屋がある。彼が政界に進出する前から、豊富な文化資本をもつ人の多くはその趣向がずいぶんグロテスクだと感じていた。

になり、たいていの貴族よりも豪華絢爛な邸宅を建てることができるようになった。奢侈《しゃし》の競争で名門の貴族がにわか成金の資本家に敗れようとしていたとき、貴族はどう応じたのだろうか。

ステータスゲームで点の取り方を定める文化的権力をもっていたのは、依然として貴族だった。そこで彼らはルールを変更した。経済資本を獲得する競争には敗れつつあったが、文化資本の競争ではまだ勝算があった。文化資本の獲得は、言語を習得するようなものだからだ。ある言語を話しながら育てば流暢に話せるようになるが、ネイティブスピーカーでない者がそのレベルに達するのはひどく難しい。名門貴族は文化資本の豊かな家庭で育っているので、文化資本の言語は苦もなく流暢に話せる。一方、にわか成金は高校で何学期か習った程度にしかこの言語を話せない。そこで貴族は豪奢なスタイルから控えめなスタイルへと移行し始め、センスのよさには簡素で控えめであることが必要だという考え方を重視するようになった。簡素で控えめなモノの価値を理解するには、見た目、味わい、響きの微妙な違いを見分ける力が必要だ。にわか成金にとって、これを習得するのはとりわけ難しい。エレガントで控えめなモノへの嗜好は、貴族がにわか成金より優位にあることを改めて主張する助けとなった。

やがて名門貴族は、高価だがセンスのよいモノを所有することで金満ぶりを示すのはかまわないが、所有物に対してあからさまに過大な注目を集めるのは許容しないという、妥協的な立場に至った。にわか成金と同じようにひけらかすのを嫌ったのだ。一九五三年にイギリスのフィリップ王配とユーゴスラヴィアのチトー大統領が交わしたやりとりに、この絶妙なバランスを見ることができる。ユーゴスラヴィアという国がまだ存在していたころ、当時この国の「終身大統領」だったヨシップ・ブロズ・チトーが、バッキンガム宮殿でフィリップ王配と夕食をともにしていた。クロアチアの村で育ったチトーは、宮殿のきらびやかな装飾品に感銘を受け、とりわけ金のディナープレートに心を奪われた。フィリップ王配に称賛を伝えると、王配は即座にこう答えた。「ああ、そうですね、妻はこれが割れないから助かると言っていますよ[20]」

デザイナーファッションリーグ

お金を見せびらかすことが大きな役割を果たす分野はいろいろあるが、なかでもファッションという分野はとりわけ重要だ。一流ブランドに多額のお金を注ぎ込めば、経済資本のスコアを稼げる一方で、文化資本のスコアを失うこともある。私は高級デザイナーブランドに執心する人たちを分類した三つのカテゴリーを「デザイナーファッションリーグ[21]」と呼んでいる。これらのカテゴリーを比較すると、どんなことが起きているのか理解できる。

◆ロゴリーグ

ロゴリーグでは、目立つロゴのついた有名デザイナーのアイテムを購入する競争が繰り広げられる。一般にロゴが大きければ大きいほど商品は高価になり、それゆえそのアイテムを見せつけることによって獲得できるスコアも多くなる。競争に加わり続けるために、ロゴリーグでは偽物を買うという手に出るプレイヤーもたくさんいる[22]。

ロゴリーグのプレイヤーは、グッチやルイ・ヴィトン、プラダといった超有名デザイナーブランドの一〇〇〇ドルから六〇〇〇ドル程度の比較的手ごろな商品を買う。あるいはコーチやマイケル・コースなど、マーケティングで「マスティージ」（「大衆《マス》」＋「名声《プレスティージ》」）と呼ばれるブランドを買う。これらのブランドなら、一〇〇ドルから八〇〇ドルくらいでハンドバッグが買える。ロゴリーグに参加する人は、自分のあこがれる金持ちの有名人の多くが、経済資本と文化資本の両面で自分とはまったく違うリーグで戦っていることを知らないのがふつうだ。大きなロゴのついた商品を買えばファッション愛好家のエリートと「仲間」になれると信じている点で、彼らはタイタニックのモリー・ブラウンと似た部分がある。たとえば私はシンガポールで、裕福とはとうてい言えないがこつこつ貯金をしてルイ・ヴィトンの最低価格帯のハンドバッグ（当時、シンガポールで六〇〇ドルほどだった）を買った若い女性をインタビューしたことがある。彼女は大きくて目立つロゴのついたブランドものの高級品を使っていると、「仲間の中にいるような……世の中の動きの真ん中にいるような、自分がすごくクールだという」気がして、「若いうちから人生を謳歌している」[23]と感じるのだと説明した。彼女はその話を続けた。

ロゴリーグのプレイヤー　お金持ちの有名人は、ブランド品を身につけます。特に高級ファッション好きな人はそうですね。こういう人たちは、スキーリゾートで休暇を楽しみます。タヒチなどのエキゾチックな場所にも行きます。

私　それで、あなたはブランド品を買うと……。

ロゴリーグのプレイヤー　自分の力でちょっとしたお金持ちの有名人になったような気がします。

彼女は自分のハンドバッグが与えてくれる気分を明らかに楽しんでいた。私は、そのバッグが彼女に大きな喜びを与え続けてくれることを願う。しかし私は、彼女があこがれてやまないタイプの人たちと話したこともある。彼らの誰一人として、彼女が六〇〇ドルのハンドバッグを買ったからといって自分たちの仲間だとは思わないだろう。

◆リュクスリーグ

真に金持ちの有名人の多くは、私が「リュクスリーグ」と呼ぶカテゴリーに属する。三つのリーグの消費者はいずれも高級ブランド品を購入するが、リュクスリーグでプレイするのは最も伝統的で典型的な高級品消費者で、ロゴリーグのプレイヤーはしばしば彼らにあこがれる。リュクスリーグのプレイヤーは、ロゴリーグのプレイヤーよりも経済資本をはるかにたくさんもち、文化資本もたくさんもっていることが多い。中所得者が財布を振り絞って買い物をするのとは違い、リュクスリーグのプレイヤーは金持ちなので、戦利品を一つか二つだけ身につけるのではなく、五〇〇ドルのグッチのジーンズや八〇〇ドルのマノロ・ブラニクの靴や八三五ドルのプラダのTシャツを買って、デザイナーブランドで全身を固めることも十分にできる。

その結果として、リュクスリーグではロゴリーグよりも、愛するモノを扱うのにファッションのスキルが果たす役割が大きくなる。もちろんロゴリーグのプレイヤーも流行に遅れまいと努め、そのためにアイテムを買い集める。しかし彼らの場合、求めるロゴが手に入れば、目的の八割は達成できている。それに対してリュクスリーグでは、もつべきアイテムを所有するのは当然の前提であり、大事なのはそれをどう扱うかなのだ。

どの収入レベルでも、熱心なファッション広告に登場する黒ずくめの装いに心が動かされないと言い、その理れる。ある女性は、ファッションマニアにはファッションに関する競争心が広く見受けら由を次のように語っている。この説明は、ファッションマニアの競争心をうまくとらえている。[24]

ファッションマニア その装いは黒ずくめです。黒は誰にでも似合います。だから黒ずくめのコーディネートができたからといって、ほめたたえることはありません。確かに黒はすてきに見えます。でもすてきに見える最も簡単な方法です。

私 体操競技で、ある技はほかの技より「難度が高い」と言われるのと似ていますね。難易度の高いコーディネートのできる人が高いスコアをもらえるということですか？

ファッションマニア そう。まさにそのとおりです。キュートな図柄入りのシャツをジーンズと合わせるのは、誰にでもできます。この装いにはそれなりの効果しかありません。でも、ジーンズにクールなプリントシャツを合わせるのは、誰にでもできるものではありません。さらに靴を選んでヘアスタイルも合わせれば、すべてが一体となって効果を発揮します。うまくコーディネートしてすてきに見えるようにするには、それなりのスキルが必要です。ですからそれができている人がいれば、私はとても感心します。それと比べると、全身黒ずくめというのは、まあ、お手軽ですね。

リュクスリーグのプレイヤーは、ファッションマニアの姿勢と、テレビ番組『金持ち有名人のライフスタイル』に登場する人に匹敵するレベルの収入を併せもっている。彼らは、シャネルやグッチといった老舗高級ブランドを愛するが、ロゴについては葛藤を覚えることがある。部屋の反対端からでも見えるほどの大きなデザイナーロゴを避けることでセンスのよさを見せつけ、ロゴリーグのプレイヤーたちから一線を画したい。それでもそばで話している相手には、自分のもっているモノの価値をわかってほしい。そこで小さなロゴのついたアイテムや、かの有名なバーキンのバッグのようなアイテムを選ぶことが多い。バーキンにはいくつものモデルがあり、コレクション用として最も人気の高いものは四万ドルから五〇万ドル(25)の価格帯だ。一目でわかる特徴を備えているので、この分野に詳しい人なら確実に気づいてくれる。

◆オートクチュールリーグ

オートクチュールリーグは、ファッションステータスのヒエラルキーの頂点に君臨する世界的なスーパーエリートからなる、少数精鋭のカテゴリーだ。富について言えば、彼らは「〇・一パーセント層」であることが多い。しかしこれより重要なのは、彼らのほとんどが資産家の家に生まれて富裕な環境で育ったという点だ。本章で、文化資本を生み出すスキルの習得を言語の習得にたとえた。オートクチュールリーグの典型的なプレイヤーは、文化資本に富むネイティブスピーカーであるだけでなく、高級ブランド品がありふれたものとして家のあちこちにある家庭で育っている。そのため、高級ブランドに慣れ親しんでいる。そして、主流派の高級ブランドに対してほかのリーグのプレイヤーが抱くような畏敬の念を抱くことがない。

オートクチュールリーグのプレイヤーは、ニューヨークやロンドン、香港、東京、ミラノ、パリなどの都会に住み、金持ちであるだけでなく文化的な前衛派だと自負している。文化資本をたくさんもっているので、創造性を重んじ、社会的な因習に抗う心意気を高く評価する。この集団をターゲットとしたファッション広告を見分けるのは簡単だ。一般的な消費者に広告を見せるだけでいい。「変な服。本当にこんなのを着る人がいるの？」という反応が返ってきたなら、その広告はオートクチュールリーグを狙っている。

オートクチュールリーグのプレイヤーは、高価なアイテムを大量に購入するが、リュクスリーグのプレイヤーと混同されるのはいやがるし、ましてやロゴリーグのプレイヤーと一緒にされることなど許しがたい。そこで有名なデザイナーブランドの商品を買うこともあるが、しばしばデザイナーブランドの販売するこのうえもなく奇妙な商品、たとえば次ページに写真を掲載したグッチ・ティフォサのバッグなどを買い、主流派の人気アイテムを避ける。また、ボッテガ・ヴェネタのようなさほど知られていないブランドの品を買い、さらにはパイアー・モスやステファン・ロランといった知る人ぞ知るブランドを買ったりする。この行動が伝えるのは、自分たちはほかの人よりもはるかに高いステータスにいるので、自分の買うブランドをほかの人が知っているかどうかなどどうでもいいというメッセージだ。

ロゴリーグ

グッチとバレンシアガがコラボしたマーモットのバッグ（2800ドル）

リュクスリーグ

エルメス・ヴェルーのオストリッチレザーのバッグ（1万2000ドル）

オートクチュールリーグ

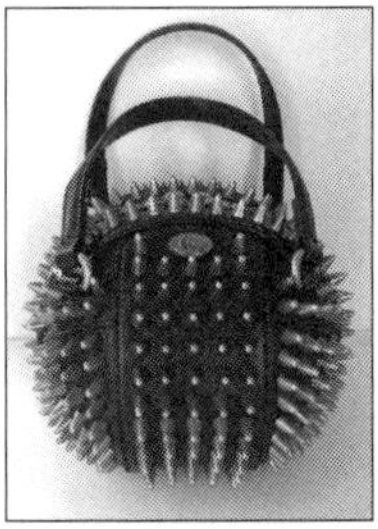

グッチ・ティフォサのバッグ（4353ドル）

3つのデザイナーファッションリーグのハンドバッグ

オートクチュールリーグのプレイヤーは、ファッションに関して遊び心に満ちた、場合によってはふざけた態度をとることで、ファッションの達人であることを示す。私がインタビューしたある女性は、オートクチュール的な感性をもっていたが、周囲はリュクスリーグやロゴリーグのプレイヤーだらけで、そのことにいささか不満を覚えていた[26]。彼女はふざけて、センスはよいが非常に高価だとわかる有名ブランドのアイテムを身につけて（一式でおよそ二万ドルかそれ以上のコーディネート）、リュクスリーグやロゴリーグのプレイヤーたちのまわりをうろついた。また、明らかにデザイナーブランドの偽物だとわかる、ひどい安物のハンドバッグを持ち歩いた。コーディネート全体が、「私に本物のデザイナーブランドのハンドバッグを買える財力があるのは明らかだが、それでもこの安物のフェイクを使っている」と語っていた。彼女は自分の装いが引き起こす混乱や不快感をおもしろがっていた。

本章では、私たちの愛するモノが私たちについてどんなことを伝えるかを検討してきた。これらのモノからしばしば、私たちがある特定のライフスタイル集団に属していることが明らかになる。各ライフスタイル集団は、経済資本と文化資本のどちらにどれほどの価値を置くか、そしてメンバーが通常それぞれの資本をどのくらい所有しているかという点で、互いに異なっている。これらの集団は、ローカルな文化資本をどんなふうに定義するかという点でも互いに異なる。つまり、その集団の下位文化の理想に沿った信条、行動、所有物が、集団間で異なるのだ。

経済資本と文化資本は、私たちの愛するモノにも影響する。近藤麻理恵の言葉を借りれば、あるモノに「ときめき」を覚えるなら、それを愛しているということになる。このときめきは、無意識の心から生まれる。私は本書を通じて、そのようなときめきが生じる理由はいくつかあると主張してきた。その一つは、脳が「私の気にかける人はそうしたモノについて、経済資本や文化資本のスコアが高いと評価するだろう」と考えるからという理由だ。このようにして経済資本や文化資本は私たちの愛するモノに多大な影響を与え得るが、その影響がはっきり認識されないこともあるかもしれない。というのは、特定の物や活動に惹かれても、その魅力の正体がよくわからないということがあるからだ。

第9章　モノへの愛と進化

誰かのことを「金に飢えている」と言った場合、その表現は私たちが思っているよりも正確かもしれない。マーケティング教授のデイヴィッド・ギャル(1)は、お金は権力や地位を象徴するので、自分が無力だと思う人はとりわけお金に惹きつけられるのではないかと推測した。そこで彼はこの考えを検証するために実験をおこなった。参加者の飢餓感を刺激するために、ギャルは彼らに自分が無力だと感じられる状況を記述させた。彼らがいくらか飢餓感を覚えたところで、ギャルは参加者の半数にお金の写真を見せ、残りの半数に事務用品の写真を見せた。それから参加者全員の唾液分泌反応を調べた。何が起きていたか？　お金の写真を見せられた参加者は唾液を分泌したが、事務用品の写真を見せられた参加者は唾液を分泌していなかった。食べ物を食べる前に唾液を分泌するのは、消化の助けとなるから意味がある。だが、お金の写真を見て唾液を分泌するのはなぜなのか。

現代の世界に存在するたいていのモノと同様、お金も私たちの体が進化したころには存在していなかった。そのため、お金に特化した進化応答というものはない。脳に言わせれば、こんなことだろう。「私はお金を扱うようにできていません。でもお金は重要な資源だという点で食べ物と似ています。だから私は食べ物を扱うために進化したふるまいをいくらか借用して、お金に適用しています」。脳はこれらのふるまいをいくらか修正することもある。なにしろ、私たちはお金を食べるわけではないのだ。しかし唾液分泌のような食物に関係する行動が、食物ではなく、私たちの欲するそれ以外のモノによって生じることも多い。第3章ではこうした現象を「キャリーオーバー効果」と呼んだが、それはある状況（今の場合は食べること）のために進化した応答が別の状況に適用され、そこで妙なふるまいを生み出すことがあるからだ。

本書では、キャリーオーバー効果の具体例をたくさん挙げてきた。しかし広い視野で見れば、モノを愛するという現象そのものが、一つの巨大なキャリーオーバー効果と見なせる。人間の愛は何百万年という時間をかけて進化し、人間どうしのつながりを生み出してきた。だがモノへの愛が私たちの生活の重要な一部となったのは、脳が現在の状態まで進化してかなり経ってからだった。私たちがモノを愛する場合、脳は人間どうしのつながり（すなわち愛）のために進化した先史時代の心理メカニズムを借用し、いくらかの修正を加えたうえでモノとの関係にキャリーオーバーする。

これまでの章では、モノへの愛がどのように作用するかにもっぱら焦点を当ててきた。しかしモノへの愛が作用する仕組みだけでなく、そのように作用する理由も知りたければ、愛が進化したところまでさかのぼって調べる必要がある。つまり、本書ですでに明らかにした重要なポイントをさらに深く掘り下げながら、新しいトピックを探究する必要があるのだ。そこで本章では、本書の主要テーマのいくつかを見直したい。

愛の円の広がり

モノへの愛を理解するには、その発展を四つの段階に分けるとわかりやすい。最初の三つは脳の物理的変化によって生じる。(2) 第四の段階は、愛に関するロマン主義的な考え方が支持されてモノが豊富になった時期に起きた文化の変化（第6章で論じた）を反映する。

第一段階――自己愛

子育ての最中には――たとえばよちよち歩きの幼児がスーパーマーケットで泣き叫ぶというありがちな場面では――親が魚をうらやましく思ってしまうような瞬間がある。メスの魚の多くは一度に大量の卵を産み、それからオスが精子を放出して受精する。親の務めを果たしたメスとオスは、楽しげに泳ぎ去る。* 科学者はこれを「r繁殖戦略」と呼ぶ。少なくとも子のいくらかは成熟に達することができるように親は大量の子を産むが、子育てには時間も労力も投資しないのだ。さらにこのr戦略を成功させるのに、子の世話をするように親を駆り立てる心理的メカニズムは要らない。健康な体をもつパートナーのもとへ向かわせる性欲があればいいのだ。ビートルズをもじって言えば、「性愛こそはすべて」なのだ。

このタイプの欲望は愛と関係しているが、かなり違う。性的魅力はロマンチックな愛を燃え上がらせる助けになるが、親子の愛や友人どうしの愛にはふつう、この要素はない。おそらくそのために、人が一般的に愛をどのように定義するかを調べた研究[3]によれば、ほとんどの人は愛を理解するうえで、愛の性的でない側面（たとえば愛する相手を大切に思ったり尊敬したりすること）のほうが、性的な要素よりもはるかに重要だと考えている。性的な要素が愛そのものに不可欠ではないという事実から、私たちが性的に惹かれることなくどんなモノも愛せる理由が説明できる。

そうは言っても、潜在的な配偶相手に対する性欲と、愛するモノに惹かれる気持ちとのあいだの深層には、心理的な類似点がいくつか存在する。まず、性欲とモノへの愛は、どちらも見た目のよさから容易に生まれる。とてもセクシーな人に対して、その人が多少愚鈍であっても性的魅力を感じるのはめずらしいことではない。進化の観点から考えて、これは理にかなっている。というのは、このような性的魅力を最初に発達させたのは、自分の子に餌や保護を与えない動物種だったのだ。どうせ交尾が終わったとたんにどこかへ行ってしまうのだから、セクシーな潜在的配偶相手が責任感の塊でなくてもかまわない。配偶相手が子に与えるのは遺伝子だけだ。だから遺伝子のことだけ気にかければいい。そんなわけで人において、運動能力やしみ一つない肌、さらには顔の対称性（顔の左半分が右半分を鏡で映したように同じに見えること）など、健康状態のよさや遺伝子の優秀さを表す身体的特性に私たちが惹かれるのは理にかなっている[4]。

美しい人が性的魅力を放つのと同じように、車や靴といった美しいモノも肉欲的な反応を引き起こすことがある。たとえば私がインタビューした男性は、服の見た目が気に入ると、それに熱烈な魅力を覚えると言った。[5]

ある服が目に入りました。店にいて何かが目に留まり、それが大声で私の名前を呼んだとしたら、買わずにはいられないでしょう。私は気に入った服にそういう気持ちを覚えるのです。

見た目のよい人とモノには、私たちの自己認識に並々ならぬ強烈なインパクトを与えることができるという共通点もある。容姿に恵まれた恋愛相手を手に入れた人は、自尊心が押し上げられることが多い。マーケティング教授のクローディア・タウンセンドとサンジェイ・スード[6]は、私たちが見た目のいい商品を手に入れた場合にも、機能は果たすが魅力に欠ける商品を手に入れた場合よりも自己イメージが高まることを示している。つまり不安を覚えている人は自己評価を高める必要を感じており、そのために見た目のよい商品に惹かれる気持ちが強まる。

r戦略を用い、親も子もそれぞれ自力で生きていく動物は、子を愛するように進化していない。代わりにこのタイプの動物は、そしてほかのどんな動物も、一八世紀の哲学者ジャン゠ジャック・ルソー[7]が「自己愛」と呼んだものをもっている。彼の言葉を借りれば、「自己愛とは、あらゆる動物がも

＊種によっては死ぬものもあるが、ここでは触れないでおこう。

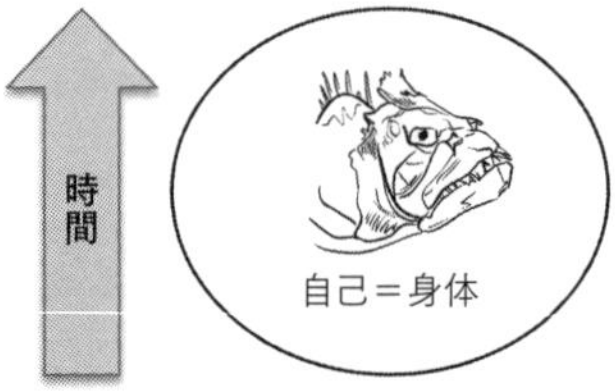

第一段階：自己と愛は自分の身体に限られている。

つ、自己の生存を守ろうとする自然な感情である」。この自己愛というのは、動物に自らの食料と保護を確保するように働きかける、さまざまな脳のメカニズムの集まったものなのだ。理屈で言えば、これらの脳のメカニズムのなかには、自分のしっぽをランチに食べてしまわないように「これは自分だ」と教えてくれる基本的な自己概念が含まれている必要がある。さらに、これらのメカニズムは、自己に含まれるすべて（すなわち動物の体）を本質的に（つまりいかなるときにも）重要なものとして扱う。それ以外のものは、自分に脅威や利益をもたらす可能性がある場合のみ重要とされ、本質的に重要なものとしては扱われない。

本書でこれまでに扱った主要な知見のいくつかが、進化の物語に登場してきたのに気づいた読者もいるのではないだろうか。動物には、自分の体とそれ以外のすべてとのあいだに境界線を引く自己概念がある。この自己概念は、愛されるもの（自分）と愛されないもの（自分以外のすべて）との境界にもなる。そして、彼らの脳は愛されるもの（自分）を本質的に重要なものとして扱う。動物が自分の子や配偶相手とのあいだに絆を築き始めると、こうした愛の構成要素が組み合わさり、私たちの知る「愛」に似たものが生まれる。

第二段階——愛の円が家族に広がる

ペットの飼い主はたいてい、自分はペットに愛されていると信じている。しかし最近まで科学者のあいだで主流を占めていた見方では、一部の動物は飼い主への愛を示すと思われるふるまいをするかもしれないが、私たちの知るような愛を抱くことはできないとされていた。ところが科学界で、これまでとは逆方向へのトレンドが広がっている。情動的なつながりなど、動物についての知見が増えるにつれて、動物が人と似ていることが明らかになってきた。今では脳スキャン技術を使って、動物の行動を表層にとどまらず奥深くまで調べることができる。この研究の多くは、生涯にわたって同じ配偶相手とつがうプレーリーハタネズミ（スナネズミに似た動物）を使っておこなわれている。脳スキャン技術のおかげで、配偶相手と接触したプレーリーハタネズミは愛を経験している人と同じ脳活動を示すことが明らかになった[8]。この発見は、プレーリーハタネズミが愛と呼ぶに値する何かを経験しているることを示す強力なエビデンスとなる。プレーリーハタネズミの空腹や眠気は人が覚えるこれらの感覚とはおそらく違うので、その愛も人の愛とは違うと考えるのが無難だろう。しかしプレーリーハタネズミの空腹が空腹と見なされるために、人の空腹とまったく同じである必要はない。愛についても同じだ。

プレーリーハタネズミの脳スキャンが人の脳スキャンと似て見える理由の一つは、どちらも哺乳類なので、脳の構造が似ていることだ。愛と呼ばれる神経活動の多くは、大脳新皮質と呼ばれる脳領域で生じる。大脳新皮質をもつのは哺乳類だけなので、完全な愛を経験できるのも哺乳類だけである。しかし哺乳類以外でも、多くの鳥など、愛によく似た行動を示す種は存在する。たとえばある神経学研究によると、オスの鳥が配偶相手に求愛するとき、その「求愛行動には常に大量のエネルギー、注意の集中、執拗な後追い、不眠、食欲減退、独占的な『配偶者防衛』、親和的動作、目標指向的求愛行動、そして特定の配偶相手を獲得しようとする強力な動機が伴う」[9]。どこかで聞いたような話ではないか。科学者はこのように配偶相手が互いに惹かれて愛に似たつながりを作ることを「ペアボンディング（つがいの絆形成）」と呼ぶ。配偶相手どうしの絆の形成に加えて、多くの動物種は自分の子とのあいだにも絆を形成する。

動物が家族の中で絆を形成することは、進化のうえで有利となる。その理由を理解するのは難しくない。ここでｒ戦略に代わるのが、子の数は少ないが子育てに時間と労力を投資する「Ｋ戦略」*だ。ｒ戦略にせよＫ戦略にせよ、どちらかがそれ自体として他方よりすぐれているということはない。どちらがよいかは、動物のタイプ（たとえばＫ戦略は大型の動物に適する）や環境（ｒ戦略は水中で特に有効だ）によって決まる。ある説によれば、海から陸に上がった最初の動物が陸で卵を産み始めたときに、親が子育てをするＫ戦略のほうが有利になったという。そして一方の親が巣を守り、もう一方の親が家族全員の食料を確保するようにすれば、多くの場合はうまくいく。配偶相手どうしの絆が一部の種にとって有用だったのはこのためだ。しかし動物がこうした「他者への思いやり」行動をとるには、その行動を生み出す動機づけの仕組みを脳内で進化させる必要があった。動物のこうした動機づけの仕組みが、ボンディング（絆の形成）と呼ばれているのだ。一部の哺乳類では、絆がのちに愛へと進化した。

一部の動物において絆が進化した理由が、これで説明できるかもしれない。しかし、この新しい動機づけの仕組みが脳内でどのようにして生まれたかは説明できない。どんな経緯で絆形成が可能になり、それから愛が可能になったのだろうか。進化における変化は、まずランダムな突然変異として起こるので、まったく新しいものが無からいきなり生まれたというよりは、すでに存在していたものに小さな変化が起きたと考えるほうがはるかにあり得そうだ。これについて、神経科学教授のデイヴィッド・リンデンがうまいことを言っている。「進化において、すでにあるものを適応させられるなら、新しいものを一から作ることは決してない」[10]。では、この動物たちがすでにもっていて、子育て行動をするように適応させたものとは、どんなものだったのだろう。

これらの動物はみな自己愛をもっていて、それによって自分のことを大事にしていた。だから次のページの図に示すとおり、彼らは自己概念を拡張するだけでよかった[**]。この単純な変化一つで、親は自分の子や配偶相手の世話をするようになり、それによって動物の絆や人の愛に不可欠な行動への扉が開いた。図の円は「自己の円」であるとともに「愛の円」とも考えられる。動物自身の体だけを囲んでいた円が、動物の家族まで含むように広がっていく。これは動物がそれまでの境界を越えて自己

---

*そう、rは小文字だがKは大文字だ。ドイツ語を話す人ならその理由がわかると私は聞いている。

**心理学者と生物学者はそれぞれ違った学問的見地から物事をとらえる。私は心理学者として心理状態の変化を論じるが、進化生物学者ならこれらの事象を脳構造、神経接続、ホルモン活性の観点から論じるだろう。

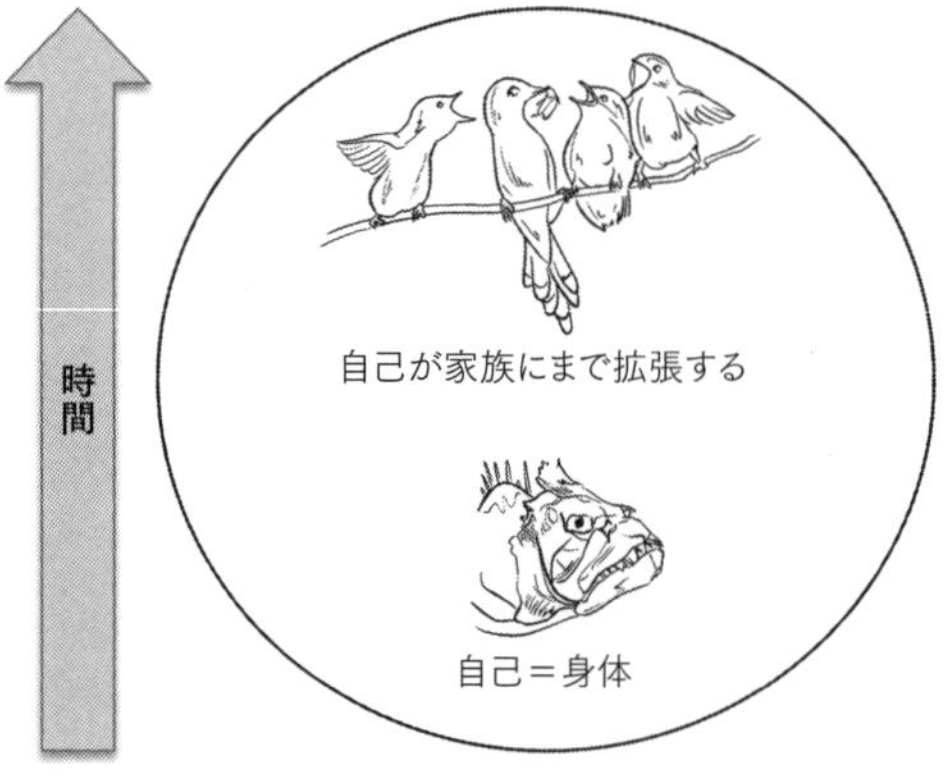

第二段階：自己と愛が家族にまで広がる。

認識を拡張させ、そうすることによって自分以外の存在とのあいだに絆を形成する（そしてのちに愛を育む）能力を進化させたことを示す。

要するに、人の愛には自己の拡張が伴い、自分以外も愛の対象に含まれる。その理由は、はるか昔の進化でこの自己拡張のプロセスが始まり、そこから自分の子や配偶相手を思いやる行動が進化したからだ。

◆愛と性欲は脳の同居人

第3章で、エキサイティングなブランドはセクシーとか奔放だと周囲から思われる人に似ているのに対し、誠実なブランドは守護者のようだと思われる人に似ていると述べた。[11] この違いについて、進化的な起源を見て取ることができる。長期的なペアボンドが発達しても、そのせいで性欲が駆逐されることはなく、両者は緊密に共存し続けた。[12] そのため今日では、人間の脳には（1）セクシーな相手を求めて性的な魅力を感じるシステムと、（2）守護者に魅力を感じる長期的な愛のシステムという、魅力に関する二つのいくらか異なるシステムが共存する。この二つのシステムは完全に互いから独立しているのではなく、たとえばセックスをすれば、パートナーとのあいだに長期的な絆を生み出すホルモンが脳内で分泌される。[13] しかし二つのシステムはまた、互いにかなり独立して機能することもできる。たとえばラトガース大学の人類学者ヘレン・フィッシャーらの指摘によれば、[14] テストステロンを投与すれば男女のいずれにおいても性的衝動のシステムを活性化できるが、これによって強まるのは性欲だけで、パートナーへの愛は強まらない。セクシータイプと守護者タイプという二人のパートナー候補に関心をもったことのある人なら、頭の中に二つの声があって、それぞれが別々の命令を発しているように感じた覚えがあるかもしれない。そのように感じられたのは、まさにそういうことが起きているからだ。

セクシータイプと守護者タイプという区別は、人の愛する食べ物にもあてはまる。もっと正確に言えば、人の「愛さない」食べ物だ。私は愛するモノを尋ね始めたとき、多くの人がデザートを挙げるだろうと予想していた。しかし実際のところ、デザートが好きだという人はたくさんいるが、愛するという人はめったにいないことがわかった。ある研究では、二四人が自分の愛する食べ物を挙げたが、そのなかでデザートを挙げたのは三人だけだった。[15] さらに、この三人のうち二人はインタビューの最中に答えを変えて、デザートを愛しているわけではないと言いだした。なぜデザートはこれほど愛されていないのだろうか。

途中で答えを変えた二人によれば、問題はデザートが健康的でない点にある。デザートはただの遊び相手、つまり魅力的で楽しいが真剣な愛には向かない相手だというのだ。では、デザートを愛すると最後まで言い続けた人はどうだったか。彼女の愛するデザートはフローズンヨーグルトで、その理由は「罪悪感なくおいしい」からだった。彼女にとって、フローズンヨーグルトは貴重な掘り出し物だった。セクシーでありながら、守護者でもあるのだ。この話から、私はスイスで話をした女性を思い出す。彼女は私にチョコレートをどれほど心から愛しているかを語り、スイスではチョコレートが健康によいと考えられていると説明した（彼女もチョコレートをセクシーな守護者ととらえていた）。このように有害だと考えられているモノに惹かれるが愛は抱かないという傾向は、タバコ、アルコール、ドラッグなど、さまざまなモノとの関係にもはっきりと見て取れる。私たちは、あるモノが魅力的だが有害だと感じる場合にはそれを「渇望」するかもしれないが、魅力的で有益なモノなら、それを愛する可能性がはるかに高くなる。そして健康的だが味気ないという逆の状況では、愛はかき立てられない。

人についても、恋愛相手にはセクシーでなおかつ後見人タイプであることを望む。しかしその願いがいつも叶うわけではない。高名な社会学者のバーナード・マースタインによれば、「対人関係におけるプラス要素が多くマイナス要素が少ない人だけが、互いを真に『選択』する。プラス要素が少なくマイナス要素が多い人は、互いに『妥協』することが多い[16]」のだ。確かにそのとおり。はっきり言って、本書を読むほどの知性と非の打ちどころのないセンスをもつ人は魅力的で、パートナーについて「妥協」する必要などないと私は確信している。しかし、知り合いでこういう状況に置かれた人がいるなら、励ましの言葉を贈りたい。妥協はよいことなのだと。愛を求める気持ちがあまりにも強いせいで、相手の容姿や財産といった表面的な性質などどうでもよくなってしまう場合がある。妥協はその表れなのだ。そしてこれこそ、人類においてほかの欠点を最もよく補ってくれる特質なのだ。

◆最初の出来事に関する別の説

愛がテレビ番組だとしたら、『人を愛すること』はヒットしたオリジナルの番組であり、『モノを愛すること』はそのスピンオフとなるだろう。「人間関係のための行動がまず生じ、それがモノとの関係に波及する」ほうが、「モノのための行動がまず生じ、それが人との関係に波及する」よりもはるかに一般的だ（とはいえ、モノ先行関係がどのように人の恋愛関係に波及し得るかについて、私は論文を書いたことがあるのだが[17]）。私はこの現象を「対人先行」と呼ぶ。これは人との関係が最初に生じて愛のひな形を作り出し、このひな形がモノとの関係にも使われるということだ。

しかし、著名な生物学者のラリー・ヤングは別の説を唱えている。彼の説では、一部の動物は先にモノへの愛着を進化させ、これがあとで配偶相手への愛着のひな形になったとされる。ヤングはハタネズミにおけるペアボンディングの進化を研究している*。ある種のハタネズミは、オスが縄張り行動を示す。特定の領域を「自分のもの」と見なし、餌をめぐって争いになりそうな侵入者から自分の縄張りを守ろうとするのだ。ヤングの説によると、オス**のハタネズミにまず縄張りとの絆を形成する性質が進化し、それによって、人間の世界で「心理的所有」と呼ばれるものが縄張りに対して生じたと

---

*そう、またハタネズミだ。ハタネズミは愛と愛着の生化学研究における、実験動物のスーパースターなのだ。彼らが研究でよく使われるのは、ハタネズミの一種であるプレーリーハタネズミが配偶相手とのあいだに強いペアボンドを形成するからだ。ちなみにハタネズミでも、ヤマハタネズミといったほかの種類のハタネズミはそのような行動をとらない。

いう。その後、ハタネズミが進化するなかで、脳は「縄張りの所有」という概念を「配偶相手の所有」へと拡張するように進化した。配偶相手を所有物と見なすのは、あまりロマンチックな考え方ではない。しかしヤングらの研究[18]にはこの説を裏づける根拠があり、それはもっぱらハタネズミの脳におけるホルモンの働きと関係している。彼の説は、オスの示す奇妙な行動の説明にもなる。オスのハタネズミがメスとペアボンディングするとき、ほかのオスのみならずほかのメスも、自分の相手に近づきすぎないよう追い払う。ライバルのオスをつがいの相手から遠ざけておくのは理解できるが、メスを遠ざけておくのは……理解に苦しむ。ヤングは、オスがこんなふうに奇妙なふるまいを見せるのは、この行動が最初に進化したときの名残かもしれないと示唆している。つまり、当時は餌を奪われないように自分の縄張りを守り、オスもメスも追い払ったからだというのだ。しかしこれは可能性としてはおもしろいが、ハタネズミでそれが成り立つかどうかはまだまったくわからないし、ましてや人にあてはまるかは皆目わからない。だから私の考えでは、人においては、ほかの人への愛が先に進化して、それをあとからモノに適用するようになったとする見方が最もあり得そうだ。

第三段階——愛の円が集団に広がる

本書のテーマの一つとして、人とモノとの関係が人と人との関係とさまざまな形で結びついているということをたびたび指摘してきた。私たちが愛するモノは、私たちがほかの人と楽しく過ごすのを助け、おしゃべりの話題となり、友人関係を思い出させ、集団のアイデンティティを強化し、ほかの人から尊敬を得る助けとなるなど、さまざまな働きをする。人がモノとの関係においてこれほど大きな役割を果たすのはなぜか、その理由を理解するには、友人関係の進化を理解する必要がある。その最初の舞台は大脳新皮質だ。

大脳新皮質は、愛をはじめとする社会的関係のさまざまな面において不可欠である。人間の大脳新皮質は進化によって非常に大きくなり、脳のおよそ四分の三を占めている。人間があらゆる動物のなかで（身体のサイズとの比率で比較すると）最大の脳をもつのは、もっぱら大脳新皮質がとても大きいからだ。

大きな大脳新皮質をもつことには、不利な点もある。大きな脳には大きな頭が必要で、そのせいで分娩時に子や母親が死ぬおそれがある。さらに、脳は骨格筋と比べて単位重量あたり八倍から一〇倍ものカロリーを消費する。[19] そのため脳は重量では体重のわずか二パーセントを占めるだけなのに、最大で一日の総カロリーの二〇パーセントを消費する。[20] ということは、大きな脳をもつ私たちは、大量の食べ物を確保する必要がある。私たちの祖先がこれほど大きな大脳新皮質を進化させたということは、これらのマイナス点を補ってなお余りがあるようなメリットがあったに違いない。

大きな脳のもたらした最大のメリットとして、人が道具を作れるようになったのはこの脳のおかげだと広く信じられているが、それは間違っている。今では科学者はこの見方を信じていない。脳が進

＊＊この説が正しいとしたら、それがあてはまるのはメスとペアボンドを形成するハタネズミのオスだけで、オスとペアボンドを形成するメスにはあてはまらない。実際、そのことを示すエビデンスが存在する。

化して大きくなっていった時期に、人の使う道具は大して変化しなかったからだ。では、私たちはなぜ大きな脳をもっているのか。その最大の理由を理解したければ、さまざまな動物の脳の大きさを比較することから始めるとよい。一雌一雄でつがいを形成して子を育てる種《しゅ》は、そうしない種と比べて著しく脳が大きい[21]。生物学者の考えでは、これらの大きな脳をもつ種は、配偶相手をうまく選択し、子育てにチームワークを発揮するために、知力を余分に必要とする。つまりあらゆる動物種において、大きな脳をもつ主な目的は、父母のあいだで複雑な協力関係を実現させることなのだ[22]。

人*はこれをさらに一歩前進させた。大脳新皮質が急速に大きくなっていたころ、私たちは配偶相手と協力して子育てをしていただけではない。同じ集団に属する血縁でない他者とも、日常生活のさまざまな場面で協力していたのだ。ロビン・ダンバーは、霊長類の社会的欲求が脳の進化に与えた影響の研究において、おそらく最も著名な研究者だろう。彼によれば、さまざまなサルや類人猿の種を比較すると、大きな脳をもつ種は大きな群れで暮らしていて、その群れには複雑で柔軟な社会的組織があるという。このことから、人の場合はまず愛にもとづく協力が核家族の中で始まり、それがのちに部族レベルに広がったのではないかと思われる。こうした協力の拡大は、進化的に成功するのに役立った。というのも、動物の群れは、資源をめぐってほかの動物と競争するチームだからだ。そして柔軟で大きなチームは、固く結束した小さなチームを打ち負かすことが多い。

優秀なコーチなら必ず知っていることだが、力のあるチームを作るには、チームメイトが互いを思いやるような動機づけが必要だ。あるいは高名な生物学者のE・O・ウィルソンの言葉を言い換えれば、利己的な個人は利他的な個人を打ち負かすが、利他主義者のチームは利己主義者のチームを打ち負かす。そんなわけで、人が血縁の家族以外の人々と大きなチームを組んで力を発揮するために、核家族以外の他者を思いやる能力が進化した。つまり、友人関係を作る能力が進化したのだ。親密な友人関係は、一種の愛である（とはいえ、私たちが常にそう見なすわけではないが）。どのような種類の親密な関係であろうと、その関係が親密に感じられるのは、愛に負うところが大きい。アーサー・アーロンらのおこなった研究によれば、恋愛だけでなく親密な人間関係全般も、他者を自己認識のなかに取り入れることで機能する。[23] この考え方は新しいものではない。アリストテレスも「友は第二の自己である」と記している。

私たちの祖先は、子や配偶相手との感情的な絆を形成する能力を獲得したのと同じ経緯で、友人関係を築く能力も獲得したと私は考えている。つまり、しかるべき状況において自己認識が拡大して自分の家族以外の人も取り込むように、脳が進化したのだ。そしてこれが起きたとき、愛の円がさらに広がった。

自分のアイデンティティの一部として親、子、その他の親戚、友人を取り込むこともできるので、人の自己概念にはちょっとしたオーケストラを編成できるくらいの人が含まれることもあり得る。南イリノイ大学のスティーヴン・ドリンガーとステファニー・クランシーのおこなった研究[24]に、そのエビデンスを見ることができる。この研究では、大学生に「自分がどのような人間か」を表している写

＊類人猿やサルでも、人と同じ進化のパターンがいくらか見られる。また、核家族以外の他者と友人関係になる動物もいるようだ。

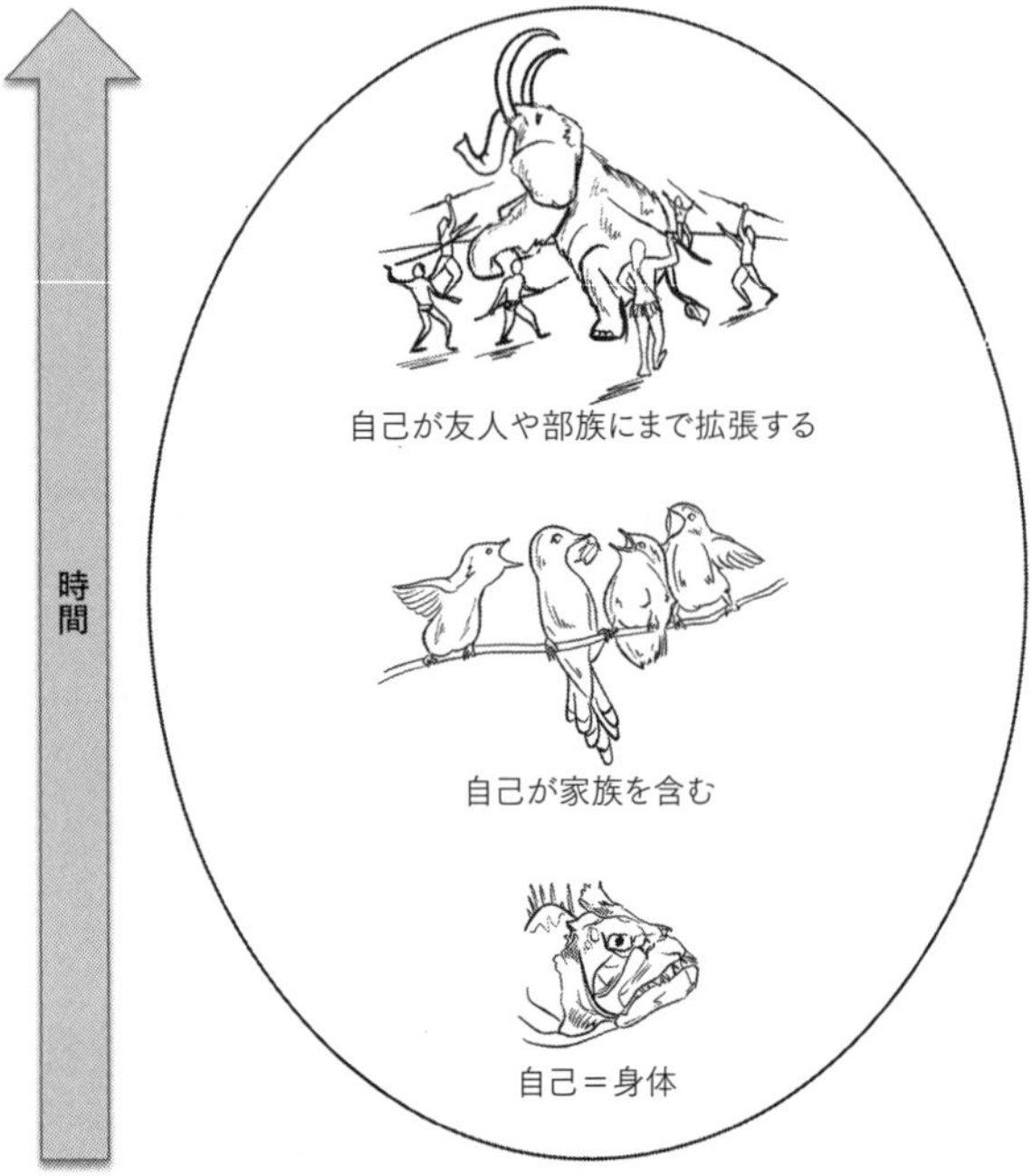

第三段階：自己と愛が友人や部族にまで広がる。

真を一二枚撮らせた。すると、自分を説明するために最も多く撮られたのは、ほかの人の写真だった。参加者の九八パーセントがほかの人の写真を少なくとも一枚は提出したのに対し、自分の写真を一枚でも提出した参加者は八四パーセントにとどまった。

大きな脳のおかげで、私たちは集団でうまく協力するための社会的知能がもてるようになっただけでなく、そうした集団の中でうまく物事を運び、子孫をもつのも容易になった。多くの人が人間の進化の歴史を誤解している。先史時代の人の生活について考えるとき、人類にとっての最大の難題は、サーベルタイガーから逃れるといった類のことだったと多くの人は思っている。これに対し現代の生活で私たちが直面する最大の難題は、気難しい上司とうまくやっていくといった人間関係の問題だ。サーベルタイガーが絶滅したおかげで、私たちはサーベルタイガーに殺されるおそれから解放された。それは私も認めよう。しかし先史時代においても、人の運命はその人の社会的スキルにかかっていた。第一に、現代と同じように、人の社会的スキルは配偶相手を見つける能力と大いに関係していた。第二に、現代ではトラクターからキッチン家電に至るまで、さまざまな機械が私たちの作業を助けてくれるが、こうしたテクノロジーが出現する前は、何かの作業をするときに助けてくれる最も強力で万能な資源といえば友人だった。第三に、他部族のメンバーとの社会的関係は、自分の集団内での役割や、共有資源の分け前にも大きく影響した。そして第四に、現代なら今の職場で社会的関係をぶち壊してしまっても、必ず別の仕事が見つけられるが、先史時代の人は毎日、朝から晩まで同じ人たちと顔を合わせていた。人間関係がうまくいかなくなっても、そこから逃げ出すのは難しかった。そこで私たちの祖先は、ほかの人との関係にうまく対処できる脳を進化させたのだ。

人の脳、とりわけ大脳新皮質は、主に私たちが社会的関係にうまく対処できるようになるために進化した。そのため、私たちは多くの科学者が「社会脳」と呼ぶものをもつに至った。社会脳というテーマには第1章で軽く触れたが、もう少し詳しく見る必要がある。かつて科学者は、脳はさまざまな用途に対応できる汎用装置だと見なし、人も岩もそれ以外についても、すべて同じように扱うのだろうと考えていた。しかし今では生物学者が、人について考えることに特化して進化した脳領域をいくつも発見している。たとえば「紡錘状回顔領域」と呼ばれる領域[25]は、人の顔を認識するのに特化している。その重要性を示す絶好の例を報告した論文が、『ジャーナル・オブ・ニューロサイエンス』[26]に掲載された。それによると、重度のてんかん発作を抑えるために脳手術を受けたロン・ブラックウェルという患者に対し、発作を引き起こす部位を特定するために、脳のさまざまな領域に弱い電気刺激を与えた。この処置のあいだ、患者は電気刺激の作用を医師に報告するために、覚醒状態に保たれた(なんとも恐ろしい話だ)。紡錘状回顔領域を刺激すると、ブラックウェルは医師の「顔全体が変形した」と言い、医師が「別人に変わってしまった」ように感じられると説明した。しかし医師の顔以外の部分や室内のほかの物にはまったく影響がなかった。

社会脳仮説を使えば、私たちが寛容さを好む理由も説明できる。心理学者のララ・アクニンのおこなった研究によれば、人と分かち合うことを学ぶには幼すぎるよちよち歩きの幼児でも、プレゼントをもらったときよりもおやつをほかの人と分かち合ったときのほうが、笑顔をたくさん見せるという。これより科学的ではないがはるかに微笑ましい例を挙げれば、ユダヤ教のラビである私の妻が、集会で就学前の幼児のために人形劇を上演した。劇中で、ある人形がぬいぐるみをもっていた。別の人形がそれで一緒に遊ばせてほしいと言うが、断られる。ぬいぐるみをもっていない人形がすすり泣き、悲しげな顔をすると、客席にいた二歳の男の子が立ち上がり、人形たちのところへちょこちょこと歩いていき、泣いている人形に自分のもっていた猫のぬいぐるみを差し出した。私たちが何かを食べるという行動を楽しむように進化したのは、それが生存のために重要だからだ。それと同様に、私たちが寛容であることを好むのは、それが社会的関係を育むのを助けるからだ。そして私たちが進化した集団中心の環境では、社会的関係もまた、生存するために不可欠だったのだ。

人間が社会的動物だということは、すでに長らく言われてきた。しかし、生得的に社会性がどれくらい脳に組み込まれているかを生物学者や神経科学者が明らかにし始めたのは、つい最近のことだ。私たちはモノよりも人を優先する脳を使って、モノとのつながりを作り上げる。だからこそ第4章で述べたとおり、一見すると〈人―モノ〉の関係に見えるものが、よく調べてみるとしばしば〈人―モノ―人〉の関係であることが明らかになる、とベルクの第一原理が明言しているのだ。

◆なぜ脳は人とモノを区別するのか

本書は、私が「リレーションシップ・ウォーマー」と呼ぶ三種類のものを軸に構成されている。その三つとは、擬人化、ピープル・コネクター、自己認識への取り込みである。これらのリレーションシップ・ウォーマーは、モノに対する冷たく実利的な関係を「温めて」、愛される資格をモノに与える手段だ。いずれのリレーションシップ・ウォーマーも、通常は人について考えるのと同じ方法で、脳にモノについて考えさせる。

　しかし、脳が通常はモノと人を別々に考え、ときには人とモノを区別してまったく異なる神経系を使うことさえあるのはなぜなのか。研究者のニコラス・ケルヴィン、スーザン・フィスク、クリス・マローンの報告[27]によると、「タスクを遂行している人を見ると、見た人の内側前頭前皮質が活性化する。ところがそれとまったく同じタスクをロボットにやらせると、それを見た人の内側前頭前皮質は活性化しない」。別の研究チームのキャロリン・ユーン、アンジェラ・ガッチェス、フレッド・ファインバーグ、タッド・ポルク[28]によると、人の性格に関する情報を処理するときには主に内側前頭前皮質が使われるが、「ブランドの性格」（たとえば、アップルはエキサイティングか洗練されているか）について考えるときにはまったく別の領域、つまりモノについて考えるときによく使われる左下前頭前皮質で情報が処理されるという。

　脳が人とモノについて考えるときに、しばしば別々の領域を使うのはなぜなのか。本章で、「社会脳」仮説を紹介した。「私たちの脳は他者と共生するという難題を克服できるように進化した。そのため、脳には人について考えることに特化したメカニズムが生まれた」という説である。この考え方をさらに少し推し進めて、「人について考えるメカニズムは、モノについて考えるメカニズムよりも概して強力である」とする説もある。この見方を裏づけるエビデンスが、「ウェイソン選択課題」と呼ばれる論理《ロジック》パズルから得られる。このタスクは次のようなものだ。四枚のカードがテーブルに置かれている。それぞれ片面には数字が書かれ、裏面にはドットかレンガのパターンが描かれている。「あるカードの片面に偶数が記されているならば、裏面にはドットが描かれている」という命題の真偽を確かめるためには、どのカードをめくればよいだろうか。ここでは、なるべく少ない枚数のカードをめくって答えにたどり着かなくてはならない。

たいていの人は、2と書かれたカードとドットの描かれたカードをめくると答える。さらにレンガのパターンの描かれたカードをめくると答える人もいるかもしれない。このパズルに挑戦した人の九〇パーセント以上がこう答えているが、その答えは間違っている。理由はのちほど説明するが、その前にもう一つ、別のロジックパズルに挑戦してほしい。

パーティーでお目付け役を務めているとしよう。二一歳未満の人はソフトドリンクしか飲んではいけないことになっている。ここに参加者が四人いる。規則が守られているかを確かめるには、どの参加者を調べればよいか。

参加者1は三〇歳、参加者2は一六歳だとわかる。二人とも飲み物を飲んでいるが、何を飲んでいるかはわからない。参加者3と参加者4はこちらに背中を向けているので、年齢はわからない。しかし参加者3がコークを飲み、参加者4がビールを飲んでいるのはわかる(次ページの図参照)。たいていの人は、この問題は簡単だと思う。一六歳の参加者がビールを飲んでいるか、そしてビールを飲んでいる参加者4が二一歳以上かどうかがわかればよいのだ。

結論から言うと、論理的にこの二つは同じ問題だ。答えはどちらも同じで、カード2とカード4、あるいは参加者2と参加者4を調べればよいのだ。パーティーの問題のほうが、はるかに正解を出しやすいのはなぜなのか。このロジックパズルは「推論の心理学において最も研究されている実験パラダイム」(29)と呼ばれ、盛んに研究されている。そしてモノを扱う問題よりも人を扱う問題のほうがはる

どのカードをめくればよいか?
カード 1
カード 2
カード 3
カード 4
奇数
5
偶数
2
ドット
レンガ
各カードの片面には数字が記され、裏面にはパターンが描かれている。
これは真か?
カードの片面に偶数が記されているなら、
裏面にはドットが描かれている。

ウェイソン選択課題 1

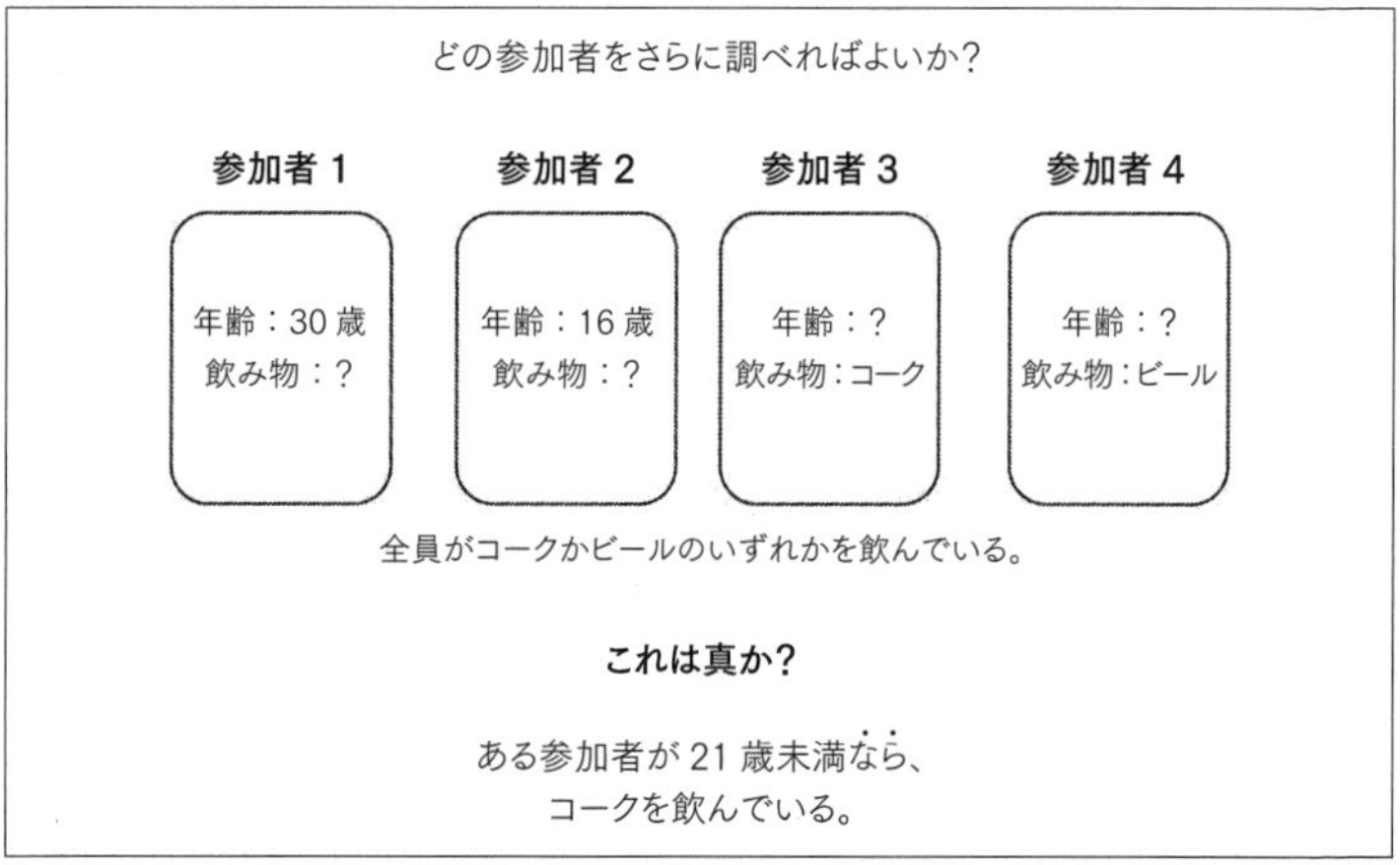
どの参加者をさらに調べればよいか?
参加者 1
参加者 2
参加者 3
参加者 4
年齢：30 歳
飲み物：?
年齢：16 歳
飲み物：?
年齢：?
飲み物：コーク
年齢：?
飲み物：ビール
全員がコークかビールのいずれかを飲んでいる。
これは真か?
ある参加者が 21 歳未満なら、
コークを飲んでいる。

ウェイソン選択課題 2

かに答えやすいということが、研究で明らかになっている。[30] 人を扱った問題なら、「二一歳未満の人はソフトドリンクしか飲んではいけない」という規則を「二一歳未満でビールを飲んでいる人はいるか」という論理的に等価な問いへとすぐさま変換できる。これができれば、二一歳未満の人とビールを飲んでいる人を調べればよいということが簡単にわかる。一方、「カードの片面に偶数が記されているならば、裏面にはドットが描かれている」という規則を「表面に偶数が記され、裏面にレンガのパターンが描かれているカードはあるか」という問いに変換するのは、脳にとってはるかに難しい。この変換ができれば、表面に偶数が記されたカード（カード2）と裏面にレンガのパターンが描かれたカード（カード4）を調べるだけでよいことが明らかになる。モノを扱う場合よりも人を扱う場合のほうがはるかに正解に至りやすいという事実は、人にフォーカスした脳領域はモノについて考える脳領域よりも高いレベルで働くことを示すエビデンスになると考えられている。

今見てきたことが、リレーションシップ・ウォーマーとどうつながるのだろうか。脳が最も頻繁に遂行するタスクの一つは、処理能力不足のせいで対処しきれない情報を、ふるい分けて排除することだ。社会心理学者のティモシー・D・ウィルソン[31]の指摘によれば、私たちは感覚器から毎秒一一〇〇万ビットほどの情報を受け取るが、脳で処理できるのはそのうちの五〇ビットほどにすぎない。そこで脳はさまざまな分類メカニズムを使い、入ってくる情報を対処可能なレベルまで削減する。そうした分類メカニズムの仕事の一つは、人に関する情報をモノに関する情報からより分けて、人について考えるために進化した知的能力（愛など）が、日々目の前を行き交う無数のモノについて逐一考えてダウンしてしまわないようにすることだ。三つのリレーションシップ・ウォーマーは、この分類メカニズムをだまし、特定のモノをあたかも人であるかのように扱わせる。第一のリレーションシップ・ウォーマーである擬人化は、モノを人のように「偽装」する。第二のリレーションシップ・ウォーマーであるピープル・コネクターは、モノを特定の人と結びつけて、分類メカニズムにそれを人と誤認させる。第三のリレーションシップ・ウォーマーは、第二のリレーションシップ・ウォーマーとかなり似ているが、モノをほかの人と結びつけるのではなく、自分と結びつける。これによってモノが自分のアイデンティティに取り込まれ、自己認識の一部となる。

リレーションシップ・ウォーマーは、愛される資格をモノに与えるが、愛を保証するわけではない。擬人化されていても、私たちが愛さないモノはたくさんある。ほかの人と強く結びついたモノについても、同じことが言える。たとえば親戚のおばさんの作るトマトスープをおばさんと結びつけ、棚に保管している缶詰のトマトスープよりもおばさんのスープに情動的な結びつきを感じることがあるかもしれない。しかしおばさんの秘密のレシピがあまりにもおいしくないので、永久に秘密のままでかまわないと思っているなら、おばさんのスープを愛することはないだろう。また、あるモノを自分の一部と感じているとしても、どんな人にも、悪い習慣をはじめとして自分で愛せないどころか好きになることさえできない部分がある。リレーションシップ・ウォーマーによってモノを愛することが可能になるが、そのモノが実際に愛されるには、その人に気に入られ、ぴったりだと感じさせ、それ以外にも数々の高いハードルをクリアする必要がある。

第四段階——愛の円がほとんどのモノに広がる

本章で、先史時代の動物にはある種の自己愛があり、それが自分を大切にする動機となっていたことを指摘した。のちに一部の種は自己愛を拡張して家族をその対象として取り入れた。さらに時代が下ると、一部の種はさらに自己愛を拡張し、友人もその中に加えるようになった。しかし、モノを愛する能力はいつごろ生まれたのだろうか。

◆動物はモノを愛するのか

モノを愛する動物がいるなら、モノを愛する能力が私たちの進化の歴史の早い時期に、もしかしたら人類が登場する前から出現していたかもしれないという説が裏づけられるだろう。動物がほかの動物をだまして自分の子を育てさせる「托卵」という行動が、ここで重要な意味をもつ。たとえばカッコウは、自分とは違う種の鳥の巣を見つけて、そこに卵を産む。巣に卵を産みつけられた母鳥は通常、託された卵を自分の卵として受け入れ、やがて生まれたカッコウのひなとのあいだに絆を形成して餌を与える。このカッコウのひなはモノではないが、育ての母鳥の子でもない。つまり動物が絆を形成する対象には、少なくともある程度の柔軟性があるということだ。この柔軟性を拡張して、モノとのあいだにも絆を結べるようになるのだろうか。

心理学者のハリー・ハーロウがおこなった、有名な実験(32)について考えてみよう。赤ちゃんザルを母

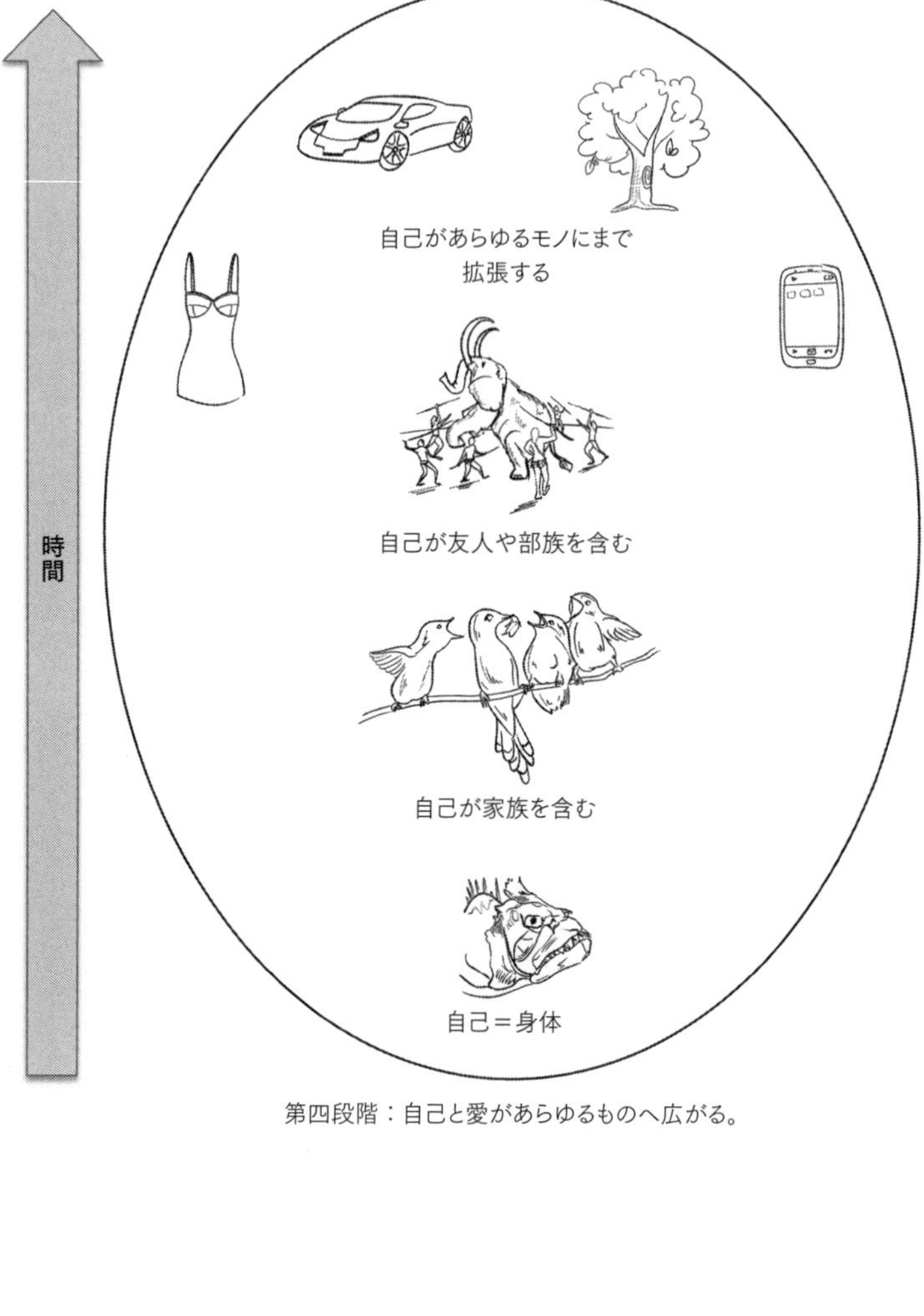

第四段階：自己と愛があらゆるものへ広がる。

親から引き離し、代わりにタオル地の布でできた母親の人形と、針金でできた母親の人形をあてがった。赤ちゃんザルは布地製の母親とは絆を形成したが、針金製の母親のことは拒絶した。ハーロウがこの実験を思いついたのは、母親から離れて育った赤ちゃんザルが、お守りの毛布にしがみつく人間の赤ん坊と同じように、布製のおむつにしがみついているのに気づいたからだった。布おむつの柔らかな手触りが、赤ちゃんザルに母親の感触を思い出させるのだろうかと彼は考えた。そしてその考えは当たっていたようだ。母親人形の表面を布地で覆うことによって、人形が擬人化（擬サル化？）され、赤ちゃんザルに人形との絆を結ぶよう促したのだ。ハーロウの研究から、理論的には一部の動物がモノを愛することは可能だと思われる。

たとえば多くの人は、自分の犬がお気に入りのおもちゃを愛していると感じる。私は犬を二匹飼っていて、彼らは仲良しだが、一匹がもう一匹の骨型おもちゃを取ろうとしてけんかになることもある。このことは犬がおもちゃの骨を愛していることを示しているのかもしれないが、確信はできない。犬たちが何かをめぐってけんかも辞さない場合、それは犬たちがそのモノの価値を認めているということだ。しかし何かを愛することには、「利益をもたらすから価値を認める」だけにとどまらず、情動的な関心をもつことが含まれる。動物もこんなふうにモノを愛するのか、それとも栄養や心地よさや快感を与えてくれるから価値を認めているだけなのかを明らかにした研究は、私の知る限り存在しない。とりあえず言えるのは、一部の動物にはモノを愛する能力があるように思われるが、実際のとこ

＊この実験は科学的にとても有意義だったが、これについて読むときは、サルたちが気の毒に思えてならない。

ろどうなのかはわからないということだけだ。

◆人がモノを愛し始めたのはいつごろか

ホモ・エレクトゥスが模様を刻みつけた、およそ五〇万年前の貝殻が発見されている。人はしばしば自分の作ったものを愛するので、人類初期の祖先は、この貝殻を愛していたかもしれない。ただし彼らの脳はまだ進化の途上にあり、現代の私たちがモノに対して抱くのと同じような愛着を彼らが形成できたかはわからない。

人類の脳が現在の状態にまで進化したのは今から五万年ほど前なので、モノを愛する生物学的な能力も、遅くともそのころには生じていたはずだ。こうした初期の人類は、どんなモノを愛したのだろうか。考古学者は四万年前に作られた見事な芸術品を発見していて、それより昔に作られたものもわずかながら見つかっている。そうした作品のなかには偶像があり、これは高度に擬人化されたモノだから、愛されるモノの有力候補と言えよう。現在、宗教の信者が像に祈りを捧げるとき、彼らはしばしば像に話しかけ、願いを叶えてほしいと懇願する。そして、それによって像と結びついているという感覚が生まれる。太古の人類は、自然も愛したかもしれない。第1章で指摘したように、自然はおそらく今日最も広く愛されているモノだ。

偶像以外にも、初期の人類が愛した所有物はあったのだろうか。アボリジニの部族は、初期の人類の暮らしぶりを知るのに有用な手がかりを与えてくれる。現代の人類学を創始したブロニスワフ・マリノフスキ(33)は、ニューギニア地域でおこなわれていた「クラ」という贈り物交換システムに関する本を著している。クラの贈り物はさまざまなコミュニティーで高い地位にある人々のあいだで交換され、贈る側はしばしば何百キロも離れた場所にいる相手のもとへ、危険を冒してカヌーで向かう。常に贈り物は貝殻でできた首飾りか腕輪で、一人が首飾りを贈ったら、それを受け取った人はお返しに腕輪を贈らなくてはならない。クラの贈り物の価値は一様ではない。その贈り物が順々に次の相手に贈与されていくにつれて、価値が高まっていく。クラの贈り物の交換によって友好関係が強化され、クラに参加する者たちはこれを婚姻と同様にとらえる。つまりクラの贈り物は、人が愛するモノのもつ特徴を多く備えている。美しく、所有者のアイデンティティを明確にするのを助け、典型的な〈人―モノ―人〉のアイテムなのだ。初期の人類の多くが似たようなタイプのモノを所有していたということはあり得そうなので、彼らがそうしたモノを愛していた可能性も大いに考えられる。

初期の人類はおそらくときおりモノを愛していたが、今ほど頻繁に愛することはなかっただろう。そう考えるべき理由が二つある。第一に、初期の人類の世界は、現在の世界ほどモノが満ちあふれてはいなかった。私の知る現代の五歳児は、典型的な先住民が生涯で所有したよりもはるかにたくさんのモノを所有している。第二に、狩猟採集社会では、クラの贈り物のようなモノはほとんど存在しない。経営学教授のメラニー・ウォレンドーフとエリック・アルヌーは異文化間研究[34]として、アメリカ人とアフリカの僻村で暮らす人々のお気に入りの所有物を比較した。アメリカ人のお気に入りは通常、所有者が望みどおりのアイデンティティを確立するのを助け、重要な社会的関係のしるしとなるものだった。一方、アフリカの村民がお気に入りの品を好むのは、実用的な理由からだった。たとえば、とりわけすぐれた機能を発揮するとか、必要な場合には高額で売れるといった理由だ。しかしアフリカ人はアメリカ人とは違って、お気に入りのモノに自分のアイデンティティを示す象徴的な意味をもたせることはなかった。このように異文化間で違いが生じた一因は、アメリカ人は自分をよく知らない多数の人と交わる大きな社会で暮らしているので、自分が何者であるかを示すために所有物を使っていたことにある。対照的に、この研究の対象となったアフリカ人は、誰もが互いを知る小さな僻村で暮らしているので、所有物を使ってアイデンティティを伝える必要がなかった。

文明が発達して経済生産が増大するにつれ、人の生活で所有物の果たす役割が大きくなっていった。人々が広く多様なモノを所有するようになるにつれ、「モノを愛すること」についてはっきり言及する事例も登場してきた。たとえば聖書ではお金への愛が非難され、プルタルコスは「富への愛について」という小論を記している。ルネサンスの時代には、本書で扱っているようなモノへの愛の明確な事例が見られる。たとえばシェイクスピアは、デズデモーナがオセロから贈られたハンカチを「こよなく愛し」、常に身につけて「口づけしたり話しかけたり」すると書いている。つまり擬人化（デズデモーナがハンカチに話しかける）や、オセロとの〈人―モノ―人〉の結びつきから生じる愛など、モノへの愛が本格的にできあがっている。

モノへの愛――バグではなく特徴

ある行動が「進化のうえで最適」となるのは、その行動によって、その人の遺伝子を受け継ぐ子孫の数が最大限に増えるときだ。人を愛することは進化のうえで最適な行動である場合が多いが、モノを愛することはそうではない。自分と同じ遺伝子をもつ人（自分の子やきょうだいなど）を愛するのは、進化の点で理にかなっている。なぜなら、愛することは相手を助けることにつながり、それゆえ自分の遺伝子が存続する助けにもなるからだ。しかし私たちの愛するモノが私たちと同じ遺伝子をもつことはあり得ないので、仮にそのモノのために犠牲を払っても、自分の遺伝子を広めることにはつながらない。

配偶相手や友人など、遺伝子を共有しない人への愛はどうだろう。このような人との相互的な愛にも進化の面で意味はあるが、その理由は異なる。友人どうしの愛によって、「相互援助協定」が結ばれる。こちらが相手を助け、相手もこちらを助けてくれるのだ。しかしこれがうまくいくのは、愛が相互的な場合だけだ。友人への愛が「こちらが友人を助けても、こちらに対する友人のふるまいは変わらない」というものならば、友人を愛することは進化のうえで不利となる。だからこそ、研究[35]で判明しているとおり、私たちが他者を愛し始める最も一般的な理由の一つが、相手から愛されていると気づくことなのだ。それに対し、モノを愛すると、モノに対する私たちの行動は変わるが、私たちに対するモノのふるまいが変わることは絶対にない。コンピューターにコマンドを打ち込むとき、コンピューターを愛しているか、憎んでいるか、何とも思わないか、そんなことはどうでもいい。コンピューターはただ、打ち込まれた指示にきちんと従って応じるだけだ。遺伝子を共有する人、あるいは遺伝子を共有していない人を愛することについて、進化の論理を考えてみても、いずれにしてもその論理はモノへの愛にはあてはまらない。

はっきりさせておくが、モノに高い価値を認めることが進化のうえでまったく無意味だと言いたいのではない。そのモノがもつ実用的な能力――人が生存し、配偶者を惹きつけ、子孫を得るのを助けるなど――に応じて、そのモノの価値を正確に評価できれば、自分の遺伝子を広める可能性を最大に高められるはずだ。モノがこうしたメリットをたくさん与えてくれるなら、その価値を高く評価し、大切に扱うべきだ。ただし、それに対する価値評価は、それがもたらす実利的なメリットの程度に見合うだけのものにすべきであり、過剰評価も過小評価もすべきでない。

これに対し、突き詰めれば、愛とは自分が受け取る実利的なメリット以上に人やモノを大切にすることである。私たちはわが子のためとあらば、子から直接得られる実利的なメリットよりもはるかに大きな犠牲を払う。必要に迫られれば、わが子以外にも愛する人のために犠牲を払うのをいとわない。また、進化のうえで成功する可能性を高めてくれる実利的なメリットをもたらすわけではなく、情動的な報酬しか与えてくれないとしても、愛するモノにしばしば莫大な時間や労力を投資する。たとえば心理学者のジェシー・チャンドラーとノーバート・シュウォルツ(36)によれば、消費者が擬人的な商品を再購入するか決める際、その決定は商品の実用的価値よりも「性格」がどのくらい気に入ったかによるのだという。私たちは愛するモノを実用的価値に見合う以上に大切にする傾向がある。この傾向は、愛しているがもう使わなくなったモノとの別離に耐えられないときにもはっきり見て取れる。

モノへの愛は、進化というシステムにおいては欠陥《バグ》と見なされるかもしれない。しかし私に言わせれば、「それはバグではなく特徴」だ。人生において最もすばらしいモノの多くは、子どもを増やすことや、それ以外の方法で自分の遺伝子を広めることにつながらないという点で、進化的に最適ではない。じつのところ、脱工業化社会では、ほとんどの人が意図的に子の数を抑えている。その理由の少なくとも一部は、自分の愛する活動に費やす時間を確保するためだ。進化の観点から愛がどのようにできあがったかを考えると、私たちがなぜある行動や考え方をするのか、その理由について多くの洞察が得られる。その一方で、遺伝子プールへの貢献を最大化することだけを目指し続ければ、ひどく不毛な人生を送ることになるだろう。

第10章　愛するモノの未来

すでに自動運転車が走っているのだから、運転手を残して走り去ったトラックを歌うカントリーソングが出てくるのも時間の問題だ。

——出所不詳

第9章では、進化の歴史を振り返り、人がモノを愛するようになるのに進化が果たした役割を考察した。最終章となる本章では、ブレイン・コンピューター・インターフェース〔脳とコンピューターを接続する技術〕、会話ジェネレーター、コンセンシュアル・テレパシー〔通信を介して脳神経の反応を伝達する技術〕という三つのテクノロジーを探り、未来を展望したい。これらのテクノロジーはいずれも、新たな製品に取り入れられ、人々はおそらくそれらの製品を、現在のアップルファンがｉＰｈｏｎｅを愛するよりもさらに深く愛するようになることだろう。そしてどの製品も、人であるという経験を根本から変える可能性がある。かつて私はこれらのテクノロジーをはるか遠い未来のものと思っていたが、今ではいずれについてもある程度実用的なプロトタイプが存在する。

本書を通じて、三つのリレーションシップ・ウォーマー——擬人化、ピープル・コネクター、自己認識への取り込み——について論じてきた。リレーションシップ・ウォーマーがあれば、私たちはモノについて、実用的なメリットへの関心を超えて考えることが可能になる。先に挙げた未来のテクノロジーは、これらのリレーションシップ・ウォーマーのもつ力を増強するだろう。ブレイン・コンピューター・インターフェースが製品に使われるようになれば、その製品が自己の一部だという感覚が著しく強まるに違いない。会話ジェネレーターがあれば、人を愛するのと同じように強く愛せる擬人的な機械を作り出せるだろう。そしてコンセンシュアル・テレパシーは、愛するモノが人と人を結びつけるやり方を大きく変えるだろう。これらのテクノロジーによって三つのリレーションシップ・ウォーマーのもつ力が著しく増大するので、多くの人はこれらのテクノロジーを利用したデバイスを愛するようになり、その愛はこれまで人がモノに対して抱いてきた愛よりも強くなるだろう。

ブレイン・コンピューター・インターフェースを介した自己認識への取り込み

次に引用するのは、スマホ探しで直面した由々しき事態を投稿サイトの〈レディット〉で打ち明けた人たちの言葉だ。

自分のスマホのライトをつけて、まさにそのスマホを探していたことが一度ならずある。スマホをスピーカーフォンにして母親と話している最中に、そのスマホを探したことも一度ある。

あるとき、自分のスマホで映画を観ているのに、時刻を見ようとしてそのスマホを探してしまった。あの五分は人生で最も恐ろしかった。

スマホで話している最中に、スマホがどこにあるか思い出せなかったことがある。

いったい何が起きているのだろう。ビル・ゲイツが言ったとされる有用な金言がある。「テクノロジーの進歩は、それが日常の一部となり、意識さえしないほどなじんだときに起きる」という言葉だ。この最もわかりやすい例がスマホだろう。しかしスマホはユーザーの生活の一部であるだけでなく、ユーザー自身の一部にもなっている。ジェリー・サインフェルドは「これをｉＰｈｏｎｅと呼ぶのは、半分が自分で半分が電話だからだ」とうまいことを言っている。スマホを手に持っているのに、そのスマホが意識から消え去ることがあるのはこのためだ。モノが所有者と一体化している。まもなくテクノロジーは、この現象をまったく新たなレベルへと導くはずだ。

二〇一四年、ジュリアーノ・ピントはサッカーワールドカップの歴史において最も地味だが最も印象的な始球式をおこなった[1]。キック自体は弱々しく、三メートルほど転がったボールを審判が拾い上げた。しかしそれより感動的だったのは、ピントは胸から下が完全に麻痺しているにもかかわらず、ボールを蹴ったという事実だ。彼はロボットスーツを胴体と手足に装着し、思考することでこのスーツを制御して体を動かした。彼がかぶっていた自転車用のヘルメットのようなものの中には、脳の活動を計測するセンサーが搭載されていた。コンピューターは脳から読み取った情報を使ってロボットスーツを制御する。彼はそれによって脚を動かし、立ったりボールを蹴ったりすることができた。検出した脳活動を利用してコンピューターなどの外部機器を制御するこのようなセンサーのシステムは、「ブレイン・コンピューター・インターフェース」と呼ばれる。

第5章で指摘したが、私たちは自分の使うモノの動きを自分がコントロールしていると感じると、それを自分の体の一部ととらえるようになり、それゆえ自己の一部と見なすようになる。たとえば心理学者のアンブラ・スポシートら[2]は、実験で参加者の一グループに長い棒（長さ六〇センチメートル）を使って小さな物体を動かすタスクをさせた。また、別のグループに短い棒（二〇センチメートル）を使って同じタスクをさせた。タスクが完了したあと、研究チームは参加者に自分の前腕（肘から手首まで）の長さを推定させた。すると、長い棒を使った参加者のほうが、短い棒を使った参加者よりも長めの数値を挙げた。このことから、参加者は自分の使った道具を自分の体の心的イメージに取り入れたことがわかる。

しかし、道具が自分の体の一部だという主観的な感覚は、程度の問題だ。たとえばすぐれたテニス選手にとって、ラケットはほかのたいていのモノよりも体の一部のように感じられるかもしれないが、手と比べれば体の一部という感覚は弱い。これは、テニス選手といえども手と比べればラケットを完全にコントロールすることはできないという点に一因がある。また、手からはダイレクトに感覚フィードバックが得られるのに対し、ラケットからは間接的で限られたフィードバックしか得られないことも一因だ。ブレイン・コンピューター・インターフェース技術が進歩し、私たちが思考することによって物体を制御したり、その物体からダイレクトに感覚フィードバックを受け取ったりできるようになるにつれ、「ブレイン・コンピューター・インターフェースを使う製品と自分との関係」を、「自分の体と自分との関係」と区別するのが難しくなっていくだろう。ラッセル・ベルクがこのタイプのテクノロジーを「人工装具的な自己[3]」と呼んだのはそのためだ。たいていの人が迷うことなく肯定的に「自分」と同一視するモノは、自分の体である。ということは、機械が体と完全に一体化したら、私たちはその機械を自己認識に完全に組み込み、それゆえ今よりもはるかに深く愛するようになるだろう。

◆さまざまなブレイン・コンピューター・インターフェース

八〇ドルを出してある玩具を買えば、脳波を使う訓練をして、『スター・ウォーズ』に出てくるXウィング・スターファイター（スーク・スカイウォーカーが操縦していた戦闘機）を脳波で空中に浮かび上がらせることができるようになる。正確に言えば、それに近いことができる。とにかく脳波の部分は本当だ。そのおもちゃは〈フォーストレーナーII　ホログラム・エクスペリエンス〉という名で、EEG（脳波記録）技術を使って脳波を実際に読み取るヘッドセットがついている。それを装着して意識を集中すればするほど、本体のディスプレイに映し出された宇宙船のホログラム像が高く浮き上がるように見える。これは驚くべき玩具だが、ヘッドセットで読み取れる脳の情報からは、ユーザーの全体的な集中レベルを推定することしかできない。一般消費者向けの脳センサーでもっと高性能な製品を、エモーティヴという会社が三〇〇ドルで販売している。これを使うと、ユーザーがこの装置に教え込んだ四つのコンピューターコマンドを、頭で考えるだけで実行させることができる。そうすることでコンピューターの画面上でカーソルを動き回らせることはできるが、そのほかには大したことはできない。これ以上のことをするには、これよりはるかに高性能なセンサーが必要だ。

現時点で利用できるセンサーのなかで、最も高性能なものの一つがｆＭＲＩ装置だ。たとえばカーネギーメロン大学のマルセル・ジャストとトム・ミッチェル(4)は、これを「思考認識」装置として使っている。彼らの実験では、被験者にさまざまなもの（建物や自転車など）の写真を渡し、被験者は好きな順番でそれらの写真を見ることができる。同時にｆＭＲＩが脳活動をスキャンする。それからコンピューターがスキャンの出力を読み取り、被験者の見た写真の順番を特定する。これはじつにおもしろい装置だが、あまり実用的ではない。ｆＭＲＩ装置は馬鹿でかく、騒音が激しく、高価なものだと一〇〇万ドルもする。それでも、装置から得られる結果は、ブレイン・コンピューター・インターフェース技術の可能性を完全に引き出すには精度がまだとうてい足りない。

超小型の電極を使ったセンサーもあり、これは外科的な処置によって脳実質に刺入するか、脳と頭蓋骨のあいだに留置する。この技術を用いた最新の試み(5)の一つでは、手書きする際に使われる脳領域の近くにセンサーを埋め込む。それから被験者に自分が何かを書いているところを想像させ、その人が思い浮かべた手書きのメッセージをコンピューターに「読み取らせる」。別の試みでは、センサーを脳の言語中枢上に設置し、声を出さずに心の中だけで言葉を「話す」ことによって生じる脳の電気信号を認識するように、コンピューターを訓練している(6)。

◆ブレイン・コンピューター・インターフェースを使ってコントロールできるもの

ジュリアーノ・ピントが使ったロボットスーツは、彼の体の延長だった。現在、自動車を制御できるブレイン・コンピューター・インターフェースの開発が進められていて、これが実現すれば車は巨大で非常に強力な義肢のようなものになる。今日のテクノロジーを使ってクリエイティブに義手を応用した装置が、ダニ・クロード[7]の設計したロボット親指〈サード・サム〉（第三の親指）だ。これを装着すると、手で物をつかんだり持ち上げたりする動作がはるかに効率的になる（次ページ参照）。この装置はブレイン・コンピューター・インターフェースでコントロールするものではないが、それを使うことで、ユーザーの脳内で手のイメージが変わる。この研究を率いたユニバーシティー・カレッジ・ロンドン教授のタマル・マキンの説明によれば、「思いもよらない新たな形で身体能力を拡張するためには、脳は生物学的な身体のイメージを変化させる必要があるでしょう」。最新型の〈サード・サム〉は、ユーザーの足の親指の下に置いた圧力センサーを使って操作する。やり方を習得するのは意外に簡単だ。ユーザーは「親指ロボットは自分の体の一部のように感じられた」と言う。

ブレイン・コンピューター・インターフェース技術は身体を拡張するだけでなく、知的能力を拡張することもできる。たとえば私たちが見たり聞いたりしたことをデータベースに保存すれば、まさに完璧な記憶力を実現することができる。私たちはすでにインターネットで驚異的な量の情報にアクセ

＊機能的磁気共鳴画像法（ｆＭＲＩ）は、脳内の血流を測定することにより、脳内で特に活発な領域を特定できる。

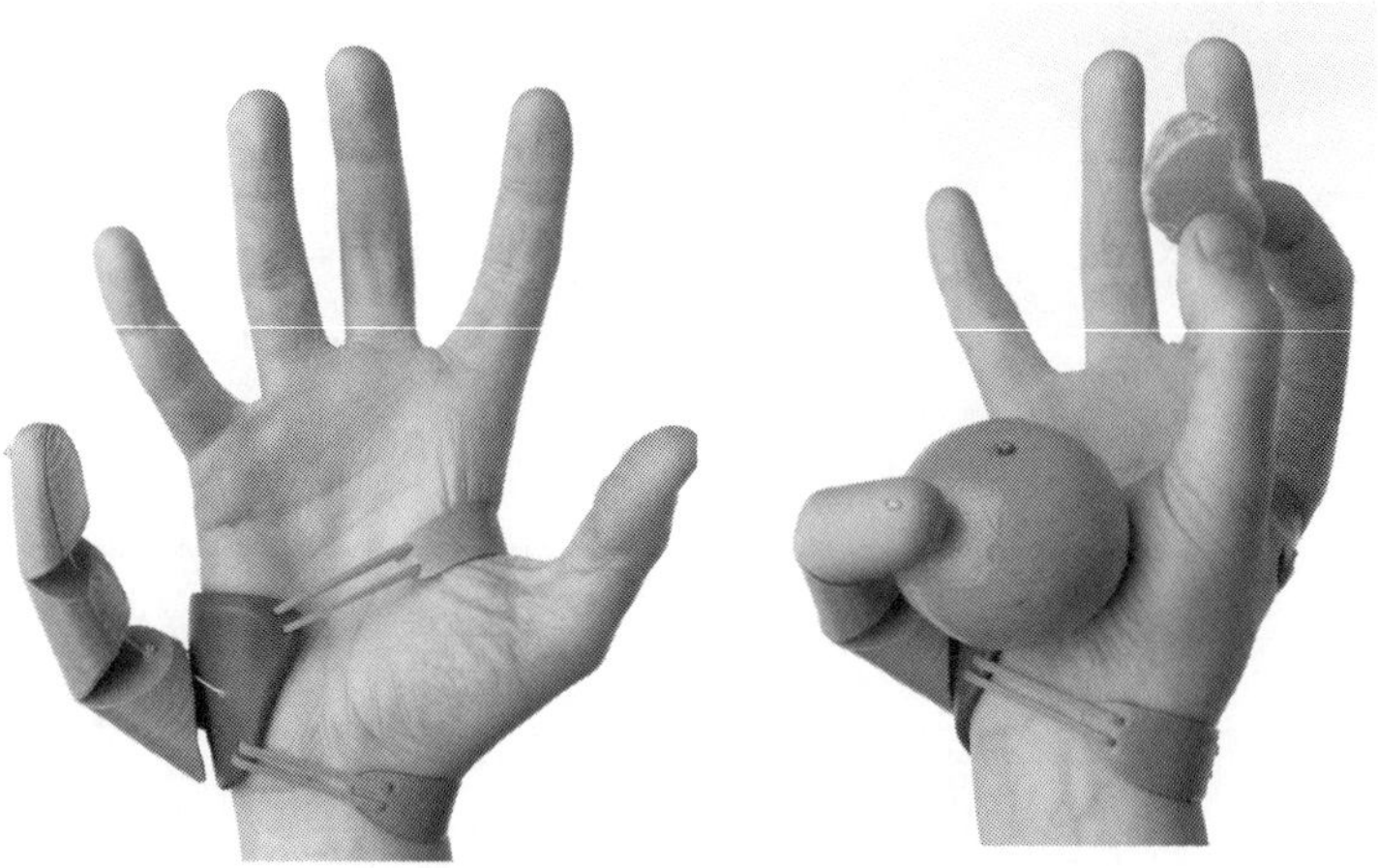

ダニ・クロードによる〈サード・サム〉

スできるが、未来のテクノロジーによって、自分の記憶を検索するような感覚でインターネット検索ができるようになるかもしれない。

◆ブレイン・コンピューター・インターフェースを使った製品に消費者の需要はあるか

脳に接続されたパソコンを想像してみよう。ユーザーは心の中で命じることでパソコンをコントロールし、パソコンの応答は、画像や音声として脳内でダイレクトに生成される。そのような製品は、商業的に大きな成功が見込めるだろうか。第一に、新製品の成否を予想するのに最良の判断材料は、どれほどうまく売り込むかではなく、どれほど真に役立つかである。この点で、こうしたコンピューターは大いに有望だ。第二に、これがうまく機能すれば、ユーザーはこれを生物学的な手足や臓器と同じように、自己の一部と見なすようになるだろう。この劇的な自己への取り込みによって、この製品は熱烈に愛されるようになるに違いない。

その一方で、このような脳に接続されたコンピューターがメガヒットとなるのを妨げる最大の障害は、頭蓋骨の内側にセンサーを埋め込む手術が必要なことだ。このせいで実用化は妨げられてしまうのだろうか。それとも、商業的な成功は確実で、ただ実現が遅れるだけだろうか。

技術的なイノベーションが導入されると、消費者はしばしばそれが奇妙だとか不気味だとか、さらには危険だと感じられるので利用するつもりはないなどと言う。ところが慣れると考えが変わる。私の好きな一例が、ソニーのウォークマンだ。発売前に試作品を見た消費者は、ヘッドフォンをつけて人前を歩くなどという奇妙な行動は耐えがたいので、絶対に買わないと言った。こうしたネガティブなコメントのせいで、ソニーは何年も発売を延期した。ところが発売してみると、大勢の人が使用し、人前でヘッドフォンをつけている人を見かけるのは当たり前になった。ヘッドフォンをつけている人を見かける消費者が増えるにつれて、このふるまいは奇妙に感じられなくなった。ヘッドフォンの装着をめぐる社会的なタブーは崩れ去り、ウォークマンは史上最大のヒット商品の一つとなった。近ごろではビーツという会社が、人目を引くことを意図してやたらと大きく見た目も特徴的なヘッドフォンの販売で好調な業績を上げている。

もちろん、脳内にセンサーを埋め込むのは、人前でヘッドフォンをつけるよりもリスクが高い。しかし危険だと感じられても、ほかの点で魅力的ならば、その危険性は必ずしも購入の妨げにはならない。自動車が誕生してまもない二〇世紀初頭、自動車は今よりもはるかに危険だった。初期の車はブレーキの性能が低く、操縦性も低く、シートベルトなどなかった。道路は舗装されておらず、制限速度の標識もないことが多く、運転者は運転免許などもっていなかった（アメリカで運転免許試験が義務化されたのは一九五九年だ)。安全性への懸念はもちろんあったが、人々が車のメリットを体験し、車を見かけるのに慣れると、車は広く普及した。十分な数の消費者が新しいテクノロジーを受け入れると、初期の抵抗はしばしば消失する。

ブレイン・コンピューター・インターフェース技術から、本書ですでに扱ったテーマにそろそろ戻ろう。愛するモノが自己の一部になるという考え方を最初に取り上げた際、自己にはアイデンティティと意識という二つの要素があると説明した。さらに(少なくとも当面は)、愛するモノが自己の一部になるとき、そのモノは自己認識の中に組み込まれるが、意識の一部にはならないと説明した。だが、ブレイン・コンピューター・インターフェース技術が、それを変えようとしている。過去の経験の動画を保存したり検索したりできる段階に達したら、そんなことができる装置は真に私たちの意識の一部となるだろう。そしてモノへの愛の強さは、それが私たちの自己の一部となっている度合いと関係しているので、そうした装置との情動的な結びつきは強固なものとなる可能性が高い。

擬人化と会話ジェネレーター

心理学者リチャード・パスマンによる研究(8)で、幼い子どもの生活においてお気に入りの毛布やテディベアが非常に重要な役割を果たすことが明らかにされている。しかしこの研究では、子どもにこれらのモノか母親かという選択肢を与えると、母親を選ぶこともわかった。子どもの愛着をめぐる競争において、テディベアはせいぜい銀メダルしか望めない。同様に、人への愛とモノへの愛を比較した研究[9]でも、私たちがモノよりも人を愛することが判明している。

だが、それが変わるかもしれない。今のところ、モノへの愛が人への愛に最も近くなるのは、モノに人間的な性質が備わっていて、擬人化思考を促す場合だ。今日のかなり未発達な擬人化技術を使った研究[10]によれば、長期介護施設に入居している高齢者にロボット犬を与えると、本物の犬を与えた場合とほぼ同程度の治療効果が得られる（ただし、この効果は持続しないかもしれない。コンパニオンロボットへの関心は時間とともに失われることが知られている[11]）。あるいは心的外傷後ストレス障害（ＰＴＳＤ）を患う兵士の診断に用いられている、エリーという名のバーチャル心理士について考えてみよう。エリーは兵士に質問し、相手の顔の表情や微表情、声のトーンに着目し、答えの内容ではなく言い方を分析する[12]。エリーのＰＴＳＤ診断能力を調べた研究によれば、エリーには人間の心理士とほぼ同程度の能力があり、場合によってはそれよりも有能であるという。さらに患者がエリーと話す場合、人間の心理士と話すときよりも自分のことを多く明かす傾向が見られる。

人と「感情のうえでプラスの効果をもたらす関係」を築くモノを開発するときに、最も重要なのは「会話ジェネレーター」、つまりそのモノにどんなことを言わせるかを決定するソフトウェアだ。ロボット犬やバーチャル心理士は、その会話ジェネレーターがきわめて限られた会話しか生成しないにもかかわらず、めざましい治療効果をもたらしている。モノがただ私たちに何かを言うのではなく、気の利いた思慮深いことまで言うようになったら、〈人―モノ〉の関係はどんなものになるだろう。会話ジェネレーターは、急速にその方向へ進んでいる。おしゃべりするバービー人形の最新版〈ハロー・バービー〉は、子どもの言葉を認識できる。また、うらやましいほどの記憶力も備えている。この人形の開発者によると「このバービーは、自分で遊んでいる子には母親が二人いて、祖母は亡くなったとか、好きな色は青で将来は獣医になりたがっているといったことを常に認識しています」[13]。ハロー・バービーは、共感しているように聞こえる会話をすることもできる。子どもが自分は引っ込み思案だと打ち明けると、ハロー・バービーは「引っ込み思案は悪いことではないわ。これだけは忘れないで――あなたは私とたちまち友だちになったってことを」などと返事をするかもしれない。これは昔のおしゃべりバービーと比べると、大きな進歩だ。昔のは、子どもがバービーの背中についた紐を引っ張ると、ランダムに文を発するだけだった。そのなかには「数学は苦手」という評判の悪い言葉も含まれていた。

機械の会話能力が向上する一方で、私たちの対人関係も、機械にとって真似しやすいものに変わっている。ピーター・スタイナーの有名な一コマ漫画を思い出してほしい。一匹の犬が椅子に座ってパソコンのキーボードを前足で操作しながら、「インターネット上では誰もこっちが犬だなんてわからない」と隣にいる犬に話している漫画だ。同じように、オンラインでのやりとりならば、相手がコンピューターではなく人間だと思わせるのははるかに簡単だ。そして最近では、インターネット上で社会的なやりとりをすることがとても多い。たとえばトヨタ自動車は〈トヨタフレンド〉というソーシャルネットワークサービスのソフトウェアを一部の自動車に搭載していた。それを使うと、フェイスブックでほかの人とコミュニケーションをとるのと同じように、ソーシャルネットワークを介して自分の車とコミュニケーションをとることができた。これを搭載した車はハロー・バービーほど共感に満ちた対話をするわけではなく、空気を入れる必要のあるタイヤはどれかといった限られた話題にのみ対応していた。しかしトヨタの代表取締役会長の豊田章男が語った次の言葉に、私は興味を引かれた。「車がユーザーと友だちになれて、お客様がトヨタを友だちと思ってくださることを私は期待しています。私はソーシャルネットワーク上で友人とつながるのと同じように、自分の車とつながりたいと思います」[14]［強調は著者による］。その願いが実現できそうに思えるのは、フェイスブックなどのソーシャルネットワークでは、誰も物理的な体をもたず、すべてのやりとりが電子的な入力によっておこなわれるため、ユーザーはコンピューターの「縄張り」に入ることになるからだ。

〈人―人〉の関係は〈人―モノ〉の関係よりも常に大きな見返りをもたらすから、将来に〈人―人〉の関係が〈人―モノ〉の関係に駆逐されてしまうと恐れる必要はない、と言い切る人たちがいる。じつは私も同じ考えだ。とはいえ、まだ懸念も抱いている。そこには、マーケティング教授としての私の考え方がかかわっている。たとえば、人は大量のジャンクフードを食べる。テレビがかなりひどい代物だった時代にも、私たちはテレビをたくさん観ていた。手軽だがぱっとしないものと、困難だが大きな見返りが得られるものという選択肢を与えられたら、多くの場合は手軽なほうが選ばれる。しかし人との有意義な関係は、必ずしも手軽ではない。良好な関係が築けているときでも、人間関係には常にギブアンドテイクが伴う。たとえば友人に自分の退屈な話を聞いてほしければ、相手の退屈な話にも付き合わなくてはならない。しかし擬人的な機械は、どんなときでもいやがることなく、こちらに尽くしてくれる。このように機械との関係では人が完全に利己的になれるおかげで、擬人的な機械は残念ながら魅力的な存在となる。しかしそれだけでなく、コンパニオンロボットがわがままを許容してくれるからといって、他者にもそれを期待するようになれば、人間関係が壊れてしてしまうかもしれない。

ピープル・コネクターとコンセンシュアル・テレパシー

〈人―モノ―人〉関係の中心に位置することで大きな意味をもつピープル・コネクターにも、新しいテクノロジーがたっぷり注ぎ込まれるかもしれない。未来の擬人的なモノが私たちの人間関係を弱体化させるおそれがあるのとは対照的に、ピープル・コネクターに関してはテクノロジーが人と人の関係をもっと親密にするかもしれない。さらにうまくいけば、「人を愛すること」に備わる限界を根本から押し広げるだろう。

たとえば、ブレイン・コンピューター・インターフェイス技術を使って人の脳をロボットアームに接続するのではなく、直接ほかの人の脳とつないだらどうなるだろう。そもそもそんなことが可能なのだろうか。

信じがたいかもしれないが、このテクノロジーの単純な実用バージョンはすでに存在している。神経科学者のミゲル・ニコレリスら(15)がおこなった実験で、ブラジルとアメリカでそれぞれラット一匹をケージに入れた。ケージには二つのレバーがあり、一方を押すとご褒美(水)がもらえるが、もう一方を押すと何ももらえない。それぞれのレバーの上には小さなライトが設置されている。ブラジルでは、ご褒美がもらえるレバーの上のライトを点灯した。そのためラットはすぐに、点灯しているほうのレバーを押せばご褒美が得られることを学習した。一方、アメリカのラットはこれほど厚遇されなかった。ライトは二つとも常に点灯していたので、ライトから情報を得ることはできない。ただしブラジルで左のレバーを押せばご褒美が得られるときには、アメリカでも左のレバーを押せばご褒美がもらえた。ブラジルのラットがアメリカのラットにどちらのレバーを押せばよいかを教えることができれば、アメリカのラットもご褒美にありつける。しかし二匹のラットは別々の大陸にいるし、Ｚｏｏｍなど使えない。つまりコミュニケーションをとる手立てはなかった……それとも何か手立てがあったのだろうか。

ここから驚くべき話が始まる。二匹のラットの脳には電極が埋め込まれていて、脳活動の信号を送受信できるのだ。ブラジルのラットの脳活動は、電極を介して記録され、アメリカのラットに送信される。するとアメリカのラットの電極がそれを受信し、対応する脳領域を刺激する。初めのうち、アメリカのラットがご褒美のもらえるレバーを選ぶ割合は五〇パーセントだった。ところが徐々にブラジルのラットから送られてくる脳信号の解釈の仕方を学習し、正しいレバーを選ぶ頻度が上がっていった。それから研究者は報酬を少し変更し、アメリカのラットが正しいレバーを選ぶとブラジルのラットがご褒美を余分にもらえるようにした。ブラジルのラットはアメリカのラットの存在について何も知らなかったが、その脳は自分がある特定の行動をとると餌が余分にもらえることに気づいた。そして何度も繰り返すことで、ブラジルのラットの脳はどんな行動をすればよいかを理解し始め、それを前よりも頻繁に実行し、そのおかげでアメリカのラットに前よりも明確な信号を送るようになった。すると、アメリカのラットが正しい選択をする割合がさらに上がった。このテクノロジーの実用化可能性を高める要因の一つが、この現象だ。時間とともに、信号の発信者と受信者の脳は、この信号伝達メカニズムの効果を高めるように適応していくのである。
人のあいだで脳から脳へのコミュニケーションが確立するには、どのくらいの時間がかかるのだろうか。テクノロジー起業家のイーロン・マスクは自ら設立したニューラリンク社で、脳どうしを接続するブレイン・ブレイン・インターフェース技術の開発を目指している。彼の提案したシステムでは、視覚イメージや音声、感情を言葉で記述せず、ほかの人とダイレクトに共有できるとされる。マスクはジャーナリストのティム・アーバンによるインタビューで、次のように語っている。[16]

頭の中にはさまざまな概念が詰まっていますが、脳はそれらを圧縮して、発話とかタイピングといった、信じがたいくらいデータ転送速度の遅い方法で伝達しなくてはなりません。それが言語というものです。脳は思考や概念の転送に圧縮アルゴリズムを適用しています。……ブレイン・ブレイン・インターフェースがあれば、ほかの人とのあいだでダイレクトに、圧縮せずに概念的なコミュニケーションができるはずです。

アーバンの考えでは、電気自動車のマスマーケット化を狙うテスラの計画も、人間を火星に送ろうというスペースXの野望も、ニューラリンクと比べればかすんでしまう。テスラやスペースXは「未来の人類の行動を定義し直そうとしている」のに対し、「ニューラリンクは未来の人類そのものを定義し直そうとしている」。あとどのくらい待てば、人間という存在の本質を一変しかねない、このSFのようなテクノロジーが利用可能になるのだろう。マスクは八年から一〇年と見積もっている。

HBOのテレビドラマ『メイド・フォー・ラブ』は、このテクノロジーの邪悪な側面を明らかにしている。現実のイーロン・マスクはこのテクノロジーを「コンセンシュアル・テレパシー」と呼ぶが、ドラマに登場するテクノロジー業界の富豪は、これと似たテクノロジーを本人の意思に反して妻に用いて、脳にチップを埋め込む。これによって二人の精神が完全に結びつき、秘密やプライバシーが暴かれ、逃げ出すこともできない。二人の人間が一つになるという考えは、結婚式で聞けばすばらしいことのように感じられるが、あらゆるよいものがそうであるように、このテクノロジーも一線を越えて行き過ぎてしまうおそれがある。このドラマはその核心を突いている。

ダイレクトなブレイン・ブレイン・インターフェースは画期的かもしれないが、人の経験にとって完全に未知なものではないはずだ。ガース・フレッチャー[17]をはじめとする心理学者らは、親密な人間関係におけるマインドリーディング（読心）の研究をしている。彼らによれば、これは親密な関係にある人たちが相手の考えていることや感じていることを直感的に理解する高度な能力だ。親しい友人どうしや恋愛のパートナーのあいだでは、脳波が互いに同期する傾向も見られる。カリフォルニア大学ロサンゼルス校の心理学者キャロリン・パーキンソンら[18]はある実験で、四二人のボランティアに短い動画（YouTubeで見かけるようなありふれたもの）を見せて、そのあいだの脳波を記録した。ボランティアは、親しい友人どうし、仲のよい知り合いどうし、他人どうしのいずれかのペアで動画を視聴した。実験の結果、友人どうしでは動画を観ているあいだ双方の脳波は同期したが、他人どうしではそうなる頻度がはるかに低いことが判明した。研究者らは、二人の人が出会って互いに「ウマ」が合う場合、それは二人の思考が同期していて、そのおかげで二人は友人になるのかもしれないと考えている。神経科学者のパヴェル・ゴールドスタインら[19]の研究では、恋愛のパートナーが互いに共感し合うと、双方の脳波も同期することが判明した。パートナーが互いの体に触れ合うと、脳波の同期化はさらに高まる。最も穏健な形の「脳と脳をダイレクトに接続するテクノロジー」とは、じつは「タッチ2・0」(次世代の触れ合い)とでも呼ぶべきものなのかもしれない。触れ合うことで、人と人の精神的経験が完全に同期するのだ。もしそうならば、それは人と人のつながりを強化するものの究極の例となるだろう。

終わりに

エーリッヒ・フロム[20]は「愛とは、人間がいかにあるべきかという問題に対する唯一の理にかなった、そして心の満たされる答えである」と記している。これは確かに人への愛にあてはまる。それだけでなく、多くのモノへの愛にもあてはまる——とりわけ私たちがアイデンティティを築くのを助け、私たちをほかの人と結びつけるモノの場合に。

愛するモノで自分のまわりを物理的に満たし、愛する活動に時間を費やせば、これらの愛の対象は私たちの生きる世界の一部となる。しかし、私たちの愛するモノは、私たちの自己の一部でもある。私たちの愛するモノは私たち自身の一部であるとともに周囲の世界の一部でもあるので、それらは自己と世界との区別をあいまいにする。このように、あるいは別の形で、モノへの愛を理解することは、自分自身と自分以外の世界との境界が思いのほかあいまいで柔軟であることを理解する助けとなる。

第9章で述べたように、愛は太古の動物において自己への思いやりとして生まれた。やがて愛は拡張して家族を対象とするようになり、さらに拡張して友人を対象とするようになり、さらに拡張してあらゆるモノを対象とするようになった。これは胸の躍るような軌跡であり、その中で愛は自己から飛び出して世界へ広がっていく。人がそのように多様なモノを愛せるおかげで、私たちは愛を社会的な関係だけでなく生活のさまざまな部分に持ち込むことができる。自分自身と愛するモノについてもう少しよく理解することによって、私たちがもっと楽しく、そして周囲の人や世界ともっと結びついた生活を築くことができればと、私は願ってやまない。

謝辞

まず、本書を執筆する長いプロセスにわたってあらゆる形で私をサポートしてくれた、妻のオーラに大いに感謝したい。彼女は私を励まし、執筆に必要な時間をつくってくれただけでなく、アイデアを議論する相手となり、本書の中身を丁寧に編集してくれた。また、子どものアイザックとジョナにも感謝している。本書の執筆に着手したとき、私は二人を通して、子どもが世界をどんなふうに経験するかを知ることができ、執筆を終えるころには、二人は本書で扱われているアイデアについて意見を聞かせてくれるようになった。

初期の原稿に対して思慮に満ちたフィードバックをくださった、たくさんの方々に心から感謝する。そのなかには以下の方々がいる。ジョン・エイブラマイアン、マーラ・エイデルマン、ジェフ・バッシュ、リーナ・バッシュ、ハナ・バーナード、ルース・バーナード、コリー・バックウォルター、ポーラ・カプロニ、クリスティン・チャステイン、ダレン・ダール、ロバート・ディーナー、スコット・フォスター、ベン・フォックス、シャリ・フォックス、リア・ギルバート、ロン・ギルバート、ベス・グリーンアップル、ダン・ヘイブロン、デイヴィッド・アイザックソン、マーク・ジャノット、ノミ・ジョイリッチ、コーリー・ジョイリッチ、アン・マニカス、レベカ・モドラク、ジャニス・モロイ、アラン・ネス、マーガレット・ネス、ルース・ネス、デイヴィッド・ローゼンフェルド、マット・ロス、ジル・サンディー、ニール・シン、ジャン・ティムシット、ジェレミー・ウッド、ラリー・J・ヤング。

本書のもととなった研究に協力してくださった、次の方々にも感謝したい。マーラ・エイデルマン、リック・バゴッツィ、ラジーヴ・バトラ、フィリップ・ラウシュナーベル、アリック・リンドフライシュ、ナンシー・ウォン。私たちが共同で実施した研究プロジェクトにおいて、どこまでがある人のアイデアでどこからが別の人のアイデアかを明言することはできない。本書で扱ったアイデアの多くが、共同研究者によるものだったことは確かだ。貢献してくださったことに感謝する。

すばらしい編集者のトレイシー・ビハーの仕事ぶりに、私はいつもうれしい驚きを覚えている。彼女のアドバイスは常に正しかった。まれに私がアドバイスを受け入れなかったこともあったが、そのときもアドバイス自体は正しかった。また、原稿整理担当者のバーバラ・クラークと、リトル・ブラウン・スパーク社チームのイアン・ストラウス、パット・ジャルベール＝ルヴァン、ジェシカ・チャン、ジュリアナ・ホルバチェフスキーのスキル、熱意、気配りには圧倒された。

卓越したエージェントのエズモンド・ハームズワースに、特別な敬意を表したい。彼は一〇年以上にわたって、すなわち彼の遺伝子がその期待収益から考えて進化的に最適と思ったであろう期間をはるかに超えた長きにわたって、このプロジェクトを育て、とてつもなく大きな愛を示してくれた。本書の企画書は七バージョン（！）に及び、そのやりとりを通じて、初めは知見とエピソードの寄せ集めにすぎなかった原稿が、人がモノを愛する理由と方法に関する一貫性のある包括的な理論となった（と私は願っている）。このプロセス全体にわたり、彼は内容と書き方の両面で詳細なフィードバックを与え続けてくれた。それがなかったら、このプロジェクトが日の目を見ることはなかっただろう。

訳者あとがき

人はなぜモノを愛するのか――。

なぜだろう。私はどうだろう、と考えてみたが、そもそも自分がモノを愛しているのか定かでない。愛しているかどうかは別にして、自分にとって最も大事なモノとは何だろう。たとえばなんらかの非常事態が生じて、自宅から一つだけモノを持ち出すことができるなら、迷わず、今この〈訳者あとがき〉を打っているノートパソコンを選ぶ。私の生活になくてはならない、とても大事なものだ。しかし、パソコンに対する気持ちが「愛」かと言えば、それは違う気がする。

本書『人はなぜ物を愛するのか』に「モノへの愛の診断テスト」が掲載されているので、パソコンへの思いをテストしてみた。一三個の設問に答えると、「本物の愛」か「ある種の愛」か「愛でない」かが診断される。案の定、診断結果は「愛でない」だった。

ほかに何かないだろうか。パソコンが載っている机はどうだろう。小学校に入学したときに買ってもらった木製の机で、表面の塗装があちこち剥げて、傷もたくさんついている。おそらくほかの人から見たら、ただのボロい机だ。しかしパソコンよりもこの机に対する思いのほうが、いくらか愛に近いような気もする。そこでまた「モノへの愛の診断テスト」をやってみた。今度は「ある種の愛」と診断された。

机を愛するなんておかしい、どうしたら机など愛せるのか、と思われてしまうかもしれない。しかし本書には、机どころではなく、じつにバラエティーに富んだ「愛するモノ」たちが登場する。その愛の背後にある思いや経験もさまざまだ。私のパソコンへの思いが愛ではなく、机に対しては「ある種の愛」が存在することについても、本書を読むと合点がいく。

著者のアーロン・アフーヴィアはミシガン大学のマーケティング教授で、モノへの愛の科学的研究で世界をリードする存在である。モノへの思いをただの物質主義として切り捨てるのではなく、非対人的な愛がじつは私たちの自己認識や自己実現に大きくかかわることを見抜き、モノへの愛が人生を豊かにすると指摘している。最終章に、こんな一節がある。

愛するモノで自分のまわりを物理的に満たし、愛する活動に時間を費やせば、これらの愛の対象は私たちの生きる世界の一部となる。しかし、私たちの愛するモノは、私たちの自己の一部でもある。私たちの愛するモノは私たち自身の一部であるとともに周囲の世界の一部でもあるので、それらは自己と世界との区別をあいまいにする。このように、あるいは別の形で、モノへの愛を理解することは、自分自身と自分以外の世界との境界が思いのほかあいまいで柔軟であることを理解する助けとなる。

モノを愛することで、世界とつながり、世界が広がっていく。自己とモノと世界が、愛を介してこんなふうに結びついているという見方は新鮮だ。

私事だが、二年前に引っ越しをした。引っ越す前は、長年にわたってたまった所有物が二部屋を占めていた。転居の日が近づくのになかなか部屋が片づかないことに焦りといくらかの憤りを覚え、引っ越し作業の途中から「最低限の生活に必要なもの以外は捨てる」方針をとり、なんとか準備を間に合わせた。新居でのミニマリスト的な暮らしは軽やかで快適だが、今思えば、捨てたなかには愛するモノもあったのではないかと、少し胸が痛む。

この二年間が、ちょうど本書の翻訳および校正の作業と重なった。自分の生活の中でモノの保有について切実に考えさせられると同時に、本書の翻訳を通じてモノとの関係に新たな視点を得た。これからは、身のまわりにあるモノを慈しむことで暮らしをもっと豊かにし、世界を広げていかれればと思う。

こんなわけで、私にとって人生の節目と重なった本書の翻訳は、個人的に記念すべきものとなった。本書の翻訳にお声をおかけくださった白揚社の阿部明子氏には、いつもながら緻密な編集作業をしていただき、さらにスケジュールにも細やかなご配慮をいただいた。心より感謝を申し上げる。

田沢恭子

二〇二四年一二月

14. “Spotlight: Toyota Encourages Drivers to ‘Friend’ Their Cars,” eMarketer, July 6, 2011.
15. Miguel Pais-Vieira et al., “A Brain-to-Brain Interface for Real-Time Sharing of Sensorimotor Information,” *Scientific Reports* 3, no. 1319 (2013): 1–10, https://doi.org/10.1038/srep01319.
16. Tim Urban, “Neuralink and the Brain’s Magical Future,” *Wait But Why*, April 20, 2017, https://waitbutwhy.com/2017/04/neuralink.html.
17. Garth J. O. Fletcher et al., *The Science of Intimate Relationships* (Malden, MA: Wiley Blackwell, 2013).
18. Carolyn Parkinson, Adam M. Kleinbaum, and Thalia Wheatley, “Similar Neural Responses Predict Friendship,” *Nature Communications* 9, no. 332 (2018), https://doi.org/10.1038/s41467-017-02722-7.
19. Pavel Goldstein et al., “Brain-to-Brain Coupling During Handholding Is Associated with Pain Reduction,” *Proceedings of the National Academy of Sciences of the United States of America* 115, no. 11 (2018): E2528–37, https://doi.org/10.1073/PNAS.1703643115.
20. Erich Fromm, *The Art of Loving: An Enquiry into the Nature of Love* (New York: Harper & Brothers, 1956).（邦訳はエーリッヒ・フロム『愛するということ』鈴木晶訳、紀伊國屋書店など。本文中の引用は本書訳者による独自訳）

onment-27812218.

2. Ambra Sposito et al., “Extension of Perceived Arm Length Following Tool-Use: Clues to Plasticity of Body Metrics,” *Neuropsychologia* 50, no. 9 (2012): 2187–94, https://doi.org/10.1016/j.neuropsychologia.2012.05.022.
3. Russell W. Belk, “Extended Self in a Digital World,” *Journal of Consumer Research* 40, no. 33 (2013): 477–500, https://doi.org/10.1086/671052.
4. David Pogue, “How Far Away Is Mind-Machine Integration?,” *Scientific American*, December 1, 2012, https://www.scientificamerican.com/article/how-far-away-mind-machine-integration/.
5. Theresa Machemer, “New Device Allows Man with Paralysis to Type by Imagining Handwriting,” *Smithsonian*, May 14, 2021, https://www.smithsonianmag.com/smart-news/experimental-device-allows-man-paralyzed-below-neck-type-thinking-180977729/.
6. Agence France-Presse, “A Paralyzed Man’s Brain Waves Converted to Speech in a World-First Breakthrough,” *ScienceAlert*, July 16, 2021, https://www.sciencealert.com/scientists-have-converted-a-paralyzed-man-s-brain-waves-to-speech.
7. “Robotic ‘Third Thumb’ Use Can Alter Brain Representation of the Hand,” University College London, May 20, 2021, https://www.ucl.ac.uk/news/2021/may/robotic-third-thumb-use-can-alter-brain-representation-hand.
8. Richard H. Passman, “Providing Attachment Objects to Facilitate Learning and Reduce Distress: Effects of Mothers and Security Blankets,” *Developmental Psychology* 13, no. 1 (1977): 25, https://doi.org/10.1037/0012-1649.13.1.25.
9. Jodie Whelan et al., “Relational Domain Switching: Interpersonal Insecurity Predicts the Strength and Number of Marketplace Relationships,” *Psychology & Marketing* 33, no. 6 (2016): 465–79, https://doi.org/10.1002/mar.20891.
10. Marian R. Banks, Lisa M. Willoughby, and William A. Banks, “Animal-Assisted Therapy and Loneliness in Nursing Homes: Use of Robotic Versus Living Dogs,” *Journal of the American Medical Directors Association* 9, no. 3 (2008): 173–77, https://doi.org/10.1016/j.jamda.2007.11.007.
11. Amanda Sharkey and Noel Sharkey, “Granny and the Robots: Ethical Issues in Robot Care for the Elderly,” *Ethics and Information Technology* 14 (2012): 27–40, https://doi.org/10.1007/s10676-010-9234-6.
12. Stacey Vanek Smith, “How a Machine Learned to Spot Depression,” Public Radio East, May 20, 2015, http://publicradioeast.org/post/how-machine-learned-spot-depression.
13. James Vlahos, “Barbie Wants to Get to Know Your Child,” *New York Times Magazine*, September 16, 2015.

ral Dissociations Between Brand and Person Judgments," *Journal of Consumer Research* 33, no. 1 (2006): 31–40, https://doi.org/10.1086/504132.

29. Ken Manktelow, *Thinking and Reasoning: An Introduction to the Psychology of Reason, Judgment and Decision Making* (Hove, UK: Psychology Press, 2012). (K・マンクテロウ『思考と推論：理性・判断・意思決定の心理学』服部雅史／山祐嗣監訳、北大路書房)
30. Leda Cosmides and John Tooby, "Cognitive Adaptations for Social Exchange," in *The Adapted Mind: Evolutionary Psychology and the Generation of Culture*, ed. Jerome H. Barkow, Leda Cosmides, and John Tooby (New York: Oxford University Press, 1992), 163–228, https://doi.org/10.1098/rstb.2006.1991.
31. Timothy D. Wilson, *Strangers to Ourselves: Discovering the Adaptive Unconscious* (Cambridge, MA: Belknap Press of Harvard University Press, 2002). (ティモシー・ウィルソン『自分を知り、自分を変える：適応的無意識の心理学』村田光二監訳、新曜社)
32. Association for Psychological Science, "Harlow's Classic Studies Revealed the Importance of Maternal Contact," June 20, 2018, https://www.psychologicalscience.org/publications/observer/obsonline/harlows-classic-studies-revealed-the-importance-of-maternal-contact.html.
33. Bronislaw Malinowski, *Argonauts of the Western Pacific: An Account of Native Enterprise and Adventure in the Archipelagoes of Melanesian New Guinea* (London: George Routledge & Sons, 1922). (B・マリノフスキ『西太平洋の遠洋航海者：メラネシアのニュー・ギニア諸島における、住民たちの事業と冒険の報告』増田義郎訳、講談社学術文庫)
34. Melanie Wallendorf and Eric Arnould, "'My Favorite Things': A Cross-Cultural Inquiry into Object Attachment, Possessiveness, and Social Linkage," *Journal of Consumer Research* 14, no. 4 (1988): 531–47, https://doi.org/10.1086/209134.
35. Phillip Shaver et al., "Emotion Knowledge: Further Exploration of a Prototype Approach," *Journal of Personality and Social Psychology* 52, no. 6 (1987): 1061–86, https://doi.org/10.1037//0022-3514.52.6.1061.
36. Jesse Chandler and Norbert Schwarz, "Use Does Not Wear Ragged the Fabric of Friendship: Thinking of Objects as Alive Makes People Less Willing to Replace Them," *Journal of Consumer Psychology* 20, no. 2 (2010): 138–45, https://doi.org/10.1016/j.jcps.2009.12.008.

第10章

1. Alejandra Martins and Paul Rincon, "Paraplegic in Robotic Suit Kicks Off World Cup," BBC News, June 12, 2014, https://www.bbc.com/news/science-envir

Russell W. Belk (Greenwich, CT: JAI Press, 1993), 55–83.

18. Larry Young and Brian Alexander, "Be My Territory," in *The Chemistry Between Us: Love, Sex, and the Science of Attraction* (New York: Current, 2012), 154–84.（ラリー・ヤング／ブライアン・アレグザンダー『性と愛の脳科学：新たな愛の物語』坪子理美訳、中央公論新社）以下も参照。Freeman and Young, "Oxytocin, Vasopressin, and the Evolution of Mating Systems in Mammals"; and Hasse Walum and Larry H. Young, "The Neural Mechanisms and Circuitry of the Pair Bond," *Nature Reviews Neuroscience* 19, no. 11 (2018): 643–54, https://doi.org/10.1038/s41583-018-0072-6.
19. R. I. M. Dunbar and Susanne Shultz, "Evolution in the Social Brain," *Science* 317, no. 5843 (2007): 1344–47, https://doi.org/10.1126/science.1145463.
20. Hamilton, "From Primitive Parts, a Highly Evolved Human Brain."
21. Dunbar and Shultz, "Evolution in the Social Brain."
22. Garth J. O. Fletcher et al., "Pair-Bonding, Romantic Love, and Evolution: The Curious Case of *Homo sapiens*," *Perspectives on Psychological Science* 10, no. 1 (2015): 20–36, https://doi.org/10.1177/1745691614561683.
23. Arthur Aron, Elaine N. Aron, and Danny Smollan, "Inclusion of Other in the Self Scale and the Structure of Interpersonal Closeness," *Journal of Personality and Social Psychology* 63, no. 4 (1992): 596–612, https://doi.org/10.1037/0022-3514.63.4.596.
24. Stephen J. Dollinger and Stephanie M. Clancy, "Identity, Self, and Personality: II. Glimpses Through the Autophotographic Eye," *Journal of Personality and Social Psychology* 64, no. 6 (1993): 1064–71, https://doi.org/10.1037/0022-3514.64.6.1064.
25. 紡錘状回顔領域は、紡錘状回と呼ばれる脳領域の一部である。研究論文では「紡錘状回」という用語が「紡錘状回顔領域」と同義で使われることがある。
26. Josef Parvizi et al., "Electrical Stimulation of Human Fusiform Face-Selective Regions Distorts Face Perception," *Journal of Neuroscience* 32, no. 43 (October 2012): 14915–20, https://doi.org/10.1523/JNEUROSCI.2609-12.2012; Elizabeth Norton, "Facial Recognition: Fusiform Gyrus Brain Region 'Solely Devoted' to Faces, Study Suggests," *HuffPost*, October 24, 2012, https://www.huffpost.com/entry/facial-recognition-brain-fusiform-gyrus_n_2010192.
27. Nicolas Kervyn, Susan T. Fiske, and Chris Malone, "Brands as Intentional Agents Framework: How Perceived Intentions and Ability Can Map Brand Perception," *Journal of Consumer Psychology* 22, no. 2 (2012): 166–76, https://doi.org/10.1016/j.jcps.2011.09.006.
28. Carolyn Yoon et al., "A Functional Magnetic Resonance Imaging Study of Neu-

ry of the Love of Things," in *The Handbook of Brand Relationships*, ed. Deborah J. MacInnis, C. Whan Park, and Joseph R. Priester (New York: M. E. Sharpe, 2009).

6. Claudia Townsend and Sanjay Sood, "Self-Affirmation Through the Choice of Highly Aesthetic Products," *Journal of Consumer Research* 39, no. 2 (2012): 415–28, https://doi.org/10.1086/663775.
7. Jean-Jacques Rousseau, *A Discourse on Inequality*, trans. Maurice Cranston (New York: Viking, 1984), 167.（邦訳はジャン＝ジャック・ルソー『人間不平等起源論』坂倉裕治訳、講談社学術文庫など。本文中の引用は本書訳者による独自訳）
8. Helen Fisher, Arthur Aron, and Lucy L. Brown, "Romantic Love: An fMRI Study of a Neural Mechanism for Mate Choice," *Journal of Comparative Neurology* 493, no. 1 (2005): 58–62, https://doi.org/10.1002/cne.20772.
9. Fisher, Aron, and Brown, "Romantic Love."
10. Jon Hamilton, "From Primitive Parts, a Highly Evolved Human Brain," *Morning Edition*, radio broadcast, August 9, 2010, http://www.npr.org/templates/story/story.php?storyId=129027124.
11. Claudio Alvarez and Susan Fournier, "Brand Flings: When Great Brand Relationships Are Not Made to Last," in *Consumer-Brand Relationships: Theory and Practice*, ed. Susan Fournier, Michael Breazeale, and Marc Fetscherin (Abingdon, UK: Routledge, 2013).
12. Helen Fisher et al., "Defining the Brain Systems of Lust, Romantic Attraction, and Attachment," *Archives of Sexual Behavior* 31, no. 5 (2002), 413–19, https://doi.org/10.1023/a:1019888024255.
13. Sara M. Freeman and Larry J. Young, "Oxytocin, Vasopressin, and the Evolution of Mating Systems in Mammals," in *Oxytocin, Vasopressin, and Related Peptides in the Regulation of Behavior*, ed. Elena Choleris, Donald W. Pfaff, and Martin Kavaliers (Cambridge, UK: Cambridge University Press, 2013), 128–47.
14. Fisher et al., "Defining the Brain Systems of Lust, Romantic Attraction, and Attachment."
15. Aaron Ahuvia, "I Love It! Towards a Unifying Theory of Love Across Diverse Love Objects," abridged (PhD diss., Northwestern University, 1993), https://deepblue.lib.umich.edu/handle/2027.42/35351.
16. Bernard I. Murstein, "Mate Selection in the 1970s," *Journal of Marriage and the Family* 42, no. 4 (1980), 777–92, https://doi.org/10.2307/351824.
17. Aaron C. Ahuvia and Mara B. Adelman, "Market Metaphors for Meeting Mates," in *Research in Consumer Behavior* vol. 6, ed. Janeen A. Costa and

4 (2010): 15–30, https://doi.org/10.1509/jmkg.74.4.015.

22. Ahuvia et al., "What Is the Harm in Fake Luxury Brands?"
23. 以下の研究のために収集したデータ。Wong and Ahuvia, "Personal Taste and Family Face."
24. 商用研究プロジェクトのために集めた未発表データによる。
25. Jack Houston and Irene Anna Kim, "Why Hermès Birkin Bags Are So Expensive, According to a Handbag Expert," *Business Insider*, June 30, 2021, https://www.businessinsider.com/hermes-birkin-bag-realreal-handbag-expert-so-expensive-2019-6?amp.
26. 以下の研究のために収集したデータ。Wong and Ahuvia, "Personal Taste and Family Face."

第9章

1. David Gal, "A Mouth-Watering Prospect: Salivation to Material Reward," *Journal of Consumer Research* 38, no 6 (2012): 1022–29, https://doi.org/10.1086/661766.
2. この最初の3段階を、配偶者選択の根底にあるとヘレン・フィッシャーが論じる3つの脳のシステムと混同してはならない。私のアプローチとフィッシャーのアプローチとのあいだに、根本的な対立は存在しない。ただ、段階間の境界線の場所が違うだけだ。というのは、私は愛のなかでもモノへの愛ととりわけ関係の深い部分を明らかにしたいからだ。具体的に言えば、私（および心理学者全般）はフィッシャーの「魅力のシステム」を2つのサブシステムに分割する。1つは魅力的な遺伝子をもつ配偶相手を見つけるためのシステム、もう1つはよい親になりそうな配偶相手を見つけるためのシステムだ。フィッシャーと共同研究者らは以下の論文において、心理学者がこの2つのサブシステムに注目する理由のいくつかを論じるとともに、同じ区別をする生物学者から得たエビデンスについても論じている。Helen Fisher et al., "The Neural Mechanisms of Mate Choice: A Hypothesis," *Neuro Endocrinology Letters* 23 Suppl. 4 (2002): 92–97.
3. Beverley Fehr, "How Do I Love Thee? Let Me Consult My Prototype," in *Individuals in Relationships*, ed. Steve Duck (Newbury Park, CA: Sage Publications, 1993), 87–120, http://dx.doi.org/10.4135/9781483326283.n4.
4. Lawrence S. Sugiyama, "Physical Attractiveness in Adaptationist Perspective," in *The Handbook of Evolutionary Psychology*, ed. David M. Buss (Hoboken, NJ: John Wiley & Sons, 2005), 292–343, https://doi.org/10.1002/9780470939376.ch10.
5. 以下の研究のために収集したデータ。Aaron C. Ahuvia, Rajeev Batra, and Richard P. Bagozzi, "Love, Desire and Identity: A Conditional Integration Theo-

Talk About Love: Why Other People Have Such Bad Taste (New York: Bloomsbury, 2014).

12. Robert M. Lupton, Steven M. Smallpage, and Adam M. Enders, “Values and Political Predispositions in the Age of Polarization: Examining the Relationship Between Partisanship and Ideology in the United States, 1988–2012,” *British Journal of Political Science* 50, no. 1 (2020): 241–60, https://doi.org/10.1017/S0007123417000370.
13. Judith Martin, “Shock Your Dinner Guests: Give ’Em the Asparagus Rule,” *Chicago Tribune*, April 18, 2007.
14. Richard A. Peterson and Roger M. Kern, “Changing Highbrow Taste: From Snob to Omnivore,” *American Sociological Review* 61, no. 5 (1996): 900–907, https://doi.org/10.2307/2096460.
15. この問題についてのさらにタイムリーで非常に愉快な解説は以下を参照。David Brooks, *Bobos in Paradise: The New Upper Class and How They Got There* (New York: Simon and Schuster, 2000).（デイビッド・ブルックス『アメリカ新上流階級ボボズ：ニューリッチたちの優雅な生き方』セビル楓訳、光文社）
16. Holt, “Does Cultural Capital Structure American Consumption?”
17. Jane Coaston, “Is Fox News Really All That Powerful?,” June 30, 2021, *The Argument*, podcast, 9:51, https://www.nytimes.com/2021/06/30/opinion/power-politics-culture-war.html.
18. Paul Henry Ray and Sherry Ruth Anderson, *The Cultural Creatives: How 50 Million People Are Changing the World* (New York: Three Rivers Press, 2000). この集団は「クリエイティブクラス」とも呼ばれている。以下を参照。Richard Florida, *The Rise of the Creative Class* (New York: Basic Books, 2002)（リチャード・フロリダ『クリエイティブ資本論：新たな経済階級の台頭』井口典夫訳、ダイヤモンド社）; Brooks, *Bobos in Paradise*.（デイビッド・ブルックス『アメリカ新上流階級ボボズ』セビル楓訳、光文社）
19. 以下の研究のために収集したデータ。Wong and Ahuvia, “Personal Taste and Family Face.”
20. Mary Douglas and Baron C. Isherwood, *The World of Goods: Towards an Anthropology of Consumption* (New York: Basic Books, 1979), 85.（メアリー・ダグラス／バロン・イシャウッド『儀礼としての消費：財と消費の経済人類学』浅田彰／佐和隆光訳、講談社学術文庫）
21. 私はこの点について考えるにあたり、次のすばらしい論文から影響を受けた。Young Jee Han, Joseph C. Nunes, and Xavier Drèze, “Signaling Status with Luxury Goods: The Role of Brand Prominence,” *Journal of Marketing* 74, no.

12.04.003.

2. 以下の研究のために収集したデータ。Nancy Wong and Aaron Chaim Ahuvia, "Personal Taste and Family Face: Luxury Consumption in Confucian and Western Societies," *Psychology & Marketing* 15, no. 5 (1998): 423–41, https://doi.org/10.1002/(SICI)1520-6793(199808)15:5<423::AID-MAR2>3.0.CO;2-9.
3. モザイクのライフスタイル集団に関する情報は、テキサス大学エル・パソ校図書館のウェブサイトで入手できる。https://libguides.utep.edu/comm_yang/Demographics_Now_Mosaic_Clusters.
4. このトピックに関する私の考えは、特に以下から影響を受けている。Douglas B. Holt, "Does Cultural Capital Structure American Consumption?," *Journal of Consumer Research* 25, no. 1 (1998): 1–25, https://doi.org/10.1086/209523.
5. 本章における私の見解のほとんどは、ピエール・ブルデューの説に依拠している。以下はこのトピックに関する彼の代表作である。*Distinction: A Social Critique of the Judgement of Taste* (Cambridge, MA: Harvard University Press, 1987).（ピエール・ブルデュー『ディスタンクシオン：社会的判断力批判（1・2)』石井洋二郎訳、藤原書店）
6. Aaron C. Ahuvia et al., "What Is the Harm in Fake Luxury Brands? Moving Beyond the Conventional Wisdom," in *Luxury Marketing: A Challenge for Theory and Practice*, ed. Klaus-Peter Wiedmann and Nadine Hennigs (Wiesbaden: Gabler Verlag, 2012), 279–93, https://doi.org/10.1007/978-3-8349-4399-6_16.
7. Tori DeAngelis, "A Theory of Classism: Class Differences," *Monitor on Psychology* 46, no. 2 (2015): 62. 以下も参照。Antony S. R. Manstead, "The Psychology of Social Class: How Socioeconomic Status Impacts Thought, Feelings, and Behaviour," *British Journal of Social Psychology* 57, no. 2 (2018): 267–91, https://doi.org/10.1111/bjso.12251.
8. Hazel R. Markus and Shinobu Kitayama, "Culture and the Self: Implications for Cognition, Emotion, and Motivation," *Psychological Review* 98, no. 2 (1991): 224–53, https://doi.org/10.1037/0033-295X.98.2.224.
9. Nicole M. Stephens, Hazel Rose Markus, and L. Taylor Phillips, "Social Class Culture Cycles: How Three Gateway Contexts Shape Selves and Fuel Inequality," *Annual Review of Psychology* 65 (2014): 611–34, https://doi.org/10.1146/annurev-psych-010213-115143.
10. Cathy Horyn, "Yves Saint Laurent Assembles a 'New Tribe,'" *New York Times*, October 5, 2010, https://runway.blogs.nytimes.com/2010/10/05/yves-saint-laurent-assembles-a-new-tribe/?searchResultPosition=1.
11. 文化資本や、「センスのよさ」対「センスの悪さ」の本質に関心のある読者には、カール・ウィルソンによる以下の著作を強く勧める。Carl Wilson, *Let's*

Video Games Far Beyond What Human 'Meat Peripherals' Can Comprehend," 1 NEWS, January 24, 2021.

11. James J. Kellaris and Ronald C. Rice, "The Influence of Tempo, Loudness, and Gender of Listener on Responses to Music," *Psychology & Marketing* 10, no. 1 (1993): 15–29, https://doi.org/10.1002/mar.4220100103.
12. Kendra Cherry, "When and Why Does Habituation Occur?," *Verywell Mind*, December 2, 2020.
13. "U.S. Adult Consumption of Added Sugars Increased by More Than 30% over Three Decades," *ScienceDaily*, November 4, 2014, www.sciencedaily.com/releases/2014/11/141104141731.htm.
14. Chiadi E. Ndumele, "Obesity, Sugar and Heart Health," Johns Hopkins Medicine, https://www.hopkinsmedicine.org/health/wellness-and-prevention/obesity-sugar-and-heart-health.
15. Office of Public Affairs, University of Utah Health, "Sweet Nothings: Added Sugar Is a Top Driver of Diabetes," February 10, 2015, https://healthcare.utah.edu/healthfeed/postings/2015/02/021015_cvarticle-sugar-diabetes.php#:~:text=They%20found%20that%20added%20sugar,to%20inflammation%20and%20insulin%20resistance.
16. 以下の研究のために収集したデータ。Aaron C. Ahuvia, "Beyond the Extended Self: Loved Objects and Consumers' Identity Narratives," *Journal of Consumer Research* 32, no. 1 (2005): 171–84, https://doi.org/10.1086/429607.
17. 以下の研究のために収集したデータ。Aaron C. Ahuvia, Rajeev Batra, and Richard P. Bagozzi, "Love, Desire and Identity: A Conditional Integration Theory of the Love of Things," in *The Handbook of Brand Relationships*, ed. Deborah J. MacInnis, C. Whan Park, and Joseph R. Priester (New York: M. E. Sharpe, 2009).
18. "How the Nose Knows," June 18, 2021, *The Pulse*, produced by Maiken Scott, podcast, https://whyy.org/episodes/how-the-nose-knows/.
19. "How the Nose Knows."
20. Stephen E. Palmer and Karen B. Schloss, "An Ecological Valence Theory of Human Color Preference," *Proceedings of the National Academy of Sciences of the United States of America* 107, no. 19 (2010): 8877–82, https://doi.org/10.1073/pnas.0906172107.

第 8 章

1. Omri Gillath et al., "Shoes as a Source of First Impressions," *Journal of Research in Personality* 46, no. 4 (2012): 423–30, https://doi.org/10.1016/j.jrp.20

guisewite-her-best-gift-ever/.
20. Ahuvia, "Beyond the Extended Self."
21. 以下の研究のために収集したデータ。Ahuvia, "Beyond the Extended Self."
22. Ahuvia, "Beyond the Extended Self."
23. Wong and Ahuvia, "Personal Taste and Family Face."
24. 以下の研究のために収集したデータ。Wong and Ahuvia, "Personal Taste and Family Face."
25. Lynn Hirschberg, "Next. Next. What's Next?," *New York Times Magazine*, April 7, 1996.

第7章

1. Julie A. Mennella, Coren P. Jagnow, and Gary K. Beauchamp, "Prenatal and Postnatal Flavor Learning by Human Infants," *Pediatrics* 107, no. 6 (2001): e88, https://doi.org/10.1542/peds.107.6.e88.
2. この知見は、デイヴィッド・ローゼンが2021年7月12日にポッドキャスト *Inquiring Minds* の"Generating the Element of Harmonic Surprise with David Rosen"という回にゲスト出演した際に述べたものである。
3. Robert M. Sapolsky, "Open Season," *The New Yorker*, March 22, 1998.
4. 特に断らない限り、この段落と次の段落で示す情報は以下による。Hilary Coon and Gregory Carey, "Genetic and Environmental Determinants of Musical Ability in Twins," *Behavior Genetics* 19 (March 1989): 183–93, https://doi.org/10.1007/BF01065903.
5. Jakob Pietschnig and Martin Voracek, "One Century of Global IQ Gains: A Formal Meta-Analysis of the Flynn Effect (1909–2013)," *Perspectives on Psychological Science* 10, no. 3 (May 2015): 282–306, https://doi.org/10.1177/1745691615577701.
6. Madison Troyer, "Baby Names Gaining Popularity in the 21st Century," *Stacker*, April 24, 2021.
7. Madison Troyer, "Baby Names Losing Popularity in the 21st Century," *Stacker*, April 8, 2021.
8. Maria A. Rodas and Carlos J. Torelli, "The Self-Expanding Process of Falling in Love with a Brand" (presentation, Brands and Brand Relationships conference, Toronto, May 20, 2016).
9. Felix Richter, "Gaming: The Most Lucrative Entertainment Industry by Far," Statista, September 22, 2020, https://www.statista.com/chart/22392/global-revenue-of-selected-entertainment-industry-sectors/.
10. Luke Appleby, "Gabe Newell Says Brain-Computer Interface Tech Will Allow

no. 1 (2002): 23–36, http://dx.doi.org/10.1023/A:1015682121103.

6. 以下の研究のために収集したデータ。Wong and Ahuvia, "Personal Taste and Family Face."
7. Hazel R. Markus and Shinobu Kitayama, "Culture and the Self: Implications for Cognition, Emotion, and Motivation," *Psychological Review* 98, no. 2 (1991): 224–53, https://doi.org/10.1037/0033-295X.98.2.224.
8. 以下の研究のために収集したデータ。Wong and Ahuvia, "Personal Taste and Family Face."
9. Ahuvia, "Individualism/Collectivism and Cultures of Happiness."
10. Shankar Vedantam, "You 2.0: Loss and Renewal," *Hidden Brain*, radio broadcast, August 17, 2020, https://www.npr.org/2020/08/15/902891952/you-2-0-loss-and-renewal.
11. 以下の研究のために収集したデータ。Rajeev Batra, Aaron Ahuvia, and Richard P. Bagozzi, "Brand Love," *Journal of Marketing* 76, no. 2 (2012): 1–16, https://doi.org/10.1509/jm.09.0339.
12. 以下の研究のために収集したデータ。Batra, Ahuvia, and Bagozzi, "Brand Love."
13. この2つの数字（80パーセントと10パーセント）が合わせて100パーセントにならないのはなぜか。それは、どちらも挙げない人がいるからだ。データは以下の研究による。Aaron Ahuvia, "I Love It! Towards a Unifying Theory of Love Across Diverse Love Objects," abridged (PhD diss., Northwestern University, 1993), https://deepblue.lib.umich.edu/handle/2027.42/35351.
14. 以下の研究のために収集したデータ。Aaron C. Ahuvia, "Beyond the Extended Self: Loved Objects and Consumers' Identity Narratives," *Journal of Consumer Research* 32, no. 1 (2005): 171–84, https://doi.org/10.1086/429607.
15. これに関する別の例については以下を参照。Alina Selyukh, "She Works Two Jobs. Her Grocery Budget Is $25. This Is Life Near Minimum Wage," *All Things Considered*, radio broadcast, March 25, 2021, https://www.npr.org/2021/03/26/979983739/walk-one-day-in-our-shoes-life-near-minimum-wage.
16. Nathaniel Branden, "A Vision of Romantic Love," in *The Psychology of Love*, ed. Robert Sternberg and Michael L. Barnes (New Haven, CT: Yale University Press, 1988), 224.
17. 以下の研究のために収集したデータ。Batra, Ahuvia, and Bagozzi, "Brand Love."
18. Ahuvia, "I Love It!"
19. "Cartoonist Cathy Guisewite on Her Best Gift Ever," *Marketplace*, radio broadcast, December 15, 2014, https://www.marketplace.org/2014/12/15/cartoonist-cathy-

Sharpe, 2009).

25. Arthur Aron, Meg Paris, and Elaine N. Aron, "Falling in Love: Prospective Studies of Self-Concept Change," *Journal of Personality and Social Psychology* 69, no. 6 (1995): 1102–12, https://doi.org/10.1037/0022-3514.69.6.1102.
26. William James, *The Principles of Psychology* (New York: Henry Holt, 1890), 1:291.
27. Lea Dunn and JoAndrea Hoegg, "The Impact of Fear on Emotional Brand Attachment," *Journal of Consumer Research* 41, no. 1 (2014): 152–68, https://doi.org/10.1086/675377.
28. Sarah Broadbent, "Brand Love in Sport: Antecedents and Consequences" (PhD diss., School of Management and Marketing, Deakin University, 2012), https://hdl.handle.net/10536/DRO/DU:30062512.

第6章

1. Mason Haire, "Projective Techniques in Marketing Research," *Journal of Marketing* 14, no. 5 (April 1950): 649–56, https://doi.org/10.2307/1246942.
2. Adam Smith, *The Wealth of Nations* (London: W. Strahan and T. Cadell, 1776), vol. 2, bk. 5, ch. 2, https://www.marxists.org/reference/archive/smith-adam/works/wealth-of-nations/book05/ch02b-4.htm.（邦訳はアダム・スミス『国富論』大河内一男訳、中央公論新社など多数）
3. Tori DeAngelis, "A Theory of Classism: Class Differences," *Monitor on Psychology* 46, no. 2 (2015): 62.
4. Ronald Inglehart, *Culture Shift in Advanced Industrial Society* (Princeton, NJ: Princeton University Press, 1990)（ロナルド・イングルハート『カルチャーシフトと政治変動』村山皓・富沢克・武重雅文訳、東洋経済新報社）; Aaron C. Ahuvia and Nancy Y. Wong, "Materialism: Origins and Implications for Personal Well-Being," *European Advances in Consumer Research* 2 (1995): 172–78; Aaron C. Ahuvia and Nancy Y. Wong, "Personality and Values-Based Materialism: Their Relationship and Origins," *Journal of Consumer Psychology* 12, no. 4 (2002): 389–402, https://doi.org/10.1016/S1057-7408(16)30089-4; Nancy Wong and Aaron Chaim Ahuvia, "Personal Taste and Family Face: Luxury Consumption in Confucian and Western Societies," *Psychology & Marketing* 15, no. 5 (1998): 423–41, https://doi.org/10.1002/(SICI)1520-6793(199808)15:5<423::AID-MAR2>3.0.CO;2-9.
5. Aaron C. Ahuvia, "Individualism/Collectivism and Cultures of Happiness: A Theoretical Conjecture on the Relationship Between Consumption, Culture and Subjective Well-Being at the National Level," *Journal of Happiness Studies* 3,

04/books/review/podcast-jeffrey-toobin-true-crimes-misdemeanors-trump-dayna-tortorici-elena-ferrante.html.

12. Ahuvia, "Beyond the Extended Self."
13. 以下の研究のために収集したデータ。Aaron C. Ahuvia et al., "Pride of Ownership: An Identity-Based Model," *Journal of the Association for Consumer Research* 3, no. 2 (April 2018): 1–13, https://doi.org/10.1086/697076.
14. Ahuvia, "I Love It!"
15. Elizabeth Mehren, "Oh, Jackie! What Next? They've Got Big Plans for Those Pricey Buys," *Los Angeles Times*, June 13, 1996, https://www.latimes.com/archives/la-xpm-1996-06-13-ls-14295-story.html.
16. Carol J. Nemeroff and Paul Rozin, "The Contagion Concept in Adult Thinking in the United States: Transmission of Germs and of Interpersonal Influence," *Ethos* 22, no. 2 (2009): 158–86, https://doi.org/10.1525/eth.1994.22.2.02a00020.
17. Jennifer J. Argo, Darren W. Dahl, and Andrea C. Morales, "Positive Consumer Contagion: Responses to Attractive Others in a Retail Context," *Journal of Marketing Research* 45, no. 6 (2008): 690–701, https://doi.org/10.1509/jmkr.45.6.690.
18. Chris Speed, "From RememberMe to Shelflife," *Fields*, February 27, 2012, http://www.chrisspeed.net/?p=773.
19. Erich Fromm, *The Art of Loving: An Enquiry into the Nature of Love* (New York: Harper & Brothers, 1956), 17.（邦訳はエーリッヒ・フロム『愛するということ』鈴木晶訳、紀伊國屋書店など。本文中の引用は、本書訳者による独自訳）
20. Michael I. Norton, Daniel Mochon, and Dan Ariely, "The IKEA Effect: When Labor Leads to Love," *Journal of Consumer Psychology* 22, no. 3 (2012): 453–60, https://doi.org/10.1016/j.jcps.2011.08.002.
21. Peter H. Bloch, "Involvement Beyond the Purchase Process: Conceptual Issues and Empirical Investigation," *Advances in Consumer Research* 9, no. 1 (1982): 413–17.
22. Russell W. Belk, "Possessions and Extended Sense of Self," in *Marketing and Semiotics: New Directions in the Study of Signs for Sale*, ed. Jean Umiker-Sebeok (Berlin: Mouton de Gruyter, 1987), 151–64.
23. Norton, Mochon, and Ariely, "The IKEA Effect."
24. 以下の研究のために収集したデータ。Aaron C. Ahuvia, Rajeev Batra, and Richard P. Bagozzi, "Love, Desire and Identity: A Conditional Integration Theory of the Love of Things," in *The Handbook of Brand Relationships* ed. Deborah J. MacInnis, C. Whan Park, and Joseph R. Priester (New York: M. E.

第5章

1. Aaron Ahuvia, "I Love It! Towards a Unifying Theory of Love Across Diverse Love Objects," abridged (PhD diss., Northwestern University, 1993), https://deepblue.lib.umich.edu/handle/2027.42/35351.
2. 以下の研究のために収集したデータ。Aaron C. Ahuvia, "Beyond the Extended Self: Loved Objects and Consumers' Identity Narratives," *Journal of Consumer Research* 32, no. 1 (2005): 171–84, https://doi.org/10.1086/429607.
3. Arthur Aron et al., "Close Relationships as Including Other in the Self," *Journal of Personality and Social Psychology* 60, no. 2 (1991): 241–53, https://doi.org/10.1037/0022-3514.60.2.241.
4. Arthur Aron and Barbara Fraley, "Relationship Closeness as Including Other in the Self: Cognitive Underpinnings and Measures," *Social Cognition* 17, no. 2 (1999): 140–60, https://doi.org/10.1521/soco.1999.17.2.140.
5. C. Whan Park, Andreas B. Eisingerich, and Jason Whan Park, "From Brand Aversion or Indifference to Brand Attachment: Authors' Response to Commentaries to Park, Eisingerich, and Park's Brand Attachment-Aversion Model," *Journal of Consumer Psychology* 23, no. 2 (2013): 269–74, https://doi.org/10.1016/j.jcps.2013.01.006.
6. Sara H. Konrath and Michael Ross, "Our Glories, Our Shames: Expanding the Self in Temporal Self Appraisal Theory" (conference poster presented at the 111th annual meeting of the American Psychological Society, Atlanta, August 2003), http://hdl.handle.net/1805/10039.
7. Shinya Watanuki and Hiroyuki Akama, "Neural Substrates of Brand Love: An Activation Likelihood Estimation Meta-Analysis of Functional Neuroimaging Studies," *Frontiers in Neuroscience* 14 (2020), https://doi.org/10.3389/fnins.2020.534671.
8. Rajeev Batra, Aaron Ahuvia, and Richard P. Bagozzi, "Brand Love," *Journal of Marketing* 76, no. 2 (2012): 1–16, https://doi.org/10.1509/jm.09.0339; Richard P. Bagozzi, Rajeev Batra, and Aaron Ahuvia, "Brand Love: Development and Validation of a Practical Scale," *Marketing Letters* 28 (2016): 1–14, https://doi.org/10.1007/s11002-016-9406-1.
9. Judy A. Shea and Gerald R. Adams, "Correlates of Romantic Attachment: A Path Analysis Study," *Journal of Youth and Adolescence* 13, no. 1 (1984): 27–44, https://doi.org/10.1007/BF02088651.
10. 以下の研究のために収集したデータ。Ahuvia, "Beyond the Extended Self."
11. Pamela Paul, "Jeffrey Toobin on Writing About Trump," September 4, 2020, *New York Times Book Review Podcast*, 11:33, https://www.nytimes.com/2020/09/

62, https://doi.org/10.1086/673959.

20. ブランドコミュニティーに関する重要な研究を以下にいくつか挙げる。Richard P. Bagozzi et al., "Customer-Organization Relationships: Development and Test of a Theory of Extended Identities," *Journal of Applied Psychology* 97, no. 1 (2012): 63–76, https://doi.org/10.1037/a0024533; Richard P. Bagozzi and Utpal M. Dholakia, "Antecedents and Purchase Consequences of Customer Participation in Small Group Brand Communities," *International Journal of Research in Marketing* 23, no. 1 (2006): 45–61, https://doi.org/10.1016/j.ijresmar.2006.01.005; Lars Bergkvist and Tino Bech-Larsen, "Two Studies of Consequences and Actionable Antecedents of Brand Love," *Journal of Brand Management* 17, no. 7 (2010): 504–18, http://doi.org/10.1057/bm.2010.6; Bernard Cova, "Community and Consumption: Towards a Definition of the 'Linking Value' of Product or Services," *European Journal of Marketing* 31, no. 3/4 (1997), 297–316, https://doi.org/10.1108/03090569710162380; Hope Jensen Schau, Albert M. Muñiz, and Eric J. Arnould, "How Brand Community Practices Create Value," *Journal of Marketing* 73, no. 5 (2009): 30–51, https://doi.org/10.1509/jmkg.73.5.30; Cleopatra Veloutsou and Luiz Moutinho, "Brand Relationships Through Brand Reputation and Brand Tribalism," *Journal of Business Research* 62, no. 3 (2009): 314–22, https://doi.org/10.1016/j.jbusres.2008.05.010.
21. Angela Watercutter, "Brony Census Tracks 'State of the Herd,'" *Wired*, January 10, 2012, https://www.wired.com/2012/01/brony-census/.
22. Logan Hamley et al., "Ingroup Love or Outgroup Hate (or Both)? Mapping Distinct Bias Profiles in the Population," *Personality and Social Psychology Bulletin* 46, no. 2 (2020): 171–88, https://doi.org/10.1177/0146167219845919.
23. Maja Golf Papez and Michael Beverland, "Exploring the Negative Aspects of Consumer Brand Relationships Through the Use of Relational Models Theory" (presentation, Brands and Brand Relation- ships conference, Toronto, May 20, 2016).
24. Aaron C. Ahuvia, Rajeev Batra, and Richard P. Bagozzi, "Love, Desire and Identity: A Conditional Integration Theory of the Love of Things," in *The Handbook of Brand Relationships*, ed. Deborah J. MacInnis, C. Whan Park, and Joseph R. Priester (New York: M. E. Sharpe, 2009).
25. Adam C. Landon et al., "Psychological Needs Satisfaction and Attachment to Natural Landscapes," *Environment and Behavior* 53, no. 6 (2020): 661–83, https://doi.org/10.1177/0013916520916255.
26. 現在実施中のプロジェクトのために収集したデータ。

Personality Matters: The Moderating Role of Attachment Styles," *Journal of Consumer Research* 35, no. 6 (2009): 985–1002, https://doi.org/10.1086/593948.
10. Aaron C. Ahuvia et al., "Pride of Ownership: An Identity-Based Model," *Journal of the Association for Consumer Research* 3, no. 2 (April 2018): 1–13, https://doi.org/10.1086/697076.
11. Mansur Khamitov, Miranda Goode, and Matthew Thomson, "Investigating Brand Cheating in Consumer-Brand Relationships: Triadic and Dyadic Approaches," *Advances in Consumer Research* 42 (2014): 541; Miranda Goode, Mansur Khamitov, and Matthew Thomson, "Dyads, Triads and Consumer Treachery: When Interpersonal Connections Guard Against Brand Cheating," in *Strong Brands, Strong Relationships*, ed. Susan Fournier, Michael J. Breazeale, and Jill Avery (Abingdon, UK: Routledge, 2015), 216–32.
12. Goode, Khamitov, and Thomson, "Dyads, Triads and Consumer Treachery"; Khamitov, Goode, and Thomson, "Investigating Brand Cheating in Consumer-Brand Relationships."
13. Rik Pieters, "Bidirectional Dynamics of Materialism and Loneliness: Not Just a Vicious Cycle," *Journal of Consumer Research* 40, no. 4 (2013): 615–31, https://doi.org/10.1086/671564.
14. Xijing Wang and Eva G. Krumhuber, "The Love of Money Results in Objectification," *British Journal of Social Psychology* 56, no. 2 (September 2016): 354–72, https://doi.org/10.1111/bjso.12158.
15. Monica Perez interviewed by Sam Sanders, "West Coast on Fire, Plus Comedian Sam Jay," September 11, 2020, *It's Been a Minute with Sam Sanders*, podcast, https://www.npr.org/2020/09/11/911947429/west-coast-on-fire-plus-comedian-sam-jay.
16. Aaron C. Ahuvia, "Beyond the Extended Self: Loved Objects and Consumers' Identity Narratives," *Journal of Consumer Research* 32, no. 1 (2005): 171–84, https://doi.org/10.1086/429607.
17. Marsha L. Richins, "Measuring Emotions in the Consumption Experience," *Journal of Consumer Research* 24, no. 2 (1997): 127–46, https://doi.org/10.1086/209499.
18. Cindy Chan, Jonah Berger, and Leaf Van Boven, "Identifiable but Not Identical: Combining Social Identity and Uniqueness Motives in Choice," *Journal of Consumer Research* 39, no. 3 (2012): 561–73, https://doi.org/10.1086/664804.
19. 娯楽作品が社会的関係を生み出すのを助ける仕組みについてのすぐれた論考は次を参照。Cristel Antonia Russell and Hope Jensen Schau, "When Narrative Brands End: The Impact of Narrative Closure and Consumption Sociality on Loss Accommodation," *Journal of Consumer Research* 40, no. 6 (2014): 1039–

ence/2014/03/07/286262067/the-soul-of-the-worlds-most-expensive-violin.

2. Russell W. Belk, "Possessions and the Extended Self," *Journal of Consumer Research* 15, no. 2 (1988): 139–68, https://doi.org/10.1086/209154.

3. 私はこの話をナショナル・パブリック・ラジオの*All Things Considered*という番組で聞いた。放送されたのは20年以上前で、オリジナルの番組を探しているのだが、残念ながら見つかっていない。そのため、レポーターについてきちんと記載することができない。

4. Aaron Chaim Ahuvia, "Nothing Matters More to People Than People: Brand Meaning and Social Relationships," *Review of Marketing Research* 12 (May 2015): 121–49, https://doi.org/10.1108/S1548-643520150000012005; Aaron Ahuvia, "Beyond 'Beyond the Extended Self': Russ Belk on Identity," in *Legends in Consumer Behavior: Russell W. Belk*, ed. Jagdish N. Sheth, vol. 4, *Consumer Sense of Self and Identity*, ed. John W. Schouten (Thousand Oaks, CA: Sage Publishing, 2014).

5. 以下にいくつか例を挙げる。Mihaly Csikszentmihalyi and Eugene Rochberg-Halton, *The Meaning of Things: Domestic Symbols and the Self* (Cambridge, MA: Cambridge University Press, 1981)（M.チクセントミハイ／E.ロックバーグ＝ハルトン『モノの意味：大切な物の心理学』市川孝一／川浦康至訳、誠信書房）; Elizabeth C. Hirschman and Priscilla A. LaBarbera, "Dimensions of Possession Importance," *Psychology & Marketing* 7, no. 3 (1990): 215–33, https://doi.org/10.1002/mar.4220070306; Raj Mehta and Russell W. Belk, "Artifacts, Identity, and Transition: Favorite Possessions of Indians and Indian Immigrants to the United States," *Journal of Consumer Research* 17, no. 4 (1991): 398–411, https://doi.org/10.1086/208566; Susan E. Schultz, Robert E. Kleine, and Jerome B. Kernan, "These Are a Few of My Favorite Things: Toward an Explication of Attachment as a Consumer Behavior Construct," in *Advances in Consumer Research* 16, no. 1 (1989): 359–66; and Melanie Wallendorf and Eric Arnould, "'My Favorite Things': A Cross-Cultural Inquiry into Object Attachment, Possessiveness, and Social Linkage," *Journal of Consumer Research* 14, no. 4 (1988): 531–47, https://doi.org/10.1086/209134.

6. Csikszentmihalyi and Rochberg-Halton, *The Meaning of Things*.（M.チクセントミハイ／E.ロックバーグ＝ハルトン『モノの意味』、市川孝一／川浦康至訳）

7. Aaron Ahuvia, "I Love It! Towards a Unifying Theory of Love Across Diverse Love Objects," abridged (PhD diss., Northwestern University, 1993), https://deepblue.lib.umich.edu/handle/2027.42/35351.

8. Ahuvia, "I Love It!"

9. Vanitha Swaminathan, Karen M. Stilley, and Rohini Ahluwalia, "When Brand

ness Inventory: Assessing the Closeness of Interpersonal Relationships," *Journal of Personality and Social Psychology* 57, no. 5 (1989): 792–807, https://doi.org/10.1037/0022-3514.57.5.792.

20. Elaine Hatfield and Richard L. Rapson, *Love, Sex, and Intimacy: Their Psychology, Biology, and History* (New York: HarperCollins, 1993), 9.
21. Ahuvia, "I Love It!"
22. Aruna Ranganathan, "The Artisan and His Audience: Identification with Work and Price Setting in a Handicraft Cluster in Southern India," *Administrative Science Quarterly* 63, no. 3 (2018): 637–67, https://doi.org/10.1177/0001839217725782.
23. Irene Consiglio et al., "Brand (In)fidelity: When Flirting with the Competition Strengthens Brand Relationships" (presentation, Brands and Brand Relationships conference, Boston, May 20, 2014).
24. Oscar Ybarra, David Seungjae Lee, and Richard Gonzalez, "Supportive Social Relationships Attenuate the Appeal of Choice," *Psychological Science* 23, no. 10 (2012): 1186–92, https://doi.org/10.1177/0956797612440458.
25. Kristina M. Durante and Ashley Rae Arsena, "Playing the Field: The Effect of Fertility on Women's Desire for Variety," *Journal of Consumer Research* 41, no. 6 (2015): 1372–91, https://doi.org/10.1086/679652.
26. Aaker, Fournier, and Brasel, "When Good Brands Do Bad."
27. Claudio Alvarez and Susan Fournier, "Brand Flings: When Great Brand Relationships Are Not Made to Last," in *Consumer-Brand Relationships: Theory and Practice*, ed. Susan Fournier, Michael Breazeale, and Marc Fetscherin (Abingdon, UK: Routledge, 2013). 以下も参照。Jill Avery, Susan Fournier, and John Wittenbraker, "Unlock the Mysteries of Your Customer Relationships," *Harvard Business Review*, July–August 2014.
28. Aaker, Fournier, and Brasel, "When Good Brands Do Bad."
29. Vanitha Swaminathan, Karen M. Stilley, and Rohini Ahluwalia, "When Brand Personality Matters: The Moderating Role of Attachment Styles," *Journal of Consumer Research* 35, no. 6 (2009): 985–1002, https://doi.org/10.1086/593948.
30. Daniel Kahneman, *Thinking, Fast and Slow* (New York: Farrar, Straus and Giroux, 2011).（ダニエル・カーネマン『ファスト＆スロー』村井章子訳、ハヤカワ文庫）

第4章

1. Linda Wertheimer, "The Soul of the World's Most Expensive Violin," *Morning Edition*, radio broadcast, March 7, 2014, https://www.npr.org/sections/deceptivecad

Close Relationships: A Prototype and Cognitive Appraisal Analysis," *Journal of Personality and Social Psychology* 65, no. 5 (1993): 942–58, https://doi.org/10.1037/0022-3514.65.5.942.

8. Robert J. Sternberg, "Explorations of Love," in *Advances in Personal Relationships* vol.1, ed. Warren H. Jones and Daniel Perlman (Greenwich, CT: JAI Press, 1987).
9. Youngme Moon, "Intimate Exchanges: Using Computers to Elicit Self-Disclosure from Consumers," *Journal of Consumer Research* 26, no. 4 (2000): 323–39, https://doi.org/10.1086/209566.
10. John M. Gottman, *Marital Interaction: Experimental Investigations* (New York: Academic Press, 1979).
11. Carol Werner and Bibb Latane, "Interaction Motivates Attraction: Rats Are Fond of Fondling," *Journal of Personality and Social Psychology* 29, no. 3: 328–34, https://doi.org/10.1037/h0035976.
12. Aaron C. Ahuvia, Rajeev Batra, and Richard P. Bagozzi, "Love, Desire and Identity: A Conditional Integration Theory of the Love of Things," in *The Handbook of Brand Relationships*, ed. Deborah J. MacInnis, C. Whan Park, and Joseph R. Priester (New York: M. E. Sharpe, 2009).
13. Alokparna Basu Monga, "Brand as a Relationship Partner: Gender Differences in Perspectives," *Advances in Consumer Research* 29, no. 1 (2002): 36–41.
14. Jodie Whelan et al., "Relational Domain Switching: Interpersonal Insecurity Predicts the Strength and Number of Marketplace Relationships," *Psychology & Marketing* 33, no. 6 (2016): 465–79, https://doi.org/10.1002/mar.20891.
15. Aaron Ahuvia, "I Love It! Towards a Unifying Theory of Love Across Diverse Love Objects," abridged (PhD diss., Northwestern University, 1993), https://deepblue.lib.umich.edu/handle/2027.42/35351.
16. Mark S. Rosenbaum et al., "A Cup of Coffee with a Dash of Love: An Investigation of Commercial Social Support and Third-Place Attachment," *Journal of Service Research* 10, no. 1 (2007): 43–58, https://doi.org/10.1177/1094670507303011.
17. Morgan K. Ward and Darren W. Dahl, "Should the Devil Sell Prada? Retail Rejection Increases Aspiring Consumers' Desire for the Brand," *Journal of Consumer Research* 41, no. 3 (2014): 590–609, https://doi.org/10.1086/676980.
18. Julia D. Hur, Minjung Koo, and Wilhelm Hofmann, "When Temptations Come Alive: How Anthropomorphism Undermines Self-Control," *Journal of Consumer Research* 42, no. 2 (2015): 340–58, https://doi.org/10.1093/jcr/ucv017.
19. Ellen Berscheid, Mark Snyder, and Allen M. Omoto, "The Relationship Close-

rology 493, no. 1 (2005): 58–62, https://doi.org/10.1002/cne.20772.

2. Sarah Broadbent, "Brand Love in Sport: Antecedents and Consequences" (PhD diss., School of Management and Marketing, Deakin University, 2012), https://hdl.handle.net/10536/DRO/DU:30062512.
3. Elaine Hatfield and Richard Rapson, "Love and Attachment Processes," in *Handbook of Emotions*, ed. Michael Lewis and Jeannette M. Haviland (New York: Guilford Publications, 1993); Marsha L. Richins, "Measuring Emotions in the Consumption Experience," *Journal of Consumer Research* 24, no. 2 (1997): 127–46; Lisa A. Cavanaugh, James R. Bettman, and Mary Frances Luce, "Feeling Love and Doing More for Distant Others: Specific Positive Emotions Differentially Affect Prosocial Consumption," *Journal of Marketing Research* 52, no. 5 (2015): 657–73, https://doi.org/10.1509/jmr.10.0219; Fleur J. M. Laros and Jan-Benedict E. M. Steenkamp, "Emotions in Consumer Behavior: A Hierarchical Approach," *Journal of Business Research* 58, no. 10 (2005): 1437–45, https://doi.org/10.1016/j.jbusres.2003.09.013; Phillip R. Shaver, Shelley Wu, and Judith C. Schwartz, "Cross-Cultural Similarities and Differences in Emotion and Its Representation: A Prototype Approach," in *Emotion: Review of Personality and Social Psychology* 13, ed. Margaret S. Clark (Newbury Park, CA: Sage Publications, 1992).
4. Makenzie J. O'Neil et al., "Prototype Facial Response to Cute Stimuli: Expression and Recognition" (unpublished manuscript, 2019).
5. 消費者とブランドの関係について、詳しくは以下を参照のこと。Susan Fournier, "Consumers and Their Brands: Developing Relationship Theory in Consumer Research," *Journal of Consumer Research* 24, no. 4 (March 1998): 343–73; Susan Fournier, "Lessons Learned About Consumers' Relationships with Their Brands," in *The Handbook of Brand Relationships*, ed. Deborah J. MacInnis, C. Whan Park, and Joseph R. Priester (New York: M. E. Sharpe, 2009); Jennifer Aaker, Susan Fournier, and S. Adam Brasel, "When Good Brands Do Bad," *Journal of Consumer Research* 31, no. 1 (June 2004): 1–16; Susan Fournier and Julie L. Yao, "Reviving Brand Loyalty: A Reconceptualization Within the Framework of Consumer-Brand Relationships," *International Journal of Research in Marketing* 14, no. 5 (December 1997): 451–72.
6. Matthew Thomson and Allison R. Johnson, "Marketplace and Personal Space: Investigating the Differential Effects of Attachment Style Across Relationship Contexts," *Psychology & Marketing* 23, no. 8 (2006): 711–26, https://doi.org/10.1002/mar.20125.
7. Julie Fitness and Garth J. O. Fletcher, "Love, Hate, Anger, and Jealousy in

37. Michael B. Beverland, Francis Farrelly, and Elison Ai Ching Lim, "Exploring the Dark Side of Pet Ownership: Status- and Control-Based Pet Consumption," *Journal of Business Research* 61, no. 5 (2008): 490–96, https://doi.org/10.1016/j.jbusres.2006.08.009.
38. 以下で報告されている。Daisy Yuhas, "Pets: Why Do We Have Them?," *Scientific American Mind* 26, no. 3 (2015): 28–33, https://doi.org/10.1038/scientificamericanmind0515-28.
39. Stephen Kellett et al., "Compulsive Hoarding: An Interpretative Phenomenological Analysis," *Behavioural and Cognitive Psychotherapy* 38, no. 2 (2010): 141–55, https://doi.org/10.1017/S1352465809990622.
40. Kiara R. Timpano and Ashley M. Shaw, "Conferring Humanness: The Role of Anthropomorphism in Hoarding," *Personality and Individual Differences* 54, no. 3 (2014): 383–88, https://doi.org/10.1016/j.paid.2012.10.007.
41. Melissa M. Norberg et al., "Anxious Attachment and Excessive Acquisition: The Mediating Roles of Anthropomorphism and Distress Intolerance," *Journal of Behavioral Addictions* 7, no. 1 (2018): 171–80, https://doi.org/10.1556/2006.7.2018.08.
42. James Vlahos, "Barbie Wants to Get to Know Your Child," *New York Times Magazine*, September 16, 2015.
43. 以下を参照。Adam Waytz, John Cacioppo, and Nicholas Epley, "Who Sees Human? The Stability and Importance of Individual Differences in Anthropomorphism," *Perspectives on Psychological Science* 5, no. 3 (2010): 219–32, https://doi.org/10.1177/1745691610369336. 以下も参照。Adam Waytz, Nicholas Epley, and John Cacioppo, "Social Cognition Unbound: Insights into Anthropomorphism and Dehumanization," *Current Directions in Psychological Science* 19, no. 1 (2010): 58–62, https://doi.org/10.1177/0963721409359302.
44. Mark Levine, "Share My Ride," *New York Times Magazine*, March 5, 2009.
45. Hee-Kyung Ahn, Hae Joo Kim, and Pankaj Aggarwal, "Helping Fellow Beings: Anthropomorphized Social Causes and the Role of Anticipatory Guilt," *Psychological Science* 25, no. 1 (2014): 224–29, https://doi.org/10.1177/0956797613496823.
46. Kellett et al., "Compulsive Hoarding."
47. Chandler and Schwarz, "Use Does Not Wear Ragged the Fabric of Friendship."

第3章

1. Helen Fisher, Arthur Aron, and Lucy L. Brown, "Romantic Love: An fMRI Study of a Neural Mechanism for Mate Choice," *Journal of Comparative Neu-*

Price Fairness," *Journal of Marketing* 79, no. 4 (2015): 56–76, https://doi.org/10.1509/jm.13.0410.

24. Marina Puzakova, Hyokjin Kwak, and Joseph Rocereto, "When Humanizing Brands Goes Wrong: The Detrimental Role of Brand Anthropomorphization Amidst Product Wrongdoings," *Journal of Marketing* 77, no. 3 (2013): 81–100.
25. Luczak, Roetting, and Schmidt, "Let's Talk."
26. Kate Letheren et al., "Individual Difference Factors Related to Anthropomorphic Tendency," *European Journal of Marketing* 50, no. 5–6 (2016): 973–1002, https://doi.org/10.1108/EJM-05-2014-0291.
27. Shankar Vedantam, "The Lonely American Man," October 14, 2019, *Hidden Brain*, produced by Tara Boyle, podcast, 16:34, https://pca.st/episode/001413bf-71ad-42ca-a445-67129e144ffc?t=994.0.
28. Nicholas Epley et al., "When We Need a Human: Motivational Determinants of Anthropomorphism," *Social Cognition* 26, no. 2 (2008): 143–55, https://doi.org/10.1521/soco.2008.26.2.143.
29. Friederike Eyssel and Natalia Reich, "Loneliness Makes the Heart Grow Fonder (of Robots): On the Effects of Loneliness on Psychological Anthropomorphism," *2013 8th ACM/IEEE International Conference on Human-Robot Interaction (HRI)* (2013): 121–22, https://doi.org/10.1109/HRI.2013.6483531.
30. Adam Waytz et al., "Making Sense by Making Sentient: Effectance Motivation Increases Anthropomorphism," *Journal of Personality and Social Psychology* 99, no. 3 (2010): 410–35, https://doi.org/10.1037/a0020240.
31. Luczak, Roetting, and Schmidt, "Let's Talk."
32. Mary M. Herrald, Joe Tomaka, and Amanda Y. Medina, "Pet Ownership Predicts Adherence to Cardiovascular Rehabilitation," *Journal of Applied Social Psychology* 32, no. 6 (2002): 1107–23, https://doi.org/10.1111/j.1559-1816.2002.tb01428.x.
33. Tori Rodriguez, "Pets Help Us Achieve Goals and Reduce Stress," *Scientific American*, November 1, 2012.
34. Letheren et al., "Individual Difference Factors Related to Anthropomorphic Tendency."
35. Paul M. Connell, "The Role of Baseline Physical Similarity to Humans in Consumer Responses to Anthropomorphic Animal Images," *Psychology & Marketing* 30, no. 6 (2013): 461–68, https://doi.org/10.1002/mar.20619.
36. Aaron Ahuvia, "Commentary on Exploring the Dark Side of Pet Ownership: Status- and Control-Based Pet Consumption: A Reinterpretation of the Data," *Journal of Business Research* 61, no. 5 (2008): 497–99, https://doi.org/10.1016/j.jbusres.2007.01.028.

mation Technology 23, no. 2 (2004): 107–18, https://doi.org/10.1080/01449290310001659222.

14. Phillip M. Hart, Sean R. Jones, and Marla B. Royne, "The Human Lens: How Anthropomorphic Reasoning Varies by Product Complexity and Enhances Personal Value," *Journal of Marketing Management* 29, no. 1–2 (2013): 105–21, https://doi.org/10.1080/0267257X.2012.759993.
15. Jesse Chandler and Norbert Schwarz, "Use Does Not Wear Ragged the Fabric of Friendship: Thinking of Objects as Alive Makes People Less Willing to Replace Them," *Journal of Consumer Psychology* 20, no. 2 (2010): 138–45, https://doi.org/10.1016/j.jcps.2009.12.008.
16. Philipp A. Rauschnabel and Aaron C. Ahuvia, "You're So Lovable: Anthropomorphism and Brand Love," *Journal of Brand Management* 21, no. 5 (August 2014): 372–95, https://doi.org/10.1057/bm.2014.14.
17. Rauschnabel and Ahuvia, "You're So Lovable"; Deborah J. MacInnis and Valerie S. Folkes, "Humanizing Brands: When Brands Seem to Be Like Me, Part of Me, and in a Relationship with Me," *Journal of Consumer Psychology* 27, no 3 (2017): 355–74, https://doi.org/10.1016/j.jcps.2016.12.003.
18. Adam Waytz, Joy Heafner, and Nicholas Epley, "The Mind in the Machine: Anthropomorphism Increases Trust in an Autonomous Vehicle," *Journal of Experimental Social Psychology* 52 (2014): 113–17, https://doi.org/10.1016/j.jesp.2014.01.005.
19. Sara Kim, Rocky Peng Chen, and Ke Zhang, "Anthropomorphized Helpers Undermine Autonomy and Enjoyment in Computer Games," *Journal of Consumer Research* 43, no. 2 (2016): 282–302, https://doi.org/10.1093/jcr/ucw016.
20. Jing Wan and Pankaj Aggarwal, "Befriending Mr. Clean: The Role of Anthropomorphism in Consumer-Brand Relationships," in *Strong Brands, Strong Relationships*, ed. Susan Fournier, Michael J. Breazeale, and Jill Avery (Abingdon, UK: Routledge, 2015), 119–34.
21. Pankaj Aggarwal and Ann L. McGill, "Is That Car Smiling at Me? Schema Congruity as a Basis for Evaluating Anthropomorphized Products," *Journal of Consumer Research* 34, no. 4 (2007): 468–79, https://doi.org/10.1086/518544.
22. Simon Hudson et al., "The Influence of Social Media Interactions on Consumer-Brand Relationships: A Three-Country Study of Brand Perceptions and Marketing Behaviors," *International Journal of Research in Marketing* 33, no. 1 (2016): 27–41, https://doi.org/10.1016/j.ijresmar.2015.06.004.
23. Hyokjin Kwak, Marina Puzakova, and Joseph Rocereto, "Better Not Smile at the Price: The Differential Role of Brand Anthropomorphization on Perceived

Feelings of Embarrassment When Interacting with Robots," *Paladyn: Journal of Behavioral Robotics* 1, no. 2 (2010): 109–15, https://doi.org/10.2478/s13230-010-0011-3.

4. Sara Kim and Ann L. McGill, "Gaming with Mr. Slot or Gaming the Slot Machine? Power, Anthropomorphism, and Risk Perception," *Journal of Consumer Research* 38, no. 1 (2011): 94–107, https://doi.org/10.1086/658148.

5. これは心理学実験で使われた装置を描き直した図版である。論文に掲載されたオリジナルの図版の多くは、再録すると画質が悪く不鮮明になってしまうと思われたので、新たにイラストを描き直してもらうことにした。オリジナルの図版は、原注に掲載した既発表の論文をご覧になれば、すぐ見つけられる。

6. Valeria Gazzola et al., "The Anthropomorphic Brain: The Mirror Neuron System Responds to Human and Robotic Actions," *NeuroImage* 35, no. 4 (2007): 1674–84, https://doi.org/10.1016/j.neuroimage.2007.02.003.

7. Lasana T. Harris and Susan T. Fiske, "The Brooms in *Fantasia*: Neural Correlates of Anthropomorphizing Objects," *Social Cognition* 26, no. 2 (2008): 210–23, https://doi.org/10.1521/soco.2008.26.2.210.

8. Sonja Windhager et al., "Face to Face: The Perception of Automotive Designs," *Human Nature* 19, no. 4 (2008): 331–46, https://doi.org/10.1007/s12110-008-9047-z.

9. Jan R. Landwehr, Ann L. McGill, and Andreas Herrmann, "It's Got the Look: The Effect of Friendly and Aggressive 'Facial' Expressions on Product Liking and Sales," *Journal of Marketing* 75, no. 3 (2011): 132–46, https://doi.org/10.1509/jmkg.75.3.132.

10. Maferima Touré-Tillery and Ann L. McGill, "Who or What to Believe: Trust and the Differential Persuasiveness of Human and Anthropomorphized Messengers," *Journal of Marketing* 79, no. 4 (2015): 94–110, https://doi.org/10.1509/jm.12.0166.

11. Holger Luczak, Matthias Roetting, and Ludger Schmidt, "Let's Talk: Anthropomorphization as Means to Cope with Stress of Interacting with Technical Devices," *Ergonomics* 46, no. 13–14 (2003): 1361–74, https://doi.org/10.1080/00140130310001610883.

12. Andrew Ortony, Gerald L. Clore, and Allan Collins, *The Cognitive Structure of Emotions* (Cambridge, UK: Cambridge University Press, 1988).

13. Hilary Downey and Sarah Ellis, "Tails of Animal Attraction: Incorporating the Feline into the Family," *Journal of Business Research* 61, no. 5 (2008): 434–41, https://doi.org/10.1016/j.jbusres.2007.07.015; S. Shyam Sundar, "Loyalty to Computer Terminals: Is It Anthropomorphism or Consistency?," *Behaviour & Infor-*

the Throes of Material Possession Love," *Journal of Consumer Research* 38, no. 2 (2011): 323–42, https://doi.org/10.1086/658338.
30. Ahuvia, "I Love It!"
31. Ahuvia, "I Love It!"
32. Carolyn Yoon et al., "A Functional Magnetic Resonance Imaging Study of Neural Dissociations Between Brand and Person Judgments," *Journal of Consumer Research* 33, no. 1 (2006): 31–40, https://doi.org/10.1086/504132.
33. Iskra Herak, Nicolas Kervyn, and Matthew Thomson, "Pairing People with Products: Anthropomorphizing the Object, Dehumanizing the Person," *Journal of Consumer Psychology* 30, no. 1 (2020), 125–39, https://doi.org/10.1002/jcpy.1128.
34. Martha Nussbaum, "Objectification," *Philosophy & Public Affairs* 24, no. 4 (1995): 251–54.
35. Aaron C. Ahuvia, "Beyond the Extended Self: Loved Objects and Consumers' Identity Narratives," *Journal of Consumer Research* 32, no. 1 (2005): 171–84, https://doi.org/10.1086/429607.
36. Lasana T. Harris and Susan T. Fiske, "Dehumanized Perception: The Social Neuroscience of Thinking (or Not Thinking) About Disgusting People," in *European Review of Social Psychology* vol. 20, ed. Wolfgang Stroebe and Miles Hewstone (London: Psychology Press, 2010), 192–231.
37. Andreas Fürst et al., "The Neuropeptide Oxytocin Modulates Consumer Brand Relationships," *Scientific Reports* 5 (2015): 14960, https://doi.org/10.1038/srep14960.
38. Martin Reimann et al., "How We Relate to Brands: Psychological and Neurophysiological Insights into Consumer-Brand Relationships," *Journal of Consumer Psychology* 22, no. 1 (2012): 128–42, https://doi.org/10.1016/j.jcps.2011.11.003.
39. Martin Reimann, Sandra Nuñez, and Raquel Castaño, "Brand-Aid," *Journal of Consumer Research* 44, no. 3 (2017): 673–91, https://doi.org/10.1093/jcr/ucx058.

第 2 章

1. 以下を参照。Holger Luczak et al., "PALAVER: Talking to Technical Devices," in *Proceedings of the International Conference on Affective Human Factors Design*, ed. Martin G. Helander, Halimahtun M. Khalid, and Ming Po Tham (London: ASEAN Academic Press, 2001), 349–55.
2. "Progressive.com Surveys Americans to Determine How Much We Love Our Cars," Auto Channel, February 7, 2001, https://www.theautochannel.com/news/2001/02/07/014192.html.
3. Christoph Bartneck et al., "The Influence of Robot Anthropomorphism on the

10. Batra, Ahuvia, and Bagozzi, “Brand Love”のために収集したデータより。
11. Zick Rubin, “Measurement of Romantic Love,” *Journal of Personality and Social Psychology* 16, no. 2 (1970): 256–73, https://doi.org/10.1037/h0029841.
12. Ahuvia, “I Love It!”
13. Ahuvia, 未発表データ。
14. Batra, Ahuvia, and Bagozzi, “Brand Love”のために収集したデータより。
15. Aaron C. Ahuvia, Rajeev Batra, and Richard P. Bagozzi, “Love, Desire and Identity: A Conditional Integration Theory of the Love of Things,” in *The Handbook of Brand Relationships*, ed. Deborah J. MacInnis, C. Whan Park, and Joseph R. Priester (New York: M. E. Sharpe, 2009).
16. Ahuvia, Batra, and Bagozzi, “Love, Desire and Identity.”
17. “‘Nones’ on the Rise,” Pew Research Center, October 9, 2012, https://www.pewforum.org/2012/10/09/nones-on-the-rise/.
18. “‘Nones’ on the Rise.”
19. Russell Belk and Gülnur Tumbat, “The Cult of Macintosh,” *Consumption Markets and Culture* 8, no. 3 (2005): 205–17, https://doi.org/10.1080/10253860500160403.
20. Jonah Weiner, “Jerry Seinfeld Intends to Die Standing Up,” *New York Times*, December 20, 2012.
21. Ron Shachar et al., “Brands: The Opiate of the Nonreligious Masses?,” *Marketing Science* 30, no. 1 (2011): 92–110, https://doi.org/10.1287/mksc.1100.0591.
22. Batra, Ahuvia, and Bagozzi, “Brand Love”; Bagozzi, Batra, and Ahuvia, “Brand Love.”
23. Wendy Maxian et al., “Brand Love Is in the Heart: Physiological Responding to Advertised Brands,” *Psychology & Marketing* 30, no. 6 (2013): 469–78, https://doi.org/10.1002/mar.20620.
24. Ahuvia, “I Love It!”
25. Ahuvia, “I Love It!”
26. Ahuvia, “I Love It!”
27. Vanitha Swaminathan, Karen M. Stilley, and Rohini Ahluwalia, “When Brand Personality Matters: The Moderating Role of Attachment Styles,” *Journal of Consumer Research* 35, no. 6 (2009): 985–1002, https://doi.org/10.1086/593948.
28. Matthew Thomson, Jodie Whelan, and Allison R. Johnson, “Why Brands Should Fear Fearful Consumers: How Attachment Style Predicts Retaliation,” *Journal of Consumer Psychology* 22, no. 2 (2012): 289–98, https://doi.org/10.1016/j.jcps.2011.04.006.
29. John L. Lastovicka and Nancy J. Sirianni, “Truly, Madly, Deeply: Consumers in

原注

第 1 章

1. A. Guttmann, "Media Spending Worldwide 2014–2022," Statista, August 9, 2019, https://www.statista.com/statistics/273288/advertising-spending-worldwide/.
2. Daniel M. Haybron, "Central Park: Nature, Context, and Human Wellbeing," *International Journal of Wellbeing* 1, no. 2 (2011): 235–54, https://doi.org/10.5502/ijw.v1i2.6.
3. Rajeev Batra, Aaron Ahuvia, and Richard P. Bagozzi, "Brand Love," *Journal of Marketing* 76, no. 2 (2012): 1–16, https://doi.org/10.1509/jm.09.0339; Richard P. Bagozzi, Rajeev Batra, and Aaron Ahuvia, "Brand Love: Development and Validation of a Practical Scale," *Marketing Letters* 28 (2016): 1–14, https://doi.org/10.1007/s11002-016-9406-1.
4. Terence A. Shimp and Thomas J. Madden, "Consumer-Object Relations: A Conceptual Framework Based Analogously on Sternberg's Triangular Theory of Love," *Advances in Consumer Research* 15 (1988): 163–68.
5. Aaron Ahuvia, "I Love It! Towards a Unifying Theory of Love Across Diverse Love Objects," abridged (PhD diss., Northwestern University, 1993), https://deepblue.lib.umich.edu/handle/2027.42/35351.
6. Bernard I. Murstein, "A Taxonomy of Love," in *The Psychology of Love*, ed. Robert Sternberg and Michael L. Barnes (New Haven, CT: Yale University Press, 1988), 13–37.（R・J・スタンバーグ／K・ヴァイス編『愛の心理学』和田実／増田匡裕訳、北大路書房）
7. Sandra L. Murray, John G. Holmes, and Dale W. Griffin, "The Benefits of Positive Illusions: Idealization and the Construction of Satisfaction in Close Relationships," *Journal of Personality and Social Psychology* 70, no. 1 (1996): 79–98, https://doi.org/10.1037//0022-3514.70.1.79.
8. Christoph Patrick Werner et al., "Price Information Influences the Subjective Experience of Wine: A Framed Field Experiment," *Food Quality and Preference* 92 (2021): 104223, https://doi.org/10.1016/j.foodqual.2021.104223.
9. Joseph W. Alba and Elanor F. Williams, "Pleasure Principles: A Review of Research on Hedonic Consumption," *Journal of Consumer Psychology* 23, no. 1 (2013): 2–18, https://doi.org/10.1016/j.jcps.2012.07.003.

Love." *Marketing Letters* 17, no. 2 (April 2006): 79–89. https://doi.org/10.1007/s11002-006-4219-2.

Rauschnabel, Philipp, et al. "The Personality of Brand Lovers: An Examination in Fashion Branding." In *Consumer Brand Relationships: Meaning, Measuring, Managing*, edited by Marc Fetscherin and Tobias Heilmann. London: Palgrave Macmillan, 2015.

Rauschnabel, Philipp A., and Aaron C. Ahuvia. "You're So Lovable: Anthropomorphism and Brand Love." *Journal of Brand Management* 21, no. 5 (August 2014): 372–95. https://doi.org/10.1057/bm.2014.14.

Wong, Nancy, and Aaron C. Ahuvia. "Personal Taste and Family Face: Luxury Consumption in Confucian and Western Societies." *Psychology & Marketing* 15, no. 5 (1998): 423–41. https://doi.org/10.1002/(SICI)1520-6793(199808)15:5<423::AID-MAR2>3.0.CO;2-9.

図版クレジット

以下のイラスト、写真、チャートをご提供くださった皆様に感謝する。

p. 17: © 2014 Rajeev Batra, Aaron Ahuvia, and Richard Bagozzi.

p. 52: copyright by Cristoph Bartneck.

p. 55: 提供：David Silberkleit, the Bugeyeguy, restorer and dealer of Austin-Healey Bugeye Sprites.

p. 60, 63, 137, 195, 213, 262, 266, 274, 284: Harshshikha Ambasta of Harshshikha Illustrations.

p. 89: Hur, J. D., Koo, M., & Hofmann, W., "When Temptations Come Alive: How Anthropomorphism Undermines Self-Control," *Journal of Consumer Research* (2015).

p. 253: 提供：Dawn Lowrey.

p. 300: 提供：Dani Clode Design, daniclode.com.

参考文献

Ahuvia, Aaron C. "Beyond the Extended Self: Loved Objects and Consumers' Identity Narratives." *Journal of Consumer Research* 32, no. 1 (June 2005): 171–84. https://doi.org/10.1086/429607.

———. "For the Love of Money: Materialism and Product Love." In *Meaning, Measure, and Morality of Materialism*, edited by Floyd W. Rudmin and Marsha Lee Richins. Provo, UT: Association for Consumer Research, 1992.

———. "I Love It! Towards a Unifying Theory of Love Across Diverse Love Objects." (Abridged PhD diss., Northwestern University, 1993). https://deepblue.lib.umich.edu/handle/2027.42/35351.

———. "Nothing Matters More to People Than People: Brand Meaning and Social Relationships." *Review of Marketing Research* 12 (May 2015): 121–49. https://doi.org/10.1108/S1548-643520150000012005. Lead article, special issue on brand meaning.

Ahuvia, Aaron C., et al. "Pride of Ownership: An Identity-Based Model." *Journal of the Association for Consumer Research* 3, no. 2 (April 2018): 1–13. https://doi.org/10.1086/697076.

Ahuvia, Aaron C., Rajeev Batra, and Richard P. Bagozzi. "Love, Desire and Identity: A Conditional Integration Theory of the Love of Things." In *The Handbook of Brand Relationships*, edited by Deborah J. MacInnis, C. Whan Park, and Joseph R. Priester. New York: M. E. Sharpe, 2009.

Ahuvia, Aaron C., Philipp Rauschnabel, and Aric Rindfleisch. "Is Brand Love Materialistic?" *Journal of Product & Brand Management* 30, no. 3 (December 2020): 467–80. https://doi.org/10.1108/JPBM-09-2019-2566.

Bagozzi, Richard P., Rajeev Batra, and Aaron C. Ahuvia. "Brand Love: Development and Validation of a Practical Scale." *Marketing Letters* 28 (September 2016): 1–14. https://doi.org/10.1007/s11002-016-9406-1. Lead article.

Batra, Rajeev, Aaron C. Ahuvia, and Richard P. Bagozzi. "Brand Love." *Journal of Marketing* 76, no. 2 (March 2012): 1–16. https://doi.org/10.1509/jm.09.0339. Lead article and runner-up for the Harold H. Maynard Award for the best *Journal of Marketing* article on marketing theory. All authors contributed equally to this work.

Carroll, Barbara A., and Aaron C. Ahuvia. "Some Antecedents and Outcomes of Brand

アーロン・アフーヴィア（Aaron Ahuvia, PhD）
ミシガン大学ディアボーン校ビジネスカレッジのマーケティング教授。非対人的な愛（物への愛）に関する世界的な権威。金銭や物質主義が幸福に与える影響に関する研究の第一人者でもある。
100以上の学術論文を執筆し、学会で発表するかたわら、世界各地の政府、非営利団体、企業のコンサルティングをおこない、その研究は『ニューヨークタイムズ』や『ウォールストリートジャーナル』など多くの紙誌で取り上げられている。

田沢恭子（たざわ・きょうこ）
翻訳家。お茶の水女子大学大学院人文科学研究科英文学専攻修士課程修了。
翻訳書に、『ルーズな文化とタイトな文化』『戦争がつくった現代の食卓』（以上、白揚社）、『量子テレポーテーションのゆくえ』『アルゴリズム思考術』（以上、早川書房）、『なぜ人はアートを楽しむように進化したのか』『AIが職場にやってきた』（以上、草思社）などがある。

THE THINGS WE LOVE
How Our Passions Connect Us and Make Us Who We Are
by Aaron Ahuvia, PhD
Copyright © 2022 by Aaron Ahuvia
This edition published by arrangement with Little, Brown and Company, New York, New York, USA, through Tuttle-Mori Agency, Inc., Tokyo. All rights reserved.

ISBN 978-4-8269-0267-0

人《ひと》はなぜ物《もの》を愛《あい》するのか
「お気《き》に入《い》り」を生《う》み出《だ》す心《こころ》の仕《し》組《く》み

二〇二四年十二月三十一日　第一版第一刷発行

著　者　アーロン・アフーヴィア
訳　者　田沢《たざわ》恭子《きょうこ》
発行者　中村幸慈
発行所　株式会社　白揚社　©2024 in Japan by Hakuyosha
〒101－0062　東京都千代田区神田駿河台1－7
電話03－5281－9772　振替00130－1－25400
装　幀　大倉真一郎
印刷・製本　中央精版印刷株式会社